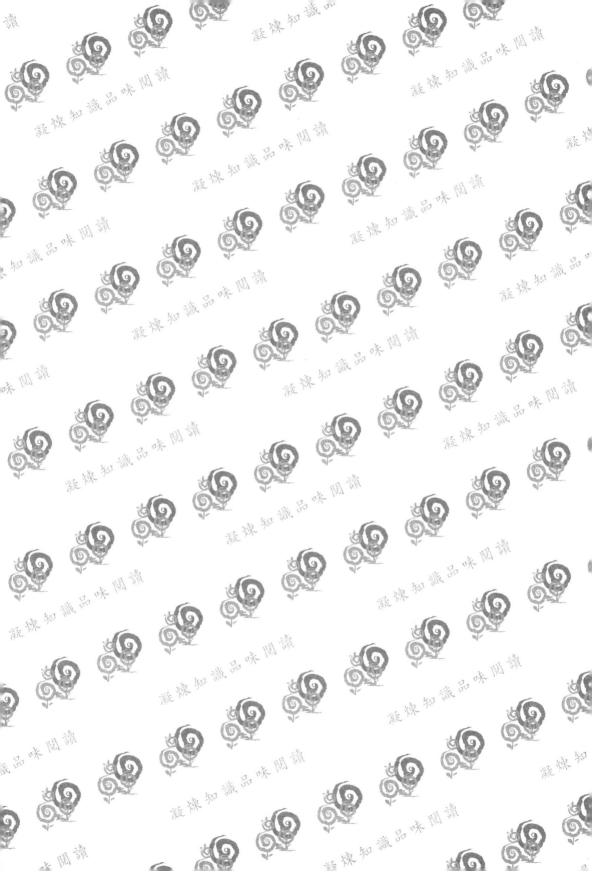

金融行銷

第四版

FINANCIAL MARKETING

張福榮 著

五南圖書出版公司 印行

四版序

　　本書已出版 14 年，此次因全球金融局勢與國際經濟環境產生遽變，故筆者特別針對金融海嘯的形成原因，及未來全球可能必須面對之議題加以分析；另外對公司治理不佳及不重視風險管理等，與金融海嘯有密切關係的議題進一步說明。

　　金融行銷並非因金融業而特別因應而生的一項行銷理論，其實基本上它仍是來自一般「行銷理論」，只是因為金融業是一種特殊的行業，在特性上與一般的製造業或服務業有很大的不同，因此在運用上仍與一般行業的行銷作法有所區隔。本書為使讀者能更易以閱讀本書，故在第一章、第二章分別介紹策略理論與行銷理論的重要概念與作法。

　　本書為使讀者更能體會實際金融行銷的作法，因此在三、四、五、六章分別提供五十五個金融行銷個案，供讀者研習與討論，這對於金融業的從業人員而言，相信亦能帶來某些啟發。

　　由於金融行銷此類大學教科書在坊間極為少見，筆者希望在公餘之暇，蒐集許多金融行銷專家學者的看法與意見，經整理、分析與整合後，期能對有志於從事金融行銷工作的讀者能有所貢獻。

　　本書能順利完成必須感謝許多專家學者的貢獻，惟有他們的智慧，才能使筆者獲得這麼多的知識，以完成此書。另外，必須感謝許多報章雜誌的記者，在他（她）們的努力下，使本書獲得許多個案資料。

　　最後，筆者最需要謝謝的是內人陳瑛青小姐無限的支持與愛。

張福榮

2009.4

目　錄

Chapter *1*

企業策略規劃

　　金融業係臺灣服務業中最主要部門之一，其影響層面不僅關係個人理財，更牽涉國家整體經濟發展。由於國際經濟之需求，金融業逐步走向自由化、國際化，此乃必然之趨勢，相對亦將面臨更多外商金融機構之威脅。然而臺灣金融業長期受到政府政策的保障，使其對環境之適應力有所不足，若業者未能設法改善其本身經營體質，恐將逐漸受市場所淘汰。行銷管理是當今企業界最受重視的管理技能之一，臺灣金融業雖已漸能接受行銷觀念，但真正運用於策略規劃者並不多，故仍有待金融業者徹底接受行銷管理，並實際貫徹施行之，始能面對未來更大的市場衝擊及挑戰。

第一節　策略規劃之基本作法

一、策略規劃之概念

　　策略規劃在當今企業運作中，早已被大企業所採用，即使中小企業亦已逐漸採用此管理技術，唯至今尚無一公認性定義，不過吾人大致可接受下列的基本說法，即是策略規劃是一個為未來營運進行事先規劃的工作，它不但具備未來性、作業性、藝術性、結構性、合理性的特質，而且它設法促使企業在未來發展過程中，遵循一條較適當、可行的方向運作。也就是它根據未來各種可能的環境，透過各項公司機會、威脅、優勢、劣勢之評估，擬訂不同的選擇方案，最後作出較佳的決策，以成為企業未來經營發展方向的遵循。

　　策略規劃可能具備某些特性：

　　1. 嚴謹的作業程序。任何策略規劃從經營理念及目標作為規劃起點，並逐一發展相關之策略及決策，最後轉化為經營計畫或實施計畫，並將之付諸實施。但是推動過程中，應不斷進行評估，進而減少錯誤決策的出現，提升決策的成功機率。

2. 完整性的規劃作業。任何策略規劃均是整合性作業，它須與中長期經營計畫、年度經營計畫及預算計畫相結合。當策略規劃缺乏經營計畫及預算計畫作為執行動力，則將徒具形式，所以它必須是一套完整的規劃作業。

3. 組織化、團隊化作業。策略規劃的工作不是策略規劃者、最高管理者或某一個單位的工作，它必須是相關人員與單位通力合作的工作。

4. 藝術化的作業。策略規劃不僅只是目前狀況的探討，同時包含了未來發展的剖析。它不僅需要嚴謹的理性推論外，更須有藝術性、哲學性的思考概念，因為企業經營不是像計量模式那樣單純。

二、策略規劃之任務

進行策略規劃時，吾人首先須了解其任務何在？一般大致包括：

1. 協助企業目標的決定，以作為企業長期發展方向，並進一步建立明確的企業任務。

2. 應設法將策略想法或構想，配合任務，將之轉化成各項可行、可衡量、具績效的執行方案，並將之落實。

3. 隨時掌握及追蹤計畫之執行，以了解計畫推動過程確能協助企業理念及目標之達成。

4. 促使策略真正執行時，能以有效率、具效果性的方式進行。也就是可正確、有效的推動工作。

5. 設法評估策略執行後的績效，並重新評估及審思企業未來長期發展方向、目標、策略、執行經驗；最後根據思索後的結果，設法改變不利於組織的條件，並創造新理念或新機會。

三、策略規劃目的

　　一項策略規劃均有其基本目的，各企業在不同時間、不同空間可能有不同的目的，有的只是單項目的，有些則是多重目的。一般可包括：

　　1.改變產業條件，以增加需求型態。其情況有：

　　　⑴政府新法規。

　　　⑵全球性競爭。

　　　⑶匯率不穩定。

　　　⑷新競爭者的出現。

　　2.增強公司長期競爭力，並尋求其競爭利益。

　　3.調整公司經營方向。

　　4.加速營運成長空間。

　　5.改變企業垂直或水平整合的方向。

　　6.對抗新競爭者及外在環境的威脅。

　　7.考慮組織結構的增刪及調整。

　　8.放棄不良產品或不當部門。

　　9.改變公司經營的地理區域。

　　10.大幅降低成本。

　　11.提出未來重大發展方向，供最高領導者參考。

　　12.協助企業內部的協調。

　　13.改善短期利益。

　　14.擴大或縮小產品線，改變產品品質。

　　15.修正顧客服務。

　　16.協助認清所處的內外在環境。

　　17.增加公司內部對組織的向心力及認同感。

　　18.增加公司員工的危機意識。

　　19.提高對公司內部作業程序之控制。

20.重新調整公司內部資源。

21.培養經理人才對環境的適應及因應能力。

22.調整內部作業程序。

四、執行策略規劃之基本原則

執行策略規劃時已有一些基本原則可供參考，然而仍會因時因地而有所差異，說明如下：

1.建立企業具有成功落實策略的能力。

2.制定一套有效的預算計畫，以使內部活動能正確展開，進而促使策略能成功。

3.建立一套獎勵制度，以增強策略計畫的激勵效果。

4.建立良好的企業內部文化及工作環境，藉以提高企業經營效率及向心力。

5.設法激勵企業內員工士氣，並建構危機意識的環境，使得企業內部成員能努力於追求企業理念及長期目標。

6.建立強有力的內部支援系統，使得企業內部人力資源能充分發揮，並有效的達成策略任務或目標。

7.進行持續性的改善活動，使得企業內部的作業計畫及工作程序能保持良好狀態，以因應環境變遷之需要。

8.最高管理者必須隨時掌握整個策略的執行，而不是扮演參與的角色而已。

9.除平日積極培養策略規劃人才外，更須給予更大的規劃空間。

五、策略規劃程序 註一

1.架構

策略規劃程序包括先了解企業經營理念、環境機會和威脅（包括總

體環境及個體環境）、公司內在優勢與劣勢、其他步驟依序為：組織方向（任務與目標）、策略形成（公司策略形成、事業單位策略形成、功能性策略形成）、策略執行（組織架構、領導力及組織文化）、與策略控制（績效）。以圖 1-1 說明之。

2.策略規劃內容

(1)建立企業經營理念

企業經營理念是任何一項策略規劃最初之源頭，因此在進行公司的策略規劃時，除了它是否符合企業經營理念外，亦須因應環境變化而設法重新審慎思索企業經營理念的正確性。

(2)進行內外在環境檢視

在進行內外在環境檢視之前，吾人可先進行總體環境及個體環境之剖析，了解經營上所面對的問題。接下來再利用SWOT分析來協助公司了解本身所面對的機會、威脅、優勢、劣勢。

所謂 SWOT 分析係指公司之內外在環境分析，包括行銷機會（opportunity）、威脅（threat）、公司優勢（strength）、公司劣勢（weakness），這項分析工具有利於金融業者了解公司本身所面臨內外在環境之局勢，並進而作為公司決策之重要參考依據。

一般企業面對之機會、威脅、優勢、劣勢，簡單將其基本概念加以說明如後：

①潛在外在機會

　　a.配合顧客需要提供更寬廣的產品線。

　　b.有能力可對具潛力的目標顧客提供服務。

　　c.同業間之整合。

　　d.異業間之策略聯盟。

　　e.對新產品具發展能力。

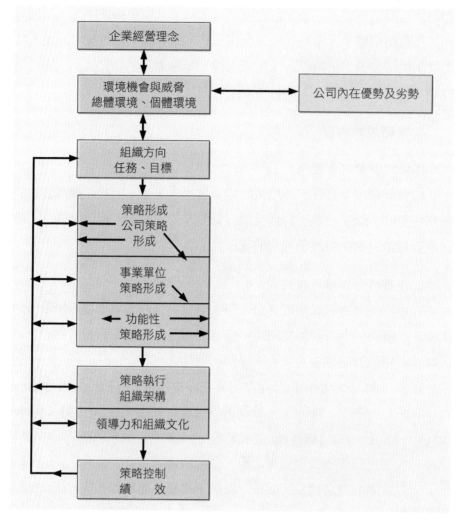

資料來源：修正自 Wright, Primgle, Kroll (1994, p.6)。

圖 1-1　策略規劃程序

f.具開創新事業的能力。

g.垂直整合（前向、後向整合）能力。

h.市場快速成長。

i.取得新技術。

　　j.國際市場障礙之降低或解除。

②潛在外在威脅

　　a.低成本的競爭者進入。

　　b.替代性產品進入。

　　c.成本上漲過快。

　　d.市場成長緩慢。

　　e.國外貿易政策或外匯政策的改變。

　　f.經濟景氣循環。

　　g.顧客議價能力增強。

　　h.供應商議價能力增強。

　　i.購買者需求及嗜好的改變。

　　j.銷售區域之改變。

③潛在內在優勢

　　a.在重要銷售地區具關鍵性競爭力。

　　b.充分的財務支援能力。

　　c.達到規模經濟的製造、服務能力。

　　d.能配合購買者的需求及嗜好。

　　e.具市場利基的能力。

　　f.能對抗強有力的競爭壓力。

　　g.具領先的技術能力。

　　h.良好、穩定的管理制度。

　　i.較強的行銷廣告能力。

　　j.具成本優勢。

　　k.具產品創新的能力。

　　l.具良好協調能力的部門策略。

　　m.善加運用經驗曲線。

　　n.較佳的製造能力。

④潛在內在的劣勢

　　a.缺乏明確的策略方向。

　　b.生產設備不足。

　　c.獲利能力不足。

　　d.管理能力不足。

　　e.內部經營問題無法解決。

　　f.內部部門溝通不良。

　　g.執行策略能力不足。

　　h.忽略重要的技術能力及競爭能力。

　　i.研究發展能力不足。

　　j.產品線太窄。

　　k.經銷網路不夠。

　　l.行銷技術能力太差。

　　m.缺乏財務支援。

　　n.成本控制不佳。

　　o.單位成本遠高於競爭者。

　　p.缺乏良好的銷售區域。

　　在了解這些基本概念後，以下將以臺灣金融業為例，說明SWOT分析法：

①外在環境分析（以金融業為例）

　　a.機會

　　　・政治民主化。

　　　・兩岸局勢雖混沌未明，但在經貿上仍有相當大存在空間。

　　　・國民所得提高。

　　　・金融自由化、國際化。

　　　・推動臺灣成為區域金融營運中心。

　　　・人口及家庭結構之改變。

· 衍生性金融商品大量問世。

· 電腦與通訊技術快速的進展。

· 亞太地區經濟發展充滿機會。

b.威脅

· 消費者保護主義興起，消費者保護法等法令通過。

· 外國金融業大量被允許進入臺灣市場。

· 臺海兩岸政治仍存在許多變數。

· 統獨之爭對政局之不安定性。

· 新競爭者日漸增多。

· 衍生性金融商品被過度操作而造成世界金融風暴。

· 全世界先進國家經濟發展速度呈現緩慢。

②内在環境分析

一般業者針對公司內部進行診斷、評估之方式甚多，包括從企業的規劃、組織、人事、領導、控制等管理功能之評估，亦可從公司行銷、財務、人事、研究發展、生產等企業功能面診斷之，從兩者之互動性中找出公司的優缺點。舉例來說，公司優缺點分析可依其績效表現程度劃分為五個量度，且依其重要程度另區分為五個量度，經綜合評估後，可得出公司最主要的優點及缺點。金融業者可參考下列內容 註二 作為優缺點項目之選擇。

a.行銷方面

· 公司知名度及評價。

· 市場占有率。

· 產品品質。

· 勞務成本。

· 營業人員素質。

· 研發能力。

· 創新能力。

　　　　・區域優勢。

　　　　・服務品質。

　　　　・服務態度。

　　b.財務方面

　　　　・資金來源。

　　　　・資金成本。

　　　　・獲利性。

　　　　・財務結構。

　　c.產品方面

　　　　・金融產品廣度及深度。

　　　　・金融產品創新性。

　　　　・科技能力。

　　d.組織方面

　　　　・領導能力。

　　　　・經理人員適才性及能力。

　　　　・員工向心力。

　　　　・員工危機意識。

　　　　・公司創業精神。

　　　　・公司適應環境能力。

　　　　・公司內部運作之彈性。

　　SWOT分析目的在於公司可根據分析結果，作為擬定策略行銷之參考；利用公司優點及掌握機會，並進而避開威脅及減少公司缺點，以追求公司所設定之目標。Nigel Piercy利用SWOT矩陣，指出企業有結合、轉換、減低／防止等三種途徑 註三：

　　①結合策略

　　　　金融業者若能將其所面對之行銷機會與公司優點加以結合在一

起，係為公司最佳的策略。因為公司主要優點與重要發展機會相
結合，將能產生互利效果，進而達到經營目的。例如，工業銀行
可利用其公司眾多之投資評估或產業分析人才之優點，並掌握各
產業大幅擴大投資層面的機會，以創造長期競爭優勢。當公司僅
具許多優點，但缺乏行銷機會；或面對許多行銷機會，但卻未具
任何優點，則業者終將逐步喪失競爭優勢。

②**轉移策略**

當公司具有重大缺點且面臨諸多威脅時，此時最佳方式是採取轉
移策略；也就是設法將公司弱點轉為公司優點，或者將外在威脅
環境轉為有利機會。例如，工業銀行之區域性優勢較差，可透過
增設其分支機構，將缺點轉化為優點。或是因國內市場新競爭者
增加，可利用其優良之信譽，向國際市場推進，而獲取國際行銷
之機會。當公司同時擁有過多缺點及面對威脅時，只有改變公司
體質或另尋找外在機會，才有轉機的可能，否則最終將為市場所
背棄。一般業者面臨此狀況時，可視其公司缺點的大小、威脅的
嚴重性，採取專案管理、企業改造等手段改善之。

③**減低／防止策略**

當公司無法將缺點轉化為優點，或沒有能力將面臨之威脅轉化為
機會，則可採取此種消極因應策略（減低／防止策略），以使不
利現象盡量少發生，甚至降至最低程度。例如，公司面對激烈的
價格競爭時，則減少採取降價策略，而改以服務及促銷來應付激
烈的競爭。綜合上述說明，可將 SWOT 矩陣分析表示如下：

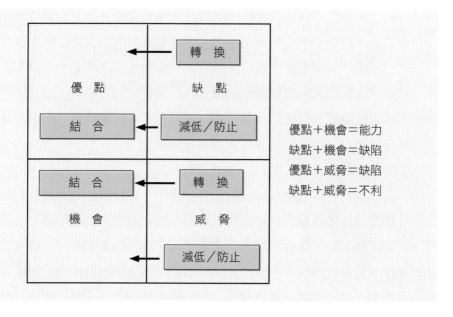

優點＋機會＝能力
缺點＋機會＝缺陷
優點＋威脅＝缺陷
缺點＋威脅＝不利

資源來源：林隆儀（1994）

圖 1-2　SWOT 矩陣

　　SWOT分析是一項持續性工作，當企業所面對之外在環境或企業內部條件發生變化時，均有必要進行此項分析，以作為策略行銷之參考依據。

　　為了使SWOT分析說明的更清楚，特利用SWOT組合架構（SWOT Portfolio Framwork）說明之 註四 。

　　SWOT組合架構係以環境情形、公司及事業單位競爭狀況作兩個分析構面，環境部分以關鍵性環境威脅、適中之環境機會及威脅，充分的環境機會三個等組作為基準，而公司及事業單位競爭狀況則以優點、平均、缺點三個等組作為基準，交叉分析結果可得到九種狀況，每種狀況均有可適申之策略可資參考。以下利用圖 1-3 說明之。

公司及事業單位之競爭狀況

環境情形		優點	平均	缺點
充足環境機會		狀況一 1.內部成長策略 2.垂直相關成長策略 3.合併策略 4.水平整合策略	狀況四 1.合併策略 2.水平整合策略 3.策略性聯盟	狀況七 1.轉向策略 2.放棄策略
適中環境機會與威脅		狀況二 1.垂直相關成長策略 2.水平相關成長策略	狀況五 1.穩定策略 2.合併策略 3.水平整合策略 4.策略性聯盟 5.放棄策略	狀況八 1.轉向策略 2.放棄策略
關鍵性環境威脅		狀況三 1.水平成長策略 2.集中式多角化成長策略 3.垂直非相關成長策略 4.放棄策略	狀況六 1.放棄策略 2.水平相關成長策略 3.垂直非相關成長策略 4.穩定策略	狀況九 1.離開策略

資料來源：Wright, Pringle, Kroll (1994, p.104).

圖 1-3　SWOT 組合架構

(3)企業任務之訂定

公司的企業任務是最高管理階層重要的工作之一，它沒有一定的準則，各公司可能是依據其公司宗旨，對社會責任、市場競爭狀況、公司特性等因素而加以訂定。惟最高管理階層如何將之書面化？又如何對內、對外發布此訊息，這值得他們進一步深思。

⑷制定長期規劃目標

　　長期規劃目標應明確，並訂出具體時間表；另外亦須具可行性、彈性化、激勵性。同時在制定此目標至少須與中階管理者進行溝通。企業訂定各項目標時，應設法使各目標之間具關聯性、互動性、無衝突性。各公司的長期規劃目標多寡不一，通常規模愈大，則其目標愈多。制定長期規劃目標時，若能考量下列因素，將對其目標制定效果更佳：

①行銷方面

　　a.現有產品及服務。

　　b.市場需要。

　　c.顧客需要。

　　d.銷售方法。

　　e.配銷方法。

　　f.新市場。

②利潤性。

③公司資源。

④生產力。

⑤人力資源之績效、態度及未來發展。

⑥管理制度及組織發展。

⑦改革。

⑧社會責任。

⑨對股東的責任。

⑩未來的成長方向。

⑸計畫策略（program strategy）之制定

　　計畫策略之種類並未有一定標準，不過一般常見的種類包括行銷策略、財務策略、人力資源策略、產品策略、組織策略等等。計畫策略之形成通常會經頗複雜的程序，而且各公司均同時會有不同的計畫策略。

若想形成成功的計畫策略，應設法使公司之多項計畫策略具互動性、互助性，而非採取單項計畫策略。所以從運作過程將明顯看出它的科學性與藝術性。目前計畫策略的制定方式包括策略組合（strategy profile）、產品與市場矩陣分析、市場利基尋求、產品生命週期、分析經營成功的因素等。

(6)中期功能別計畫之制定

　　當公司之計畫策略確定後，最高管理階層須設法將之轉化成可執行的計畫；這項工作須透過中期的功能別計畫及短期年度計畫及預算完成。中期功能別計畫之制定沒有一定的作法，而且各功能別亦可能採不同的方式。一般常見的中期功能別計畫包括行銷計畫、新產品計畫、產品計畫、人力資源計畫、財務計畫、廣告計畫、公共關係計畫等。最後這些中期功能別計畫須加以綜合，以編製出一個整合性的中期計畫；編製的方式可透過規劃委員會，亦可由專人負責整合，或透過會議解決。在編製整合性中期計畫時，可依循下列原則，以提高該計畫的效果。

　　①該計畫應簡明扼要。
　　②各相關功能別經理應參與該計畫之整合。
　　③該計畫之職權劃分應相當明確。
　　④該計畫中之各關係計畫應不可過於混淆不清。
　　⑤編製該項計畫應具彈性。
　　⑥該計畫僅包括最重要、優先的計畫。

(7)短期年度計畫及預算制定

　　所有的策略均須經由短期年度計畫及預算來達成。而年度計畫之實施須透過預算執行，所以公司本身年度預算之編製必須相當謹慎。公司在編製預算時可依其公司特性、產業特性、公司資源採用不同方式，但其預算之編製相關會計作業須符合相關法規為宜。實務上，編製年度預算應注意下列狀況：

①最高管理階層之支持。

②明確的年度計畫及中期計畫策略相配合。

③預算編製應有明確的組織。

④相關人員應了解參與預算編製及有關的權責。

⑤會計作業干預應降至最少。

⑥編製時應有明確的標準,以供衡量績效之用。

⑦預算編製過程應不可過於複雜。

⑧預算編製應符合經濟、節約原則。

⑨預算編製應依各公司特性處理。

⑩公司全體員工應了解預算目的及限制。

(8)危機處理計畫

由於環境變遷快速,公司面臨許多不可預知的狀況,所以如何在不可知的事件發生時,公司仍能有效的因應呢?公司必須有一套較完整、明確的危機處理計畫,以避免公司無法面對環境的挑戰。例如,發生危機時,處理事件的優先順序、有權處理問題人員的優先順序。有權處理危機問題人員之權責大小等等,與最高領導人緊急連繫方式等等,均應加以界定。

(9)策略規劃控制

公司策略規劃控制係透過控制標準之制定、績效之評估及評估後之計畫修正來達成。控制標準之制定須依公司追求之目的來制定,控制標準愈明確愈佳。有了控制標準,接下來即是績效之評估;即是利用已制定之控制標準為依據,以評估實際之績效。績效評估時應注意相關狀況,例如,控制標準應依環境變遷而調整;管理階層應制定一套合適的資訊制度,以作為績效評估、比較、改善之依據;利用科技工具;進行評估時應考量時空差異等等。最後,績效評估後應考慮是否需要修正計畫?如何修正?修正後如何執行?

六、策略規劃之評估

策略規劃之評估對策略規劃之成敗具關鍵性影響，以下就策略規劃應評估之項目及可能發生的錯誤加以說明：

1. 策略規劃應評估之項目

⑴配合公司最高管理階層方面

①能否幫助最高管理階層進行正確決策？

②能否符合公司宗旨？

③能否配合公司之社會責任？

⑵公司支援能力方面

①人力資源能力及數量是否充足？

②公司資金是否足以支應該項規劃？

③公司倉儲與運輸能力（數量、自動化效率）是否能配合？

④公司該相關管理者及員工配合情形如何？

⑶適應環境情勢或趨勢方面

①外在環境部分

　a.能否適應各項總體環境（政治、法律、經濟、社會、文化、技術等）之變遷？

　b.能否適應各項個體環境（產業結構、競爭者、消費者、客戶、社會大眾、媒體、利益群體）之要求與干預？

　c.是否能尋找到行銷機會？

　d.是否具有抵銷外在威脅的能力？

②內在環境部分

　a.各項策略之間的關聯性如何？衝突性如何？

　b.策略規劃是否能符合公司組織結構之運作？

c.是否能配合公司長期規劃目標？

d.是否在公司內部取得共識？

e.是否能配合公司優點？

f.是否能消除公司缺點？

g.是否能符合公司危機處理的原則？

h.是否能作為訂定適當之中程及短程計畫之依據？

(4)**風險承擔能力方面**

①是否進行必要的風險評估？

②是否符合公司願意承擔的風險？

③是否影響到公司正常財務運作？

④是否影響到公司短期利潤？

⑤是否與公司目前產品或市場差距太遠？是否能將其間的風險降至最低程度？

(5)**規劃制度之適當性方面**

①規劃制度是否為最高管理階層接受？

②是否能被重要中階管理者認同？

③是否能配合公司策略決策程序？

④公司企劃人員是否與最高管理者配合良好？

⑤是否能加強公司內部團結？

⑥是否有助於公司內部溝通？

⑦規劃組織是否恰當？

⑧公司企劃人員是否與重要中階管理者及其幕僚配合良好？

⑨是否已改善公司管理體質？

⑩是否能提高員工向心力及危機意識？

(6)規劃程序之有效性方面

①最高管理階層是否投入太多時間？

②是否依循一套固定的規劃程序？

③規劃是否受到太多限制？

④公司全體員工是否了解規劃程序？

⑤是否有助於創新性意見的提出？

⑥規劃程序是否有助於問題之思考與解決？

⑦規劃過程是否太過於依賴數字？

⑧規劃是否過於重視程序化，而缺乏彈性？

⑨企劃人員與最高管理者之溝通時間及效果？

⑩企劃人員與中階管理者及其幕僚溝通的時間及效果？

2.策略規劃可能發生的錯誤

(1)內部組織方面

①認為策略規劃是企劃人員制定，中階管理人員執行。

②未考慮策略規劃人員在規劃、協調溝通、領導等方面的能力。

③忽略現有管理制度的運作。

④未能在公司內部建立共識。

⑤企劃人員在策略規劃時角色不清。

(2)基本觀念方面

①害怕過去實施失敗的經驗。

②認為策略規劃工作極為困難。

③認為計畫既已確定，不應再行修正。

④認為策略規劃工作很容易。

⑤認為公司資源不可能制定出一套長期策略。

⑥認為公司現有人力資源及管理能力無法推動策略規劃。

⑦認為推動策略規劃一定能立即大幅提高公司營運能力或競爭力。

⑧最高管理階層認為策略規劃為企劃人員的事。

⑨中階管理人員認為策略規劃與他們無關。

⑩認為別家公司成功的策略規劃制度或方法可直接移植。

⑪認為採用策略規劃即可避免公司發生任何危機。

(3) 規劃程序方面

①過於強調數字的意義，忽略主觀及直覺的判斷。

②認為最新分析工具最佳，舊工具應予淘汰。

③策略規劃時忽略不同年度間計畫之關聯性。

④未能制定適當的公司經營理念及宗旨，即進行策略規劃。

⑤未能考慮策略規劃程序亦是組織內部的一種管理程序，而未與公司整個程序相結合。

⑥未能了解除策略規劃程序外，亦須包括直覺性的規劃效果。

⑦認為策略規劃下之各項功能性計畫的重要性是相同的。

⑧未能制定符合實際的計畫。

⑨規劃過程中過於僵硬化，忽略彈性運作的重要性。

(4) 推動過程方面

①全體員工對策略規劃內容不清楚。

②最高管理階層花費太多時間在策略規劃工作，而忽略短期計畫之執行。

③未能邀請重要中階管理人員參與規劃。

④最高管理階層在策略規劃方面投入太少時間。

⑤中階管理人員及其幕僚不重視策略規劃工作。

(5) 實際執行問題

①獎懲制度過於以短期目標為依據。

②未能考慮到績效之評估。

③未能善用成本效益分析法。

④未能注意到策略規劃是否能改善現行決策。

⑤認為策略規劃應偏重在短期計畫。

⑥最高管理階層未能與重要中階管理人員檢討所制定之計畫。

⑦完全放棄策略規劃工作，而逕採主觀或直覺性決策。

3.實施策略規劃應有之態度

(1)最高管理階層在進行策略規劃時，亦應保有主觀及直覺性的創意。

(2)策略規劃工作不可與未來財務或經營預估混合在一起。

(3)最高管理階層應抱持著策略規劃是長期性的工作，而非立即產生效果的心態，且不可期望過高。

(4)管理階層在進行策略規劃時應依據計畫執行。

(5)策略規劃制度應包括在全面管理制度之內。

(6)公司各階層均須對策略規劃有所了解。

(7)進行規劃工作應全力投入，各種可能支援的資源應儘量參與。

(8)不可過於重視枝微末節的內容，應重視策略規劃的全面。

(9)策略規劃公司工作應由最高管理階層、企劃人員、中間管理階層及其幕僚共同制訂。

(10)培養訓練公司企劃人員及中階管理人員的規劃能力。

第二節　策略規劃之模式

　　在了解策略規劃的基本作法後，一般企業可參考某些簡單化的策略規劃模式，這些模式對於企業經營能夠提供某種程度的幫助，以下分別介紹之。

一、BCG 模式

此工具係為波士頓顧問團發展出來。它將模式之縱軸以市場成長率代表之，而相對市場占有率則為橫軸，圖 1-4 為 BCG 成長與占有模式。

1. 四種事業型態

(1) **問題事業**（Question Mark）

係指公司事業處於高市場成長率及低相對市場占有率。這代表公司面臨市場成長機會，若欲擴大市場占有率，則需投入更多資金。

(2) **明星事業**（Stars）

係指公司事業處於高市場成長率及高相對市場占有率，意指該事業正在成長中，能為公司獲利。

(3) **金牛事業**（Cash Cows）

係指公司事業處於低市場成長率及高相對市場占有率。意指該事業能為公司賺進大量現金，但不再擴大。

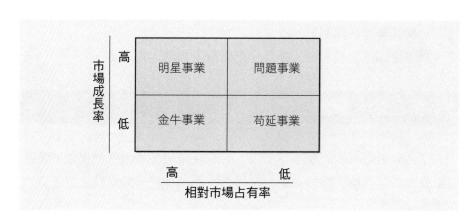

資料來源：陳振遠、陳振田編譯（1990, p.61）。

圖 1-4　BCG 成長與占有矩陣

(4)苟延殘喘事業（Dogs）

係指公司事業處於低市場成長率及低相對市場占有率。意指該事業利潤低微，可能形成現金陷阱。

根據上述四種事業型態，可在參考公司資源、競爭強度及競爭者反應、產品所處生命週期階段、成本狀況、環境因素等因素後，分別採取建立市場占有率、專門化、收穫、放棄等四種策略。

2.四種基本策略

(1)建立市場占有率策略

此策略在於透過市場占有率之增加，提高公司獲利率。此策略適用於產品處於生命週期成長階段，因此問題事業可藉此策略，調整為明星事業。增加市場占有率的方式包括降價、減少成本支出、改善服務及產品品質等。

(2)專門化策略

專門化策略是公司事業為賺錢的金牛事業時，可利用此策略保有大量獲得現金的機會。

(3)收穫策略

此策略在於快速獲得大量現金，適合使用於問題事業或苟延殘喘事業。

(4)放棄策略

當業者某事業占有率低、成本高、無法獲利，則該事業應予立即放棄。

二、GE 模式

BCG成長與占有模式因過於重視現金流量的考慮，而忽略更重要的獲利等因素；另市場規模等因素亦影響現金流量，故此兩個缺點受到質

疑。因此奇異電器公司（GE）另考慮一套規劃策略——市場吸引力與競爭優勢矩陣（Market Attractiveness and Competitive Position Matrix）。

　　GE 模式之橫軸包括市場占有率、占有率成長、產品品質等因素，縱軸則包括：市場規模、市場成長率、競爭強度等因素，以圖 1-5 表示之。

　　實務上，各產業、各公司可依其產業特性及公司特性分別訂定不同之影響因素。規劃人員可先將各影響因素選定後，再決定每一因素之影響程度大小，並以權數表示之（合計為一），最後再逐一給予不同的評分，將影響程度與表現狀況綜合分析後，可得出公司產品在 GE 模式中所處之位置，以供業者策略選擇之參考。當產品位於左上三格時，則可採取投資／成長方式；若位於中間三格，則可採選擇／盈餘方式；若位於右下三格，則採收割／放棄方式，詳見圖 1-6 所示。

　　GE 模式為格中每一格所代表之意義及策略可從圖 1-7 了解之。

　　由於 GE 模式在實務上，應具動態性，故可延伸出六種策略 註五 。

1. 防守性投資策略

　　業者可投資更多資金，以適應環境變遷與競爭壓力，以保有其市場地位。

2. 滲透性投資策略

　　此策略在於業者為提高其競爭力，而投入足夠的資金。

3. 重建性投資策略

　　當產品競爭力降低，市場占有率下滑時，可投入大量資金，以恢復其原有市場地位。此策略適合位於產品生命週期中成熟階段使用。

4. 選擇性投資策略

　　業者投入資金視其投資是否有利可圖而定，對於競爭地位逐漸下降者，無須增加投資。

因　素　項　目	權　數	評分（1～5）	價值
整體市場規模	0.20	4.00	0.80
每年市場成長率	0.20	5.00	1.00
歷史利潤加成	0.15	4.00	0.60
競爭強度	0.15	2.00	0.30
技術要求	0.15	3.00	0.60
通貨膨脹影響	0.05	3.00	0.15
能源要求	0.05	2.00	0.10
環境影響	0.05	1.00	0.15
社會／政治／法律	必須可接受		3.70
	1.00		

市場吸引力

因　素　項　目	權　數	評分（1～5）	價值
市場占有率	0.10	4.00	0.40
占有率成長	0.15	4.00	0.60
產品品質	0.10	4.00	0.40
品牌名聲	0.10	5.00	0.50
分配網路	0.05	4.00	0.20
促銷效能	0.05	5.00	0.25
生產產能	0.05	3.00	0.15
生產效率	0.05	2.00	0.10
單位成本	0.15	3.00	0.45
物料供應	0.05	5.00	0.25
R & D 績效	0.10	4.00	0.80
管理人才	0.05	4.00	0.20
	1.00		4.30

競爭優勢

資料來源：同圖 1-4，p.65。

圖 1-5　GE 市場吸引力與競爭優勢模式

競爭優勢

	高	中	低

市場吸引力　高／中／低

■ 投資／成長
▨ 選擇／盈餘
□ 收割／放棄

資料來源：同圖 1-4，p.67。

圖 1-6　GE 模式之競爭優勢／市場吸引力分析圖

保持競爭地位	投資以建立優勢	選擇性建立市場
・投資保持成長 ・集中力量維持地位	・向領導者挑戰 ・建立選擇性優勢 ・強化弱勢領域	・尋找專精領域 ・設法克服缺點 ・退出無發展潛力的市場
建立選擇性優勢	選擇性／管理盈餘狀況	有限度投資或收割
・集中力量投資具吸引力的市場區隔 ・培植競爭實力 ・提升生產力以獲利	・保護現行計畫	・尋找風險低的拓展機會，否則減低投資與加強作業合理化
保持戰果與集中火力	管理盈餘狀況	放棄
・管理現行盈餘狀況 ・集中力量在更具吸引力的市場區隔 ・建立防禦優勢	・保護在獲利性高的市場區域之競爭地位 ・提升產品線水準 ・減低投資	・趁早結束以換取現金 ・裁減固定成本並避免投資

高　　　　中　　　　低

資料來源：同圖 1-4，p.67。

圖 1-7　GE 模式

5.低度投資策略

對某事業之投資維繫最低水準，以收回現金。

6.撤退策略

對完全無法挽回之事業，應即出售或退出，以免影響公司營運。

三、事業經驗效果模式 註六

所謂事業經驗效果係指對相同的工作愈做愈熟練，效率愈高，則其相同產出下之工作成本降低。產生經驗效果的主要原因，包括：

第一，勞動性效率的提高。

第二，作業專業化與方法的改善。

第三，新生產製程的導入。

第四，生產設備效率的提高。

第五、資源結構的調整。

第六，產品的標準化。

第七，產品變更設計。

事業經驗效果雖仍有所爭議，不過確有不少企業相信經驗效果的存在。基本上，事業經驗效果可提供一些重要策略的觀念：

第一，在事業發展過程中，儘早達到在市場上保有最大市場占有率的地位。亦即保有最大市場占有率，可以產生更低成本，並確定競爭上之優勢。

第二，成本上之優勢可反應在價格上之優勢，在市場上獲得有利的地位，也因此有助於提高市場占有率，從圖 1-8 設定競爭價格的循環圖，則充分將事業經驗效果的觀念呈現出來。

四、PIMS 模式

市場策略利潤影響模式（Profit Impact of Market Strategy Model）經

不同專家研究結果已找出影響利潤的重要因素，經歸納之影響因素 註七
包括如下：

1. 市場競爭地位

(1)市場占有率或相對市場占有率。

(2)產品品質或相對產品品質。

2. 資本因素

(1)投資強度。

(2)資本強度。

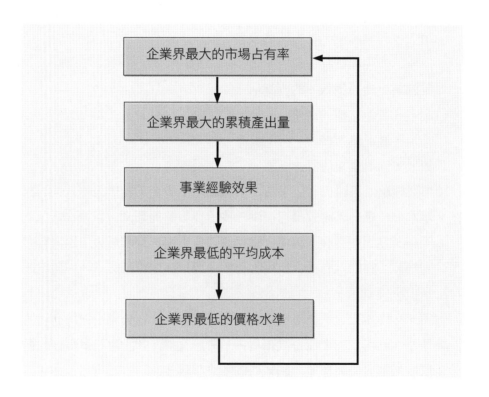

資料來源：林哲生編譯（1991）。

圖 1-8　設定競爭價格的循環圖

3.企業其他因素

⑴垂直整合程度。

⑵產能使用率。

除此之外，例如，產品生命週期、環境不確定性、技術、產業結構等因素亦會對市場利潤產生干擾。基本上，市場策略利潤影響模式係使業者在推動業務時，注意相關影響因素，使其營運績效能因此提高。

五、DPM 模式

定向政策模式（Directional Policy Matrix）係將公司競爭力（市場地位、生產能力、產品研發）與事業部門展望（市場成長率、市場品質、市場供給）作為構面。其所劃分出九格可分別代表不同的地位及應採之策略，見圖 1-9 可了解之。

六、PLCM 模式

產品生命週期模式（Product Life Cycle Matrix）係以產業成熟階段（導入期、成長期、成熟期、衰退期）及競爭地位（具支配力、強勢的、可保有的、有利的、弱勢的）兩個構面形成十二個分析方格，以作為策略之參考。

七、SCPM 模式

結構——行為——績效模式（Structure-Conduct-Performance Model）係認為任一企業之經營績效會受其產業結構、行為之影響。產業結構包括集中度、進出障礙、產品差異性、垂直整合線；產業行為包括定價、產品設計、推廣、創新；產業績效則由成長性、效率與效益判定之。短期而言，此模式係由產業結構影響產業行為，再影響產業績效。

但長期而言，亦可能出現反方向的回饋運作。

專業部門展望

		優	中	劣
公司競爭能力	強	領導 (A)	領導 (B) 成長	產生現金 (C)
	中	更加努力 (D)	成長 (E) 小心前進	逐步撤退 (F)
	弱	加強或放棄 (G)	逐步撤退 (H) 小心前進	撤退 (I)

資料來源：何雍慶（1990）。

圖1-9　定向政策矩陣

 註 釋

註一：參考自 Peter Wright, Charles D. Pringle, Mark J. Kroll, *Strategic Management Text and Case*, 2th A Simon & Schuster Company, USA, 1994, p. 6.

註二：部分內容參考自陳振遠、陳振田編譯，Phillip Kotler 原著，《行銷管理—分析、規劃與控制》，臺北市，五南圖書公司，民國七十九年四月，p. 78.

註三：參考自林隆儀，SWOT 分析，工商時報經營知認版，民國八十三年十二月二日。

註四：同註一，p. 104。

註五：參考何雍慶，《實用行銷管理》，初版，臺北市：華泰書局，民國七十九年十一月，pp. 120-122。

註六：參考自林哲生編譯，嶋口充輝、名井涼藏原著，《現代行銷—在策略規劃之運用》，臺北市，洪建全教育文化基金會，民國八十年，pp. 33-39。

註七：同註五，pp. 115-126。

Chapter 2

策略行銷之選擇

第一節　行銷策略

　　行銷策略包括範圍很廣，一般以產品、價格、通路、促銷等四項策略為主，但當今複雜環境中，Philip Kotler 教授建議再加上公共關係與政府政策兩項，併稱之為「大行銷」。

一、產品策略

　　產品策略須探討之問題包括產品組合策略、產品定位策略、產品線策略、品牌策略、新產品策略等。

　　產品係指任何在市場上，可引起消費興趣、使用或購買，並符合及滿足其需要的事物。它可能是產品，亦可能是服務，它包括三個層次，最基本層次是核心產品，它是表示消費者使用該產品的真正目的為何？第二個層次是實體產品，包括產品的品質水準、產品特性、形式、品牌名稱、包裝。第三個層次是引伸產品，它包括了實體產品之外，提供更多的服務與利益，例如，安裝、運送與投送、保證、售後服務、倉儲、顧客諮詢等。

1. 產品組合策略

　　產品組合係指業者能提供給顧客的所有產品線及其產品項目的集合，這可以其產品之廣度、長度、深度、一致性等方面加以分析之。產品組合的廣度指公司共有幾條不同的產品線；產品組合長度係指公司組合中所提供全部產品的總數，有時長度也指每條產品線的平均長度；產品組合的深度係指每條產品線中，每一個產品所提供的不同細目；產品組合的一致性係指各產品線在最終用途、生產要求、配銷通路等項目的相關程度。

　　由產品組合廣度、深度、長度、一致性等四個構面可協助我們的產

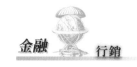

品策略。第一，可增加新產品線而增廣其產品組合。第二，可延伸現有產品線為全產品線。第三，增加新產品細目，以加深產品組合深度。第四，當多角化經營時，產品線一致性不要過高；當公司建立專業信譽時，則可增加產品的一致性。

2.產品線策略

產品線係指由一群互有相關的產品所組合而成，其功能相似，使用相同通路系統，都在某一價格範圍內，均賣給同一個顧客群。

產品線策略之執行應建立產品圖（例如，以品質、特性為兩個構面），以協助產品線策略之執行，包括它可發現競爭者所處位置，可經由不同購買偏好界定市場區隔。

產品線策略包括產品線長度策略（延伸策略及填補策略）、產品線現代化策略、產品線號召力策略、產品線刪除策略。

(1)產品線長度策略

①產品線延伸策略：公司將產品線延伸超出其目前的範圍，包括向上延伸、向下延伸、雙向延伸三種。

②產品線填補策略：公司在現有範圍內添加產品而使其延伸。

(2)產品線現代化策略

產品線現代化已成為當今產品必要的條件，它可以一次徹底改變或逐步改變兩種方式達成。

(3)產品線號召力策略

產品線部分產品有時會被選來號召顧客，有時在產品線低端（低價位）作為促銷工具；有時在產品線高端（高價位）吸引人潮。

(4)產品線刪除策略

當公司面臨缺乏貢獻的產品線時，必須適時加以刪除；另外在公司

無法應付所有需求時，亦可採取此策略。

3.品牌策略

所謂品牌係指一個名稱、標記、符號、設計，或它們的聯合使用，以使消費者能分辨業者的產品或服務，並與競爭者的產品有所區別。

品牌雖會增加公司的許多成本，及顧客對產品不滿意的風險，但是它仍有許多優點：

第一，使公司在處理訂單或售後追蹤問題時較為便利。

第二，能使公司吸引品牌忠誠度高，且使公司獲利的消費群。

第三，有助於市場區隔的工作。

第四，公司品名與註冊商標對產品的自創特性有法律保護作用，避免被競爭者抄襲。

第五，好的品牌能有利於公司形象之建立。

品牌策略有許多個子策略，包括品牌決策（是否需品牌）、品牌供應者決策（由誰提供品牌）、家族品牌決策（個別命名或家庭品牌）、品牌擴張決策（其他產品是否使用相同品牌）、多品牌策略（同一產品使用兩個以上的品牌）、品牌重定位決策。

4.新產品策略

新產品可經由兩途徑達到目的，一種是購併，另一種是新產品發展。所謂新產品有不同的類型，包括世界性新產品、全新產品、增強既有產品線、現有產品的修改及改良、重定位、成本降低等。不論是何種形式，業者在發展新產品時，應多加考慮本身條件及外在環境。

通常發展新產品的過程包括創意的產生、創意篩選、觀念的發展與測試、行銷策略、商業分析、產品發展、市場試銷及商品上市。在實務運用上，可能會有部分步驟被業者所省略，其原因可能因成本考慮、產品特性、爭取時機等，業者無須拘泥形式。

二、價格策略

價格策略基本上可包括兩大範疇，一為定價策略，一為價格調整策略。

1. 定價策略

當公司發展一項新產品，將產品導入新通路、地區或簽訂新合約時，定價成為重要的問題。所以制定價格的步驟不能不加以重視，一般大致須先選擇定價目標，其次依序為確定需求、估計成本、分析競爭者的價格，最後則確定產品價格。

選擇定價的目標可從維持生存、最大當期利潤、最大當期收入、最大銷售成長、最大市場吸收、領先的產品品質等六個方向考量；當此目標確定後，公司應了解影響該產品價格的因素有哪些？並進一步估計其產品需求及價格彈性，以協助判斷此產品與價格之間的互助關係。接著公司應從產品的類型估計成本及其成本曲線，並分析該業者相似或相同產品的價格。根據上述資訊，公司可著手最重要的選擇定價的方法。公司產品定價的最主要考慮因素包括成本面、需求面、競爭面及產品特性面，實務上為業者所使用的有成本加成定價法（成本面）、目標報酬定價法（成本面）、認知價值定價法（需求法）、現行價格定價法（競爭面）、投標定價法（競爭面）等。

當公司確定產品最終價格時，仍須考慮其他相關因素，例如，第一，心理因素，不少消費者以價格高低判別品質優劣，另外公司常利用消費者心理參考價格（過去、現在之產品價格）定價。第二，其他行銷因素的影響，價格相對應的品質與廣告形象常出現一致化。第三，公司的定價政策，產品最終定價須與公司定價政策相一致，以使消費者產生合理價位的感覺，且可滿足公司利潤目標。第四，其他團體對價格的反應，此點亦相當重要，競爭者的反應、政府是否干預等，均不可忽略。

2.價格調整策略

價格在兩種情況下勢須加以調整,以符合市場需要,第一,因所面對的不同市場結構、產品結構等,產品價格有必要加以修訂;第二,競爭者對於產品價格作出反應時,公司應採行價格調整策略。

(1)價格修訂策略

公司通常不會只訂定一種價格,實際上是依產品別、產品項目別、地區別、不同的需求及成本、市場區隔的需求強度、購買時機、及其他相關因素,採取不同的價格結構。以下就價格折扣及折讓、地區性定價策略、促銷定價、差別定價、產品組合定價分述之。

①價格折扣與折讓策略

大多數公司在面對消費者之及時現金支付、大量採購、非旺季購買等,會以價格的調整,作為對顧客支持的回報。包括下列方式:

a.現金折扣:對提前付現的顧客給予折扣。

b.數量折扣:對大量購買的顧客給予折扣。

c.功能性折扣:對中間商給予執行某些功能的折扣。

d.季節折扣:對淡季購買產品的顧客,給予折扣。

e.折讓:減價的另一種方式,如抵換折讓、促銷折讓。

②地區性定價策略

地區性定價係考慮對不同地區採用不同的價格,抑或不論任何區域均採用相同的價格。

a.起運點定價:產品的價格只考慮到產品起運點,至於產品離開公司後的成本不再歸屬賣者。

b.統一交貨價格定價:不論地區遠近,對所有顧客收取相同的價格。

c.區域定價:在設定的區域內採用同一種價格,超出該區域者則

以另一種價格計算。

③促銷定價策略

在某些情形下，公司可能暫時性的降低價格（甚至採低於成本之定價），說明如下：

a.犧牲品定價：公司以某些產品作為犧牲品，以吸引顧客購買其他正常定價的產品。

b.特價活動的定價：公司可以某些理由（如週年慶）作為特價活動，以吸引更多顧客。

c.現金折價：公司在某些時候可以給予消費者現金折價的優待。

d.低利融資。

e.心理折扣：公司可先提高價格，再行打折。

④差別定價策略

公司常因顧客對象、地區、時間、產品不同而採用調整價格策略。此種對同一成本的產品訂定兩種或以上的價格，稱之為差別定價策略。

a.顧客區隔定價：相同產品在面對不同顧客採用不同的價格。

b.產品形式定價：不同形式的產品採用不同的價格，其條件並不與成本有絕對關係。

c.地區定價策略：相同成本，但不同區域，則採不同定價。

d.時間定價策略：成本相同，但因提供產品的時間不同（季節、時、日），則訂定不同的價格。

e.形象定價策略：對於相同產品、不同產品形象，而制定不同的價格。

差別定價策略常為業者所使用，但若欲有效使用，必須具備下列條件：第一，差別定價並未違反法令規範；第二，市場能加以區隔，且在不同區隔市場中會出現不同的需求強度；第三，市場區隔化所產生的成本及其管理成本，不會超過因差別定價所產生的額外利

益；第四，競爭者無法從中得利；第五，價格無法產生移轉；第六，不至於引起顧客不滿而喪失客源。

⑤產品組合定價策略

　　產品組合定價常是想使總產品組合之利潤達到最大化，但因不同產品有相互關聯的需求與成本，及不同程度的競爭，使得此策略在運作上相當不易，一般可區分為下列情形：

a.產品線定價：業者可依成本、需要等訂定不同的價格點，例如，配合心理因素，建立消費者對產品品質的認知。

b.附屬產品的定價：附屬產品的定價可以採高價格作為利潤來源，亦可以低價格作為吸引力。

c.兩段定價：業者除對消費者收取固定費用外，亦可依服務內容的變化收取其他額外的服務費。

d.成組產品定價：公司可將不同產品組合在一起出售，其定價總和低於個別產品價格的總額。

⑵價格反應策略

　　當市場競爭激烈、或成本提高、或產量過盛、或市場需求強烈，則公司可能對價格採取反應措施，也就是在上述情形下，業者將調整價格。

　　不論上述發生任何狀況，業者對消費者、競爭者、政府部門、中間商、供應商等反應態度均須列入考慮範圍。例如，競爭者採用降價策略，業者必須先考慮此價格對業者的影響程度，依序應判斷競爭者此項降價策略是永久或暫時、降價的幅度多大、對利潤的影響等。根據這些研判，作為公司價格調整的參考。

三、通路策略

　　通路系統係為生產者與消費者之間的往來管道，有助於協助供需雙

方得到平衡。它能克服存在商品、勞務與使用者之間的時間、空間、所有權之障礙，它包括有下列主要功能：

第一，資訊。可蒐集及傳遞現有及潛在顧客、競爭者及行銷環境中每個成員之行銷資訊。

第二，促銷。發展與傳遞產品特色之說服性溝通，以吸引顧客採用之。

第三，協商。可使產品在價格及其他方面達成協定，進而移轉所有權。

第四，訂購。購買可作為顧客消費意願指標。

第五，融資。可協助資金分配的工作。

第六，風險承擔。承擔配銷過程中的風險。

第七，實體分配。實體商品的儲存與載運。

第八，付款。支付貨款所經由之途徑。

第九，所有權。協助所有權之移轉。

這些功能與流程可能存在全部或部分，它可能是前向，亦可能是後向，但亦可能屬於雙向流程。

行銷通路不只限於實體商品，事實上，服務業之各種產品，亦須面對產品如何透過通路系統，以求達到其目標市場及獲得使用。

以下就通路策略中之通路設計策略、通路管理策略、通路整合策略加以說明。

1. 通路設計策略

通路設計是通路系統能否暢通的首要問題，一般在設計方面必須著手消費者需求分析、通路目標之設定與限制、確認可行通路方案、及評估通路系統等工作。

(1)消費者需求分析

了解目標市場的需求應從訂單大小、空間便利性、等候時間長短、

產品多樣性等四個方向進行分析；如此將有利於使通路設計方向有所引導。

(2)通路目標之設定及其限制

當了解消費者需求後，業者應開始設定其通路目標，同時考慮該通路目標可能受到之限制。通常作業時應依消費者需求的服務水準分為數個市場區隔，再依市場特性，尋求最經濟有效的通路設計。但設計時，通路系統可能受產品的特性、中間商特性、競爭者特性、公司特性、環境特性影響及限制，故須多加考量。以下分別說明之：

①產品特性

產品的標準化程度、儲存能力、體積大小等特性將影響通路設計。

②中間商特性

因中間商對處理協商、促銷能力、儲存、聯繫等工作的情況均有所差異，業者須分別分析，選擇最適合業者本身通路之中間商。

③競爭特性

競爭者在通路上之設計不僅直接對業者的業務擴展上有所影響，亦可能直接或間接影響業者通路設計之選擇。

④公司特性

公司規模大小、財務資源、產品組合、行銷策略等每一種特性均影響對通路設計之考慮，例如，公司規模大，則選擇通路據點較可採全面性方式。

⑤環境特性

經濟情勢良窳、法規與限制等均影響通路設計，例如，法令可能限制某些通路結合，以避免壟斷。

(3)確認通路系統可行方案

一般通路方案包括中間商型態（例如，公司銷售人員、經銷商

等）、中間商數目（包括密集配銷、獨家配銷、選擇性配銷）、通路成員之條件與責任（包括價格政策、銷售條件、區域配銷權、相互服務與責任）。

⑷評估可行通路方案

選擇可行方案之前，應對各個方案從經濟性、控制性及適應性三個方向評估。

①經濟性標準

業者可從不同通路設計方案中找出真正銷售水準及成本，以其中所能產生長期利潤者為最主要考量對象。

②控制性標準

任何通路系統若完全無法配合業者的需要而調整，則公司不是需重新建立通路系統，便是需耗費龐大經費及時間從事說服等工作，實不利於業者的通路發展，故業者須評估本身對通路的控制程度大小，雖無須百分之百完全掌握，但亦不可缺乏對通路成員的影響力。

③適應性標準

通路系統的使用能否以長期方式運作甚為重要，較長期者可節省通路調整的成本及時間，對業者業務推展影響較少；另外可能因環境之改變，通路能否適應，亦應列入業者的考量範圍之內。

2. 通路管理策略

通路管理策略包括對通路成員之選擇、如何激勵通路成員、評估通路成員績效及修正通路結構。

⑴通路成員選擇

業者對其通路之選擇必須評估中間商營業項目經營及獲利狀況、成長情形、經營歷史、償債能力、合作態度、公司聲望、公司所在區

位等。

(2)激勵通路成員的方式

欲使通路成員的績效達到最大化，必須先了解通路成員的個別需求與慾望。業者可透過合作、合夥及配銷規劃三種方式與通路成員相處，在合作方面，它們可能是採賞罰兼施，例如，高利潤、獎金、協同廣告津貼等獎勵，但同時以降低銷售利潤、終止交易等作為處罰。最好的方式是業者能與通路成員建立合夥關係，如此在市場發展、商品展示、資訊蒐集等方面均能較易達到業者的要求。配銷規劃則希望能確認配銷商的需求，並協助其建立銷售計畫，以使業者能達到激勵通路成員的目的。

(3)評估通路成員

業者基於通路效益掌握之需，有必要定期對其通路成員進行評估；評估項目包括銷售達成率、服務時效、公司促銷與訓練計畫的合作情形、對顧客應有的服務項目。

(4)通路結構之修正

由於現今環境變遷快速，通路系統對環境的適應情形可能須定期檢討，通常通路系統結構面臨修正，可能發生三種情形，第一種是通路改變僅涉及個別通路成員之增刪，此種情形最單純，影響程度最少。第二種是通路改變已涉及特定市場通路的增刪，此時業者須注意是否有其他通路系統可替代，或重新建立一新通路。第三種是業者須在所有市場發展一套新的通路系統，這可能造成業者更改大部分（甚至全部）的行銷組合，並須進一步評估及預測未來可能結果。

3.通路協商策略

通路系統間可能會發生不同程度的合作、衝突與競爭。業者在不同的情形須採不同的協商方式，以求解決通路間的互動性關係。

(1)**通路合作**

通路中各公司基於相互利益而結合的集團，此為通路協商策略最高境界；在各通路成員之間只有合作，沒有衝突或競爭下，將使個別利益得到最大。

(2)**通路衝突**

通路衝突係指通路成員中為自身利益而損及他人利益的情形，其原因包括目標不配合、權利與義務劃分不清、認知有所差距、相互之間依賴程度過高。

由於通路衝突是通路協商策略最常見的情形，也是最重要的一部分。其包括水平通路衝突（同一通路階層中，各公司之衝突）、垂直通路衝突（同一通路不同階層間之衝突）。因為通路衝突無法避免，故業者應了解如何去解決它，以避免破壞雙方合作關係。

①通路領袖：透過通路領袖的協商，可減少衝突發生或迅速解決衝突。

②發展總體目標：建立通路各成員一致對外的共識，使通路成員能為求生存，而降低通路的衝突。

③建立合作機會及建立各種通路成員合作機會，使各成員在相互了解下，能透過溝通，減少衝突發生。

④調停與仲裁機構：經由調停或仲裁機構，促使通路衝突消弭於無形。

(3)**通路競爭**

係指各公司與各通路成員，基於爭取相同目標市場所產生的正常競爭。通路競爭包括水平通路競爭（存在於爭取相同目標市場的同一通路階層競爭者）、通路系統競爭（不同通路系統爭取同一市場所引起之競爭）。由於通路競爭有利於消費者，亦為政府以法令進行規範，所以業

者在面臨通路競爭時，應以良性競爭態度視之，以最佳服務作為爭取顧客的最佳利器。

 四、促銷策略

促銷策略包括廣告策略、人員銷售策略、宣傳策略、銷售促進策略及促銷組合配置策略。

1. 促銷組合配置策略

促銷組合配置係指由廣告、人員銷售、宣傳、銷售促進四者如何配置的問題、其配置比例的大小等。通常業者在建立促銷組合配置時應考慮產品市場等因素，以使配置策略能更為周延。

⑴產品市場種類

廣告、人員銷售、銷售促進、宣傳等四項工具對不同產品市場，將產生不同的效果。以服務業而言，可能以人員銷售為主，銷售促進及廣告次之。

⑵公司在推或拉策略對銷售所產生之影響

若採推的策略，則業者須大量使用人員銷售及銷售促進；若採拉的策略，業者須以大量廣告及銷售促進，激起消費者需求。

⑶消費者決策階段

消費者在不同購買決策階段，受不同促銷工具的影響程度有所差異。在注意階段，廣告及宣傳扮演最重要角色；消費者信服階段則以人員的銷售及廣告為主。一般而言，廣告與宣傳在購買決策初期最具效益，人員銷售及銷售促進則在後期最有意義。

⑷產品生命週期

產品面臨不同生命週期階段，促銷工具亦會有不同的成本效益。在

導入期，廣告與宣傳效果較大；成長期則所有促銷工具均應減少，而增加口頭通路的功效；成熟期間，銷售促進、人員銷售、廣告均相當重要；衰退期係以銷售促進效果較好。

2.廣告策略

廣告雖然具有許多不同形式與用途，但仍可找出一些重要特性可供參考，包括公共表達、滲透力、誇張效果、非人格化。它一方面可用來建立產品的長期形象，又可達到快速的銷售目的。

業者進行廣告方案時，必須著手五項工作，即廣告目標是什麼？廣告支出為多少？應該傳達什麼樣的訊息？應該使用什麼媒體？廣告效果應如何評估？

⑴廣告目標之設定

廣告目標之設定應先依目標市場、市場定位、行銷組合等策略作為發展方向。它可依強調的目的差異性，分為告知性廣告、說服性廣告及提醒性廣告，其參考作用如表 2-1（**註五**）。

表 2-1　各種可能的廣告目標

告知性廣告	・向市場推介新產品 ・建議產品的新用途 ・告知市場價格的調整 ・說明產品的功能	・介紹各種現有的服務 ・修正錯誤的印象 ・降低消費者的恐懼 ・建立企業的形象
說服性廣告	・建立品牌偏好 ・鼓勵改用該廣告品牌 ・改變消費者對產品之認知	・說服消費者立即購買 ・說服消費者接受推銷員的訪問
提醒性廣告	・提醒消費者在最近的將來可能需要該產品 ・提醒產品的購買地點	・使消費者於銷售淡季仍對此產品不易忘記 ・維持高知名度

⑵**廣告預算之決定**

　　廣告預算之決定的方法包括量入為出（以財務狀況作依據）、銷售百分比法（以目前或預期銷售額之百分比為依據）、競爭對等法（以競爭對手的支出狀況為依據）、目標任務法（依公司所設定的特定目標所須投入之工作作為依據）。上述四種方法均有其優缺點，但最適當的作法是採目標任務法。不論如何，在決定廣告預算時，業者須考慮相關因素，以避免廣告徒勞無功。

①**市場占有率**

　　依業者產品市場占有率之高低，市場占有率高的產品，其廣告支出相對較少。

②**競爭與干擾**

　　競爭多、干擾多的市場，其廣告支出相對增加。

③**產品生命週期階段**

　　產品導入期須投入較多廣告，以建立消費者的認知與試用，成熟期產品則相對減少。

④**廣告頻率**

　　若是傳遞給消費者的訊息愈密集，則廣告支出愈大。

⑤**產品替代性**

　　產品替代性少者，廣告支出較少；反之，一般商品須編列較高的廣告預算，以建立品牌形象。

⑶**廣告訊息之決定**

　　廣告之目的在於創造產品之差異化，而此目的的達成，則在於廣告訊息之決定。業者可透過訊息的產生、訊息的評估與選擇，和訊息的表達等三個步驟發展其創造性的廣告。

(4)廣告媒體之決定

廣告媒體是擬定廣告內容的主要工作者,因此廣告媒體的選擇成為廣告策略中最重要工作之一。通常廣告媒體決定的步驟包括:第一,業者決定預期的廣告接觸率、頻率和效果。第二,選擇主要的型態為何類型,其考慮因素包括目標群眾接觸媒體習慣、產品本質、訊息及成本;第三,選擇特定的媒體工具,其衡量標準包括發行量、目標群眾人數、有效目標群眾及有效廣告展露的群眾數。第四,決定媒體刊出或播出的時機,其主要面臨的問題包括大時程安排問題(即業者依季節性與預期經濟狀況,所決定一年內之廣告時程)、小時程安排問題(即探討在最短時間內,如何將一組廣告展露情形加以適度配置,以求最大效果)。

(5)廣告效果評估

廣告的規劃與控制是否成功主要維繫於廣告效果之衡量,但此方面之研究甚少。廣告效果衡量大多數屬於應用性質,且針對特定的廣告和廣告活動;目前廣告預算大都於事前測試,而少有事後的廣告效果評估。事後的廣告效果評估主要包括溝通效果研究及銷售效果研究兩項內容。

3.人員銷售策略

當業者為建立消費者偏好、信服與購買時,人員銷售是最有效的方法。人員銷售具有一些特質,如直接面談、人際關係培養等。事實上,人員銷售策略內容包括可從人員銷售之設計、人員銷售管理及人員銷售原則作一探討。

(1)人員銷售之設計

人員銷售之設計須考慮的內容有人員銷售目標、結構、作法、規模及報酬。人員銷售目標必須以目標市場的性質及企業在該市場所追求的地位為基礎。銷售人員組織可以地區別、產品別、市場別、複合式等編

組來運作。至於銷售人員的報酬基本上對銷售人員效率具相當大的影響力，銷售人員薪津制度包括本俸制、純佣金制、本俸及純佣金混合制三種；除此之外，紅利制度可作為佣金或誘因的補充或代替。

(2)人員銷售之管理

人員銷售管理有人員招募、甄選、訓練、指導、激勵、績效評估等工作。一項成功的銷售人員作業的核心工作在於甄選傑出的銷售人員，所以銷售人員從甄選至激勵活動與最後之績效評估均須審慎為之，避免過程無謂的浪費；同時必須訓練銷售人員在推銷過程中，勿使消費者引起不利於公司的反感。

(3)人員銷售之原則

優秀的銷售人員並非純為天賦本質，而主要須接受分析方法和客戶管理的訓練。一般而言，人員銷售包括三種範圍：推銷術、磋商及關係管理。

①推銷術

有效的推銷必須遵循相關執行步驟，包括開發顧客與審核資格、事前規劃、接近、說明與展示、處理反對理由、締結及事後追蹤。

②磋商

磋商的主要目的在於使市場高度競爭性（價格方面）轉變為高度安定性（即較不具競爭性）。除此之外，磋商目的仍包括履行合約完成的時間；商品品質或服務；商品的銷售量；融資、風險承擔、促銷、所有權移轉的責任；政府部門對產品安全性之要求等。至於磋商的主題及團體人數，則設有一定的限制。

業者須建立明確的協議策略，以求達到磋商的目標。其基本原則可包括對事不對人；針對利害關係，而非彼此觀點；創造相互利益的選擇、堅持客觀的標準。

③關係管理

人員銷售和磋商的原則係為交易導向,其目的在協助銷售人員完成對顧客的立即銷售;若進一步以指導賣方人員和顧客之間的交易關係,則為關係管理。業者建立關係管理的步驟有第一,確認公司有值得建立關係管理的顧客;第二步驟,應對每個重要客戶均指派一位技術熟練的關係經理;第三步驟,制定一個明確的關係經理工作說明書;第四步驟,指定一位整體性的經理監督關係經理;第五步驟,每位關係經理皆須擬定長期及年度的顧客關係計畫。

4.銷售促進策略

銷售促進策略包括各式各樣的促銷工具,以刺激目標市場產生較早或較強烈的反應。對消費者的促銷工具有折價優待、贈品、抽獎、貴賓優待、免費試用、產品保證、折價券、折現退錢、樣品、展示、競賽等。對經銷商的促銷工具有免費贈品、商品折讓、購貨折讓、廣告及展示折讓、推銷獎金。對銷售人員促銷工具包括紅利、銷售競賽、銷售績效。由於其運用的工具眾多,甚不易以一種目的來概括整體銷售促進活動。

銷售促進有瓦解競爭者品牌忠誠度的功能,但切勿將之反客為主,而取代廣告活動,這反將不利於業者建立消費者品牌忠誠度,更可能使消費者產生廉價品牌的印象,而產生對公司聲譽的不良影響。

公司在實施銷售促進策略時,應包括下列各步驟,以使此策略之運作能更具效益。首先應制定銷售促進目標、其次依序為選擇銷售促進工具、擬訂銷售促進方案、事前測試銷售促進方案、執行與控制銷售促進方案,最後則是評估銷售促進成效。

5.宣傳策略

為使宣傳活動更為有效及具吸引力,必須具備高可信度、解除心理

防衛、戲劇化等特性，它或許不見得需要單獨運作，但卻能在良好規劃的情形下，配合其他促銷策略而發揮更大的效果。宣傳策略包括第一，建立宣傳的目標以支持較大的行銷目標；第二，選擇宣傳訊息及工具，以求獲得最大的成本效益；第三，透過媒體人員的合作和安排計畫的事件，以執行宣傳計畫；第四，評估宣傳的效果，評估項目包括達成的表露度、目標群眾的知曉、理解、態度的改變、與銷售及利潤的增加。

五、公共關係策略

公共關係與宣傳常被視為一體，事實上，宣傳活動僅為公共關係的一部分。公共關係的對象分對外與對內兩方面，對內關係包括員工、股東、工會、經銷商等，對外關係則有一般大眾、社區民眾、政府機構、特殊群體等。

公共關係的定義至今尚未有一統一的說法，有人說公共關係包括管理、廣告、與新聞界的關係、銷售等內容；有人則將之縮小為危機處理；亦有認為公共關係為宣傳活動。但不論如何說法，現代公共關係學者專家已認同它是一種管理科學、是一種非廣告式的行銷策略、是維繫在傳播學上。

公司內的公共關係人員的工作包括第一，轉達組織外的意見，使組織決策者能在制定決策時可符合或滿足這些利益團體的需求；第二，協助管理人員制定合宜的內部管理規則政策、執行方案；第三，設計執行公共關係計畫，以獲得內外部團體的支持。

業者為使公共關係策略有效執行，應注意公共關係活動的工作原則，第一個原則，它是一個有計畫、有步驟的活動；第二個原則，它是偏重在長期間的努力與執行；第三個原則，它是一種有系統的社會科學研究；第四個原則，它是一種重視文藝性的工作，且須具創意性；第五個原則，公共關係是以雙向溝通方式，來達到民意至上、顧客至上、員工滿意的目的；第六個原則，它係以對方角度談論問題的方式；第七個

原則，公共關係是否成功與經營者能否接受批評的態度有著密切的關係；第八個原則，公共關係是一種預防重於治療的運作方式；第九個原則，公共關係的工作特質是代表一個組織的文化特性；第十個原則，誠信是公共關係的不二法門；第十一個原則，公司公共關係人員是組織內的「正義之聲」，它應隨時指出組織政策之錯誤。

根據上述說明，可知一家公司的公共關係策略最起碼須做到下列三項工作：

第一，業者應設法組成一個良好的公共關係團隊。此團隊以內部常設公共關係部門為主，而以外界公共關係公司為輔。業者任何公共關係計畫須經內部部門先行擬定公共關係計畫，再經審慎評估後，最後付之實施及監督。若公共關係計畫內容須依賴外界公共關係公司或廣告公司（如舉辦行銷事件、文宣活動等），在執行過程，內部人員須全程參與其中，但切勿動輒干預，以免妨礙創意性內容的提出。另外，執行公共關係計畫的成本亦須在公司的考量範圍之內，切勿將之與廣告活動混淆在一起，反而模糊行銷事件或公關活動的主題。

第二，建立一條有效且符合效益的對內、對外溝通管道。目前企業在公共關係策略上，不論對內、對外常無法建立一條雙向溝通的管道，以致因溝通上之誤解，造成公司與外界或內部團體的衝突。有效的雙向溝通管道的建立是須以長期性、耐心、誠信等原則去經營，而非平日無事，一朝發生事件才臨時處理的方式，人與人相處在短期內欲取得互信是極不易的事，所以前述的多項公共關係原則均加以討論，其原因即在於此。

第三，業者公共關係部門應設立一個常設性的危機處理小組。由於環境變遷的快速、社會的多元化、開放，使業者必須面臨更多危機事件，這些事件可能是直接衝擊公司經營，亦可能只

是間接影響公司聲譽；但不論何種情形，若有一常設危機處理小組，在平日訓練有素的條件下，將有助於使事件的衝擊力降至最低。近年來，此類成功或失敗的相關案例甚多，以華僑銀行的衍生性商品操作失敗所引起的危機處理而言，似應被視為一失敗案例；而雄獅旅行社在黃石公園旅客墜機事件，則可視為成功案件。總之，當公司面臨危機事件時，危機處理小組應由決策者參與其中活動，以公開、誠信的原則，尋求對方的諒解及支持，以使損失減為最小，並進而建立公司的優良形象。

六、政府政策處理策略

現代企業活動受政府政策之影響愈來愈為密切，一則係基於政府保護消費者的立場，另一項原由則是業者活動會影響國家經濟發展，政府不能不對業者多加注意。

以往政府政策對企業造成衝擊時，業者大多以逆來順受的原則因應之。但隨著企業界勢力逐漸深入政府部門，此種情形已逐漸改變中。不過，就大多數的企業而言，似乎主動出擊，藉以影響政府政策仍不多見，即便存在此種運作，亦以非公開方式進行為多。

業者未來如何面對政府的政策呢？其處理的策略應是如何？才能達到公司的目標──營運及社會公義的目標。這可從兩個層面探討之，第一個層面是，政府政策尚未制定（可能正研擬中或尚未形成）；第二個層面是，政府政策正實施中或已立法通過正待實施。管理策略從這兩個層面分別探討之，將有助於釐清問題的本質，以使處理策略更為紮實。

第一，當政府尚未完成法制的政策時，業者應採取處理策略。此點又可分兩方面，說明如下：

1. 政府政策已有訊息，但尚未成形。此時業者可透過不同管道提出符合公司目標的政策內容，供政府部門參考，例如，經由民意機

構的影響力表達意見、學術團體的研究結果、舉辦公聽會、運用產業公會的力量、甚至私人管道。如此運作將使政策的討論更為公開、討論內容更為深入，以使政府主導部門不致閉門造車。不過在傳遞各種訊息時，應注意對象是針對負責其事的政府官員，而非直接負責人員。為減少問題討論的抵制力，可從層次較低的承辦官員先行著手，漸漸接近主導的政府官員。

2. 政府政策尚未有任何訊息，但其政策有益於公司目標的達成時，業者應以主動方式，先利用座談會、大眾傳播媒體，將相關訊息加以傳播，使社會大眾及政府官員先有較正確的觀念後，再依循前述方式，逐步讓政策能迅速制定完成。

第二，政府政策已推動中，惟不符合公司目標時。業者面臨此問題的機會將是最多，在處理上亦最困難，因多數政府官員不願隨時更替現有法令，尤其剛完成法制不久的法令更是如此，何況修改政策更可能影響其既得的權利，這亦是政府部門推動行政革新最大的阻力之一。業者對於此狀況的處理策略，應由公司內部建立一工作小組，先將問題根源分析清楚後提出需求（若公司相關人才多，則可提出更具體的作法）；接下來，可先行與承辦官員先行溝通，同時透過多種相關管道傳遞訊息，但應以公開合法的方式進行（即若非公開化，但亦不可違法），最後，逐步促使不良政策加以修改。國內目前業者最常用的手法之一係運用立法委員的力量，但此過程中，應在合法的條件下進行，以免得不償失。

第二節　目標行銷策略

由於環境變遷迅速，人們對於事物之需求已漸多元化、精緻化、快速化，所以業者從前所採用之大量行銷或產品多樣化行銷之觀念已無法適應及滿足顧客需求，故目前各公司對目標行銷之觀念已列為重點工作

之一，所謂目標行銷係指賣方依市場特性將市場區隔為不同的子市場，經選擇其中一個或數個市場區隔（依公司資源，外在環境等），並由業者發展適合該區隔市場之產品及行銷組合。在了解目標行銷之前，必須先對市場需求狀況進行分析，以求判斷更為精確。

一、市場衡量與預測

「市場需求」即是在既定的行銷計畫、特定行銷環境、特定期間、特定地理區域，由特定顧客群所購買的產品總量。

除市場需求外，市場預測、市場潛力、公司需求、公司銷售預測、公司銷售潛力，均是業者須考慮的項目。

一般業者在進行當期市場需求估計時，較重視總市場潛力、區域市場潛力、實際銷售量及市場占有率之估測。由於當期需求等資料之預估，因時間距離目前不久，故推估上一般較為容易且較準確，這是因外在環境因素改變較少，但未來需求之估測因環境變化多，故遠較當期複雜。

未來需求估測必須先進行環境預測，其次為產業預測，最後為公司銷售預測。

環境預測須分析通貨膨脹、失業率、利率、消費支出與儲蓄、投資、匯率、政府支出、外貿狀況，對國家重要環境大小及事件；並依據國民生產毛額之預測，連同其他環境指標，可預測產業銷售。最後依產業銷售占有率，再推估其銷售預測。

業者在進行公司銷售預測時，通常以三種基礎為之。第一個基礎，是「人們說的」，包括，顧客意願調查法、銷售人員意見綜合法、專家意見法；第二個基礎，是「人們做的」，即市場試銷；第三個基礎，是「人們已經做的」，包括時間數列分析法、迴歸分析法。

1. 顧客意願調查法

此方法係在假定的情況下，預估顧客的可能行為進行調查，根據顧

客描述的意願,作為估測之判斷。此法通常對需事先規劃之產品或缺乏歷史資料之創新性產品之推估,頗有助益。

2.銷售人員意見綜合法

銷售人員直接面對顧客,對顧客情形亦有相當程度的了解,故其意見可供公司參考。惟此法有銷售人員常過於主觀、忽略重大發展事件的發生、低估需求、無心估計等缺失,但若能加以克服,此法亦具有相當多優點。例如,其對銷售地區觀察力較旁人更具判斷力、透過預測參與,具鼓勵銷售人員信心之效用等。

3.專家意見法

專家意見法的對象包括經銷商、批發商、供應商、行銷顧問等。公司一般可邀集不同層面的專家以腦力激盪、Dephi Method、群體討論法等方式為其產品進行估測。此方法對創新性產品銷售之估測幫助甚大。

4.市場試銷法

預測新產品時,可以市場試銷法,推估其可能銷售量。

5.時間數列分析法

利用過去銷售資料作為預測之依據,也就是透過以往因果關係,藉由統計方法估測之。

6.迴歸分析法

利用迴歸分析法尋找過去對銷售最主要的影響因素,通常包括價格、所得、人口、促銷等,利用此一需求函數推估公司銷售。

上述六種預測方法均有其缺點,業者在使用時,可配合使用,以使推估更為準確。

二、目標行銷（Target Marketing）

進行目標行銷，必須遵守三個主要步驟，如圖 2-1。

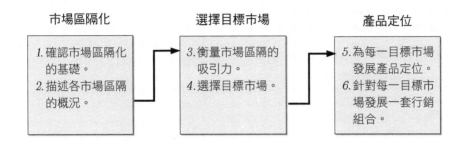

資料來源：同圖 1-3，p.410。

圖 2-1　目標行銷步驟

目標行銷三個步驟包括：第一個步驟，市場區隔化（Market Segmention），係依據顧客對產品或行銷組合的不同需求，將區隔市場區分為數個子市場，包括確認市場區隔化的區隔變數及描述各區隔市場的概況。第二個步驟是選擇目標市場，包括衡量區隔市場之吸引力及從數個區隔市場中擇取目標市場。第三個步驟是產品定位（Product Positioning），包括擬定合適之產品定位及行銷組合之細部計畫。

1. 市場區隔化

⑴市場區隔化之程序

第一個步驟是調查階段，透過調查了解消費者對品牌認知及評比、對不同產品的消費態度、及對人口變數、心理與媒體選擇面之特性。第二個步驟是分析階段，包括利用因素分析法（Factor Analysis）剔除相關性高的變數，再以群落分析法（Cluster Analysis）確定不同特定的群落，使不同區隔市場間的差異較為明顯。第三個階段是剖析階段，依據分析

結果，將各群落之行為、人口變數、心理特質、消費特質等，加以剖析，並將各群落分別界定清楚。市場區隔化程序應隨市場變化而定期檢討。

　(2)消費者市場之區隔變數（註二）

　①地理變數

　　　a.地理位置

　　　b.區域大小

　　　c.鄉村或都市

　　　d.人口密度

　　　e.氣候環境

　②人口變數

　　　a.年齡

　　　b.性別

　　　c.家庭人數

　　　d.家庭生命週期

　　　e.所得

　　　f.職業

　　　g.教育

　　　h.宗教

　　　i.種族

　　　j.國籍

　③心理變數

　　　a.社會階段

　　　b.生活型態

　　　c.人格特性

　④行為變數

　　a.使用時機

　　b.利益尋求

　　c.使用率

　　d.忠誠度

　　e.購買準備階段

　　f.對產品的態度

　　業者對消費者在進行市場區隔時，最常採用的變數為人口變數，原因係在於人口變數容易量化，對於業者在使用上甚為簡便，所以被業者所重視。實務上，可先評估哪幾項區隔變數對市場區隔的工作影響最多，再根據該數項區隔變數進行市場區隔化。選擇區隔變數並無絕對性作法，須視市場特性、產品特性等因素判斷之。

　⑶工業市場之區隔變數（註三）

　①人口變數

　　a.產業

　　b.公司規模

　　c.地理位置

　②作業性變數

　　a.技術

　　b.使用者狀況

　　c.顧客能力

　③採購方法

　　a.採購部門

　　b.權力結構

　　c.現行關係特性

　　d.整體採購政策

　　e.採購標準

④購買情境

    a.緊急採購

    b.供應規格

    c.訂購量大小

⑤人格特質

    a.買賣雙方同質性

    b.風險態度

    c.忠誠度

(4)**區隔化之必要條件**

市場區隔化有許多種方式，但欲有效達成業者區隔化之目標，則須具備下列條件：

①**可衡量性**

係指該市場區隔大小及購買力可被衡量的程度。

②**足夠性**

係指市場區隔的大小及獲利的程度。

③**可接近性**

係指市場區隔能被有效達到的程度。

④**可行性**

係指有效之行銷方案可吸引且服務該區隔市場的程度。

2.**選擇目標市場**

(1)**評估區隔市場**

評估區隔市場可從三方面著手，包括區隔市場大小與成長、區隔市場結構性吸引力、公司目標與資源。

①**區隔市場大小與成長**

區隔市場大小與成長係指適當而言，然而適當之區隔市場大小與

成長必須相對於公司規模，不可一概而論。

②區隔市場結構性吸引力

區隔市場結構性吸引力包括五種群體，包括產業競爭者（即區隔市場內的對抗）、潛在進入者（即進入的威脅）、替代者（即替代性產品之威脅）、供應商（即供應商議價力量）、購買者（即購買者議價力量）。

③公司目標與資源

即使區隔市場的各項條件均能符合，仍須符合公司長短期發展目標及內部資源條件，否則失敗的可能性仍高。

(2)選擇區隔市場

當業者評估區隔市場後，可行方案之數目可能大於公司能力，故須由公司從中選擇最佳者，一般而言，有五種策略可供運用。

①單一區隔集中化

此策略係選擇一個區隔市場為目標市場，其條件係公司在此區隔市場絕對可成功、或公司資源有限、或該區隔市場無競爭者、或該區隔市場可供未來業務發展的機會。

②產品專業化

此策略係指以單一產品供應不同顧客。它或許能產生產品類別專業化商譽，但可能面臨環境變遷而受淘汰的命運。

③市場專業化

此策略係指以特定顧客為對象，滿足其各式各樣的產品需求。它可在該市場建立專業服務的形象，但亦可能因該市場購買力減弱時，發生經營危機。

④選擇性專業化

此策略係指業者選擇多重區隔市場，且每一區隔市場的條件皆具吸引力，並能符合公司目標與資源。

⑤全面市場涵蓋

此策略係指公司不分產品、不分市場，均試圖介入各該區隔市場。一般大公司採此策略時，包括無差異行銷與差異行銷兩種策略。目前企業逐漸採差異行銷，以創造更高的總銷售量。大公司亦可採用前述之集中行銷策略。

3.產品定位

所謂產品定位，係指公司為建立一種適合消費者心目中特定地位的產品，所採行之產品設計及行銷組合之活動。解決產品定位將有助於公司行銷組合策略之運用，行銷組合是產品定位策略之具體戰術行動表現。

產品定位的任務包括三項程序：第一，確認各種可行的競爭優勢所在；第二，選擇一個最適合公司狀況的競爭優勢；第三，透過各種行銷手段，向大眾傳遞競爭優勢的形象。

⑴確認潛在競爭優勢

透過公司與競爭者之間的差異性，以建立公司的競爭優勢。例如，波士頓顧問公司提出新的BCG矩陣，即是在確認公司之競爭優勢所在。他們以競爭優勢程度（分為大及小）與達成競爭優勢的方法（分為多或少）數量作為兩項分析層面，依此可獲四種產業類別，包括多重產業（競爭優勢大、達成競爭優勢的方法少）、專業產業（競爭優勢程度大，達成優勢競爭的方法多）、僵化產業（競爭優勢程度小、達成競爭優勢方法少）、裂化產業（競爭優勢程度小，達成競爭優勢方法多）。

⑵選擇競爭優勢

選擇競爭優勢之方法可以技術、成本、品質、服務等項目，分別評估公司與競爭者的地位，如此有助於公司選擇到最佳的競爭優勢。

⑶推廣競爭優勢

在選定所發展出來之競爭優勢後，業者應採取一系列行銷組合的行

動，以使競爭優勢能顯現於市場。但業者應了解，產品定位是一項實際行動而非書面作業。另外業者在產品定位時，切勿發生定位不清、定位過於狹小、定位不明顯等情形，以免反不利於產品定位策略之採行。

第三節　競爭策略

業者在選擇其競爭策略之前，應先對競爭者的內涵有所了解，故有必要對競爭者進行分析。

一、競爭者分析

公司須對競爭者進行分析，但應採取哪些步驟呢？大約有五項重點值得探討，包括主要競爭者是誰、主要競爭者之策略、主要競爭者之目標、主要競爭者之優缺點、主要競爭者面對挑戰時之反應模式。

1. 確認競爭者

確認競爭者的方式可從產業面與市場面分別探討之。從產業面確認競爭者所在，則須了解產業定義。所謂產業係指一群提供相似產品且其產品替代性高的公司所組成之集合。因此可從其產業結構判斷之，包括銷售廠商數目、產品差異性、進出市場障礙、退出及縮小障礙、成本結構、垂直整合、全球性業務等內容加以分析。若從市場面確認競爭者所在，則可使用「產品／市場競爭區隔圖」（**註四**）作為分析。通常，從競爭的市場面觀點來進行分析，將使業者更有機會確認實際或潛在競爭者所在，並藉此訂定更具長期性與策略性之行銷計畫。

2. 確認競爭者之策略

通常競爭者的策略與公司策略愈相似，兩者之競爭性愈高。所以產業中採用相似策略之廠商所形成之群體可稱之為策略群落。由策略群落之分析，有兩點觀念值得重視：第一，各種策略群落的進入障礙程度不

相同；第二，當新廠商進入某一策略群落時，則將被視為此一群落的主要競爭者。不過，有時不同群落的廠商亦可能存在相當程度的競爭性。

策略群落之構面可由品質、垂直整合程度、技術精密度、地理範圍等構成，也就是絕對競爭者之分析應從不同角度判斷之。所以業者對競爭者的分析，應蒐集更多資訊，包括競爭者之產品品質、產品特性、產品組合、顧客服務、定價、通路系統、促銷策略、研究發展、財務等。

3.判別競爭者目標

競爭者目標的形成受到許多因素的影響，包括公司規模、歷史、現行管理方式、經濟狀況等。然而競爭者目標可能隨環境改變，業者不可忽略此現象。

4.分析競爭者優缺點

業者判斷競爭者優缺點之項目，應包含競爭者之銷售額、市場占有率、利潤邊際效率、投資報酬率、現金流量、新投資計畫、產能利用率。但是上述資料並不易完整取得，因此業者可透過對顧客、經銷商、供應商等訊息，增加對競爭者了解。另外亦可增加衡量競爭者財務能力的強弱。當了解競爭者之優缺點後，才能採取較有效的策略攻擊競爭者。

5.推估競爭者之反應

每一家公司基於其經營理念、企業文化、最高指導原則，或公司規模大小、公司資源等，對競爭者的攻擊行為均有不同反應。相對而言，當競爭者面臨外在攻擊時，可能會因上述原因而採不同的反應措施。

⑴沈默式競爭者
此類競爭者對外來之挑戰，並不會有快速或強烈的反應。

⑵選擇式競爭者
此類競爭者只對某些挑戰，採取反擊行為。

(3)**反擊式競爭者**

此類競爭者對任何攻擊行為，均會立即採取反擊，使其他廠商不敢輕易對其挑戰。

(4)**機動式競爭者**

此類競爭者的反應並無一定模式，不易捉摸其動向。

對於競爭者的反應型態有所了解後，有助於公司競爭策略之使用，但基本上勿使競爭者感覺到已無太大生存空間，以免反招致其激烈的反擊，最後兩相失利。

二、競爭策略

在分析業者競爭策略之前，應對競爭策略之基本原則有所了解。

1. 競爭策略基本原則

Michael Porter 教授認為企業經營有三個基本的競爭策略，包括全面性的成本原則、獨特性原則及集中原則。如果一家公司可以同時擁有低成本結構與高度的產品特色，則該公司將具有支配市場的絕對優勢。由上述的觀念可延伸出競爭策略之基本原則，包括降低成本、提高服務、降低成本與提高服務三個原則（註五）。

(1)**降低成本的途徑**
①尋找低成本的顧客。
②服務的標準化。
③減少服務作業過程的人力。
④減少作業網路的牽制性。
⑤運用離線方式的服務。

(2)**強化服務的途徑**

①將無形產品轉變成有形。

②使標準化產品合於顧客的要求。

③加強員工訓練以提高附加價值。

④控制品質。

⑤影響顧客對品質的過度期望。

(3)**兼具降低成本及提升服務的途徑**

①鼓勵顧客自己動手。

②以標準化的方式來控制品質。

③降低作業過程中的個人判斷。

④掌握供給與需求。

⑤發展「會員」基礎。

⑥透過「所有權」基礎。

⑦發揮特殊技能的槓桿作用。

⑧選擇性的科技應用。

⑨以資訊代替資產。

⑩掌握人力與設備的組合。

⑪掌握「服務金三角」（公司、員工、顧客）。

⑫掌握競爭策略的重心。

2.**競爭策略**

　　上述競爭策略的基本原則可供任一服務業者參考，但是服務業中每一家廠商均有不同的競爭地位及其競爭策略，以下就不同競爭地位（市場領導者、市場挑戰者、市場跟隨者、市場利基者）說明其競爭策略。

(1)市場領導者競爭策略

①擴展整個市場

　　a.新使用者：發掘潛在購買使用者，其方式包括市場滲透策略、

　　　新市場策略、地理擴張策略。

　　b.新用途：業者可藉推廣產品的新用途，擴張市場。

　　c.更多使用量：業者可鼓勵顧客在每次使用場合中，使用更多數

　　　量的產品。

②保護市場占有率

　　優勢廠商可以運用軍事防禦策略作為保護市場占有率的方法。說

　　明如下：

　　a.陣地防禦：在其業務領域周圍建立一道防禦陣線，不過如果受

　　　攻擊之領導者將全部資源用於保護現有產品，則是最壞的作法。

　　b.側翼防禦：市場領導者除守衛本身領域外，亦必須在邊遠地區

　　　建立側翼防禦陣地，以保護其較弱的產品線。

　　c.先發制人防禦：最具侵略性的防禦策略是在主要競爭者未發動

　　　攻擊之前，先發制人，這是一種攻擊性的防禦策略。先發制人

　　　策略可能是游擊戰略、可能是心理戰，業者應依狀況調整之。

　　d.反擊防禦：市場領導者受到攻擊時，則必須對挑戰者進行反擊，

　　　而且最有效的反擊方式是侵略攻擊者的主要產品。

　　e.機動性防禦：機動性防禦所包括範圍，遠超過市場領導者對現

　　　有市場的侵略性防禦，包括市場擴展與市場多角化。

　　f.縮減防禦：市場領導者有時無法真正守住所有產品，此時最佳

　　　的計畫就是縮減，亦即策略性的轉進。它是放棄較弱的區域，

　　　並加強較有力的地區，而隨之調整市場。

③擴張市場占有率

　　市場領導者欲擴張其市場占有率之前，必須考慮三個因素，包括

違反公平交易法之規定、規模經濟之考慮、運用錯誤的行銷組合，反無法增加利潤。一般可包括各種不同方法。例如：

a.產品創新策略

b.品質策略

c.產品側翼攻擊策略

d.多品牌策略

e.品牌擴張策略

f.服務效率

g.大量廣告

h.積極的銷售人員

i.有效的銷售促進

(2)**市場挑戰者策略**

市場挑戰者通常是在產業中居次者，但其仍握有相當大的勢力，他們可能攻擊市場領導者或其他競爭者，亦可能跟隨市場領導者，但亦可能攻擊規模不大或財力不足的公司。一般市場挑戰者的攻擊策略包括如下：

①**正面攻擊策略**

市場挑戰者可直接對其競爭對手展開正面攻擊，它攻擊的方向是競爭者的優點而非缺點，因此勝負關鍵因素在於力量的持久性，也就是誰的力量（人力、財力等資源）較多，則可獲得最後的勝利果實。此策略最常見的作法是降價競爭。

②**側翼攻擊策略**

市場挑戰者可攻擊競爭者的弱點（資源較弱的區域或產品）。一般而言，市場挑戰者可針對地理性或區隔性採取此側翼攻擊。例如，開發另一地理性市場；或將區隔市場加以轉換，將未達到滿足之地理性市場或區隔市場，積極將此需求填補。此策略是間接

性攻擊方式，故常為最有效且最經濟的策略。

③包圍攻擊策略

包圍攻擊策略係以競爭者之現有市場的缺點作為攻擊目標，同時又企圖攻擊競爭者的中心區域。此策略是全面性的攻擊，當市場挑戰者掌握更佳的產品時，其競爭對手常無法抵抗。

④迂迴攻擊策略

此策略是最間接的攻擊策略，業者儘量避免與對手直接對抗。其作法包括發展多樣化的不相關產品、在現有產品下開拓新的多樣化地理性市場、開拓新技術以取代現有產品。

⑤游擊戰策略

市場挑戰者對規模小或財力不足的公司可採用游擊戰策略，它只是在各地區製造一些小攻擊，但卻也不斷攻擊敵人，最終仍是欲占據其永久市場據點。此策略包括選擇性減價、激烈的促銷活動。

綜合上述說明，市場挑戰者可採用之攻擊策略可以細分為：

①價格折扣策略。即市場挑戰者以低於領導者的價格，將產品提供給購買者。

②廉價品策略。即市場挑戰者以更低的價格提供一個平均或低品質的產品。

③產品繁衍策略。即在領導者之後，推出稍加改造的產品，給予購買者更多的選擇權。

④產品創新策略。即以產品之創新，攻擊領導者的地位。

⑤較佳的服務策略。提供顧客新的或較佳的服務。

⑥配銷創新策略。發現或發展一個新的配銷通路。

⑦降低成本策略。以較低的勞務成本或標準化作業程序，達到降低成本的目的。

⑧密集廣告策略。利用增加廣告及促銷費用支出，達到攻擊領導者的目的。

(3)市場跟隨者策略

一個市場跟隨者並非沒有任何策略，它仍必須設法將獨特的利益——地理位置、服務、副資源等，提供給其目標市場。市場跟隨者並不是被動或是領導者的副本，它必須確定自己的成長路線，而且不致引起競爭性的報復行動。以下有三個跟隨策略可供選擇：

①緊跟在後

此方法係指跟隨者儘可能在區隔市場及行銷組合範圍內，模仿領導者。此策略在刺激市場上努力甚少，而期望分享領導者的投資。

②適度距離跟隨

係指跟隨者和領導者之間保持適度差異性，而在主要的市場、產品創新、配銷通路上跟隨領導者。採此種策略的廠商可藉購併產業中更小廠商達到成長目的。

③選擇性跟隨

此策略係跟隨者在部分方面緊跟在領導者之後，有些部分則依自己方式運作。此類型公司可能深具創新性，但為避免直接與領導者衝突，故很多有利的策略會跟隨領導者。若假以時日，此公司可能發展成挑戰者。

(4)市場利基者策略

每一個產業均有一些較小的廠商，在市場中實施某些專業化，而且避免與主要的廠商發生衝突。一般而言，一個理想的市場利基應具有下列特性：

第一，此利基具有足以獲利的規模和購買力。

第二，此利基具有成長的潛力。

第三，主要的競爭者對此利基並不具興趣。

第四，此廠商有足夠之技術及資源，可有效地服務此利基。

第五，此廠商可利用本身已建立的商譽進行防禦，藉以對抗主要競

　　爭者。

　　市場利基者主要的觀念是專業化，必須隨著市場、顧客、產品或行銷配合來實行專業化，以下有幾種策略可供市場利基者選擇之。

①**最終使用者專家**

　　廠商專為一種最終使用顧客提供服務。

②**垂直整合專家**

　　可在生產或分配循環中的某一垂直層面實施專業化。

③**顧客規模專家**

　　廠商均對不同規模的顧客提供服務，尤其是小客戶。

④**特定顧客專家**

　　廠商只將產品銷售給一個或數個主要客戶。

⑤**地理區專家**

　　廠商只在某一地區或地理區域進行銷售。

⑥**產品或產品線專家**

　　廠商只生產或銷售一種產品或產品線。

⑦**產品特性專家**

　　廠商只生產或銷售某一類型或某一特性的產品。

⑧**品質／價格專家**

　　廠商只在市場中低品質、低價格，或高品質、高價格的市場空間內營運。

⑨**服務專家**

　　廠商提供一個或多個別家廠商所沒有的服務。

　　市場利基者在市場中的主要風險是，當利基遭到攻擊或消失時，將使利基者無法生存。故多重利基的選擇將是市場利基者應遵循的發展方向。

第四節 成長策略

任何企業在營運過程中，總會預期未來銷售情形，然而預期數與實際銷售情形之間必有所差距，為彌補此缺口，企業將更努力於業務之推展，而公司為此所採取之策略即所謂的成長策略。成長策略包括密集成長、整合成長及多角化成長等三大策略。

 一、成長策略

1. 密集成長機會（Intensive Growth Opportunities）

公司在現行事業中尋找更多業務拓展的機會稱之為密集成長機會。又可分為三項子策略（以產品／市場架構區分）：

(1)市場滲透策略

當公司欲在現有市場以現有產品設法增加其市場占有率稱之為市場滲透策略。

①嘗試鼓勵公司現有顧客購買或使用更多的產品或服務。

②強調產品特性，以吸引非經常性使用者或競爭者顧客改變品牌偏好。

③嘗試說服非使用者使用公司產品或服務。

(2)市場發展策略

公司利用現有產品開拓一新市場，以達成拓展業務的目的。

①分析目前市場中是否存在潛在使用者，並設法激發其興趣。

②公司可在現有區域內以新的分配通路進行銷售，以接觸此地區之其他使用者。

③公司可考慮將產品銷售至新區域或國際市場。

(3)產品發展策略

公司若企圖以發展新產品創造其成長機會稱之為產品發展策略。

①產品特性改良，以拓展公司業務。

②產品品質改善。

③產品功能改善。

2.整合性成長機會（Imtegrative Growth Opportunities）

當公司欲在現有事業相關的行業中尋求更多的機會稱為整合性成長機會。

(1)向後整合策略

公司考慮取得一個或更多的供應商，以獲得更多的利潤或控制。

(2)向前整合策略

公司考慮取得通路系統中的影響或控制力。

(3)水平整合策略

公司考慮控制一個或多個競爭者公司，以減少公司市場競爭之阻力（但須在合法範圍內進行）。

3.多角化成長機會（Diversification Growth Opportunities）

當公司欲增加公司業務量，但其業務行為不同於現有事業，甚至完全不相關之業務，此成長策略稱之為多角化成長策略。

多角化成長的目的包括下列九項：

第一，追求不同產業間資金流動性的效率。

第二，某一產業具高投資報酬率。

第三，以超便宜價格收購。

第四，為重塑企業形象。

第五，追求上下游垂直整合經營效益。

第六，提供企業內部優秀幹部更多創業或成長的機會。

第七，分散產業間經營風險。

第八，為節稅目的。

第九，提高財務融資效益。

多角化成長的種類可區分為三項：

(1)**集中式多角化策略**（Concentric Diversification Strategy）

當公司利用現有產品之製造技術、現有市場來創造新產品，並針對現有市場顧客進行推銷，則視為集中式多角化策略。

(2)**水平多角化策略**（Horizontal Diversification Strategy）

當公司利用不同於現有技術、市場能力等來創造新產品，但其顧客仍為現有市場的顧客，則稱之為水平多角化。

(3)**複合式多角化**（Conglomerate Diversification Strategy）

當公司所進入之市場、推出之產品及推銷之市場均不同於目前，即公司進入與目前事業毫無關係之新事業，則稱之為複合式多角化。

當企業進行整合性成長或多角化成長策略時，所須投入之心力遠高於密集成長策略。所以業者在拓展業務初期應以密集成長策略較為穩健，亦較容易。

通常進行整合成長或多角化成長時，業者應針對公司內部資源、外在環境的可行性等進行了解，切勿躁急行事，以免反不利於業者發展。尤其以較快速方式進行購併時，更須如此。

二、購併的考慮因素

企業不論係採整合性成長或多角化成長策略，其實施方式不外乎新設與購併，但由於新設企業常因曠費時日而喪失商機，故購併常被企業使用。尤其購併有下列優點，包括縮短設立公司時間、減少資金投入、

可利用現有行銷通路及技術、可掌握先進技術與管理制度等。

進行購併策略時，大多基於下列原因：

第一，為追求企業共鳴效果，包括財務共鳴效果、作業性共鳴效果及管理共鳴效果。

第二，可以極低的價格取得經營權。

第三，企業主為建立本身之企業集團王國。

第四，為獲得對市場的控制力。

第五，總體環境變化，而引起主導公司與客體公司投資人之預期價值之轉變。

不過購併時，業者應避免購併時發生的缺點，例如，購併多餘的、重複的、不見效益的資產；影響營運資金的融通、企業文化的共通性及共容性、是否違反公平交易法等。上述影響因素最難克服的一點是企業文化之整合，當企業合併時，產生危機與衝突，可能使得企業成長或擴張無法成功。所以企業文化的重塑及改造，必須透過各種溝通技巧與訓練，逐步推動解決之，切勿立即期望改變企業文化，反而激起更大的反抗。

第五節　產品生命週期策略

產品生命週期模式主要在協助業者了解產品的競爭動態。通常一項產品的銷售狀況及其獲利能力會隨時間而改變，產品生命週期乃是在產品生命中，劃分幾個明確階段，而其每一階段均面臨不同的問題，即相對應之行銷機會及行銷策略。業者若根據此模式了解產品所處位置，則能協助判斷其未來可能發展方向，且有益於業者擬訂行銷策略。

產品生命週期理論基本上建立於四個假設之上：

第一，產品生命有一定限度。

第二，產品銷售階段有明顯不同的期間，且會為業者帶來不同的問題。

第三，在不同的產品生命週期階段，利潤有升亦有降。

第四，在不同的產品生命週期階段，業者需要不同的行銷、生產、
財務、人事等策略。一般產品生命週期均被視為鐘型或 S
型，如圖 2-2。

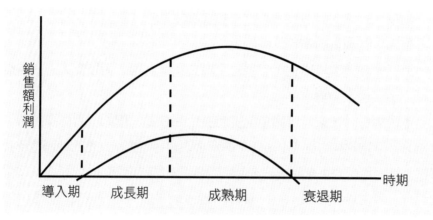

圖 2-2　產品生命週期曲線

　　產品生命週期曲線被劃分為導入期、成長期、成熟期、衰退期。導
入期係產品剛推出市場，銷售成長緩慢的時期，通常產品無利潤（甚或
利潤為負數）。成長期則是產品迅速為市場所接受，而利潤快速增加。
成熟期則產品為多數潛在購買者所接受，但銷售成長已漸緩慢，利潤亦
已穩定（或利潤因增加行銷支出而下降）。衰退期則銷售遽降，利潤並
漸趨向於零。

　　通常業者將產品生命週期視為標準的 S 型，但根據實證研究，產品
可能出現階梯形、循環形、扇形等，不過許多產品確實為 S 型。產品生
命週期的概念可適用於產品種類、產品形式、品牌，業者無須僵硬行
事。以下就產品生命週期各階段之策略，分別敘述之。

一、導入期策略

　　導入期階段因產品銷售少，且須投入大量的配銷及促銷成本。此時業者應在促銷上投入更多努力，包括宣傳以及廣告，傳達此一新產品的訊息、吸引潛在消費者試用此項新產品、尋找配銷通路。（事實上，業者可選用不同變數，以彈性運用，使產品能迅速為市場所接受。）若以4P'S選取二項變數──促銷及價格，可形成四種策略。

1. 快速滲透策略

　　此策略係以低價格、高促銷方式，快速進入市場。它可以迅速滲透市場，且獲取大量的市場占有率。此策略適合於下列情況：市場規模大、市場不清楚此產品、市場價格彈性大、潛在市場競爭激烈、公司具規模經濟之效。

2. 緩慢滲透策略

　　係指以低價格及低促銷推出新產品。低價格可快速為市場所接受；而低促銷成本，則可相對獲取更多利潤。此策略可適用的場合為：市場規模大、市場對該產品具高度的認知、市場價格敏感性高、市場存在潛在競爭者。

3. 快速搶奪策略

　　係指在高價格及高促銷水準下推出新產品。此策略可運用的情況為：大多數潛在購買者不知道此產品、知道此產品的消費者有興趣及意願購買、業者面臨潛在產品競爭且想建立品牌偏好。

4. 緩慢搶奪策略

　　係指在高價格及低促銷情形下推出新產品。此策略適合場合為：市場小、大多數購買者認識此產品、購買者有支付高價格購買此產品之意願、潛在競爭不大。

二、成長期策略

　　成長期的特性是產品銷售上升,大量的早期消費者逐漸進入市場;市場競爭者因有利可圖,亦嘗試進入此市場,市場競爭日趨激烈。由於競爭與需求同時快速成長,產品價格不變或稍降,促銷支出維持不變或稍增,但因銷售額增加比例更大,故促銷支出比例反降,利潤更形增加。

　　成長階段的行銷策略係以擴張方式為之,但因此將面臨高市場占有率與高當期利潤之取捨。不過設法取得競爭優勢則是必行之路。一般可採之策略包括:

　　　1.設法改善產品品質,並加強產品形式、外觀等。

　　　2.進入新的區隔市場。

　　　3.進入新的配銷通路或通路系統。

　　　4.將認知性廣告轉移成說明性廣告,並設法吸引消費者興趣及意願。

　　　5.適時調整價格,以吸引價格敏感度高的潛在消費者。

三、成熟期策略

　　產品經歷成長期後即面臨成熟期,而且業者大多數時間都是在處理成熟期之產品。它又可細分為成長中的成熟期、穩定中的成熟期及衰退中的成熟期。成熟期產品因市場競爭更為激烈,所投入之支出(R＆D、促銷……)漸趨龐大,最後實力較弱之業者逐漸退出市場。業者在成熟期之行銷策略包括如下:

1.市場修正

　　⑴設法擴張品牌使用者的人數,包括增加吸引非使用者、設法進入新區隔市場、掠奪競爭者原有顧客。

(2)鼓勵現有品牌顧客增加更多的使用量，包括增加使用頻率、每次使用量。

(3)創造新的或更多的用途。

2.產品改良

產品改良常可使現有使用者增加其使用率或吸引新使用者，包括：

(1)品質改良策略

增加產品的功能性績效——耐久性、可信度、利益性。

(2)特性改良策略

增加新的產品特性——附屬品、多少、添加物，此擴張產品的多樣性、安全性或便利性。

(3)式樣改良策略

在於增加產品美觀的訴求（可能僅是心理的感受）。由於此策略常可給業者帶來獨特的市場認同，有助於構成一種持久品牌忠誠性。

3.行銷組合改良

此策略包括價格、配銷、廣告、銷售促銷、人事銷售、服務等因素的改良。不過此策略常為競爭者所模仿，尤其是降價、額外服務、大量的配銷滲透等，所以業者可能無法達到預期目標；使用時，應多加謹慎。

四、衰退期策略

產品進入衰退期的原因甚多，包括技術進步、消費者偏好改變、市場競爭的增加等，通常處於衰退階段的產品的行銷策略為：

1.確認衰弱產品

包括現成產品評審委員會、各種資料評估等，俟評估各項資訊後，

再對產品做出保留、修正或放棄等不同之建議。

2.擬定行銷策略

業者依產品的未來發展方向（保留、修正、放棄）進行不同策略，包括增加投資、放棄不值得保留的顧客、採收割投資策略、迅速處分資產。

3.剔除決策

剔除決策包括將產品出售給他人；快速或緩慢丟棄該產品；保留多少資源，以服務原有客戶。

綜合上述產品生命週期策略之分析，可整理出此策略在各階段之特性、行銷目標及行銷策略，請參見圖 2-3。

產品生命週期雖有許多優點，但卻受到不少批判，包括生命週期變化太大，且各階段所持續時間難以預測；產品所處之階段不易判別；產品生命週期隨時受行銷策略的影響而產生變化。

為解決產品生命週期僅集中於特定產品或品牌所發生的現象，而非整個市場狀況（產品導向而非市場導向），而且無法顯現市場演變的過程，故理論上已有市場演進理論作為補充其不足之處。

市場演進理論包括市場形成、市場成長、市場成熟、市場衰退四階段。通常市場衰退終至結束，都是發生在一種創新性產品的出現，否則市場將會在市場成熟階段中的市場分化及市場再結合兩種變化中反覆出現。也就是市場演進理論是一種動態性之競爭概念。

不過由於產品生命週期易為業者所了解，故此策略仍為企業界所重視且實際加以運用。業者在運用上只須不墨守理論，而參考運用之，相信對業者業務推展仍有頗大的益處。

特性：

銷 售	低銷售額	銷售額快速上升	銷售達於尖峰	銷售額下降
成 本	每位顧客的成本高	每位顧客的成本中等	每位顧客的成本低	每位顧客的成本低
利 潤	負的	利潤增加	高利潤	利潤下降
顧 客	創新者	早期採用者	中期大眾	遲延的買者
競爭者	少	數目逐漸增加	穩定的數目開始減少	數目減少

行銷目標：

目 標	建立對產品的認知及試用	最大的市場占有率	最大的利潤，並保護市場占有率	減少支出，並榨取此品牌

策略：

產 品	提供一項基本產品	擴展產品的廣度並提供服務及保證	品牌及樣式多樣化	除去衰弱的項目
價 格	利用成本加成	滲透市場的價格	配合或攻擊競爭者的價格	減價
配 銷	選擇性的配銷	密集的配銷	更多的密集配銷	選擇性地除去無利潤的銷售出口
廣 告	建立早期採用者及經銷商對產品的認知	建立對多數市場的認知及興趣	強調品牌的差異性及利益	減低至維持品牌忠誠者的水準
銷 售促 進	利用大量的銷售促進以誘導消費者的試用	減少對大量顧客需求的利用	增加對品牌轉換的激勵	減至最低水準

資料來源：同圖 1-3，p.532。

圖 2-3　產品生命週期之特性、行銷目標及策略

第六節　國際行銷策略

業者進行國際行銷（International Marketing）的理由包括海外市場具有高投資報酬、或國內市場發展空間有限、或國內市場競爭過於激烈。通常業者進行國際行銷時可能會面臨不利情況，例如，該國鉅額外債、政局動盪不安、匯率不穩定、政府法規條件有所限制、政府貪污腐敗、產品修改與溝通成本太高等。但是若業者因實際狀況有必要進行國際行銷時，似應考慮六項最基本決策，如圖2-4。

圖 2-4　國際行銷之基本決策

一、國際行銷環境之評估

業者（若以金融業為例）進行國際行銷環境評估時，應包括政治與法律、經濟、社會與文化、人力、金融等項目，分述如後。

1. 政治與法律環境

⑴政治安定性
①安定程度：政權交替規則、政權持續性。
②政治方向：允許企業活動的自由範圍、對外資的基本態度。
③對外關係是否良好。

(2)**法律規範**

①對外資的法律制度及政策：投資範圍的限制、出資比率的限制、土地取得的限制、資金與獲利匯出的限制、錄用當地人的就業問題、融資的限制等。

②對外資的優惠條件：投資額補助、教育訓練費之補助、營業所得稅及其他稅捐之減免、本金及利潤匯出之保證、貸款優惠、土地或建築物優先使用等。

③對企業活動的法規限制：公司法、商事法、勞動法規、最低工資法、安全法規與標準、各種稅法、稅制體系、證券交易法、金融法規、所有權法等。

2.**經濟環境**

(1)**經濟情勢**

①國民所得、個人所得、經濟成長率。

②國際收支、輸出結構、對外負債狀況。

③產業結構、就業結構、政府財政收支狀況。

④經濟預測。

⑤經濟發展計畫。

(2)**經濟及產業政策**

①重點輔導之產業。

②國家在產業發展之角色。

③貿易政策：輸入限制、關稅制度、輸出獎勵政策。

④地區開發政策。

⑤與他國合作關係：通商航海協定、貿易關稅協定、租稅協定、經濟合作。

(3)**市場分析**

①市場規模及變化：市場規模大小、市場成長性。

②市場特性：對企業產品及自有品牌的評價、社會及宗教習慣對市場的影響。

③商品配銷通路：經銷系統、商場習慣。

④市場行銷的規制：對進口商品之政策、有關商標及特許制度、政府對業界的行政指導、獨占禁止法、價格統一管制等。

⑤競爭狀況：相類似產品之市場占有率、同業狀況。

3.社會與文化環境

(1)**社會結構**

人種結構、宗教、語言、教育水準、歷史等。

(2)**文化習慣**

4.人力環境

(1)**人力資源**

①勞動力的供需：僱用狀況、勞動力的穩定性、工資標準、勞動生產力。

②中階人員之素質及僱用難易性。

③勞動管理：勞動立法的內容及工會的情況、罷工的發生狀況、勞動習慣、福利制度、衛生保健制度、教育訓練設施。

(2)**合資人狀況（若有合資情形時）**

①合資人的個人條件。

②資金調度能力。

③在官場或業界的說服力。

④合資人若為企業，則包括經營方針、經營者能力、人際關係、幹
部素質、業績狀況、技術能力、銷售能力、資金調度能力、勞資
關係是否良好。

5.金融環境

⑴在當地資金調度的能力

調度金額、調度的安全性、成本、擔保及保證、金融制度、資本市
場發達程度、民間資金的積蓄程度。

⑵爭取外資的可行性

⑶金融危機的情報

外匯行情、通貨膨脹、匯率變動等相關資訊的取得。

二、國際行銷可行性分析

業者在了解及分析國際行銷環境後，接下來的工作應分析公司執行
此項國際行銷工作是否可行。由圖 2-5 國際行銷可行性分析程序可了解
國際行銷除前述國際行銷環境必須有所了解外，業者本身內在環境（優
缺點）、企業目標與策略均應列入初步可行性分析的範圍。俟初步可行
性通過後，再進行更深一層可行性分析，包括外在部分的政治可行性、
經濟可行性、社會及文化可行性、市場可行性、技術與生產可行性與內
在部分的公司資源支援可行性、財務可行性、管理可行性等分析。若此
詳細可行性分析通過後，始能執行第三階段的市場選擇決策。

三、市場選擇決策

業者在進行可行性分析後，由於可供選擇的國家或地區可能不止一
項，故須進一步經篩選並挑出優先次序。通常先評估各市場的吸引力，
其次評估公司在這些國家有哪些潛在的競爭優勢（例如，技術領導、成

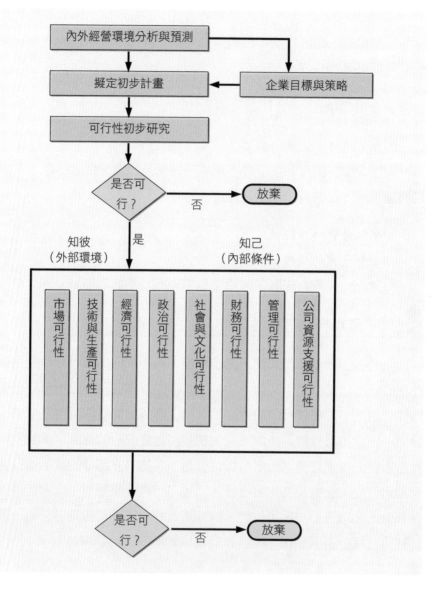

圖 2-5　國際行銷可行性分析程序

本領導或管理領導），最後評估各國市場的風險程度。例如，以市場吸
引力、競爭優勢、風險程度三個變數，作為國外市場機會的評估依據之

參考。圖 2-6 國外市場機會之評估可供參考。

除上述分析之外，業者對市場的評估應進一步估算預期投資報酬率，以使市場選擇更為準確。包括估算目前的市場潛力、預測未來的市場潛力與風險、預測銷售潛力、預測成本與利潤、估算投資報酬率。

市場吸引力

	高	中	低	
高	中國大陸			
中		捷克		低
低	東德			
高		波蘭		
中			羅馬尼亞	高
低				

競爭優勢（左側縱軸）　風險程度（右側縱軸）

資料來源：同圖 1-3，p.558

圖 2-6　國外市場機會之評估

四、進入市場方式之選擇

進入國外市場方式的選擇須依業者資源等因素的考慮後，決定那一種方式為進入的最佳選擇。進入市場策略包括間接出口、直接出口、技術授權、合資、及直接投資五種，其方式依業者之投資金額、面對之風險、控制程度、獲利潛力等因素而依序增高，以圖 2-7 說明之。

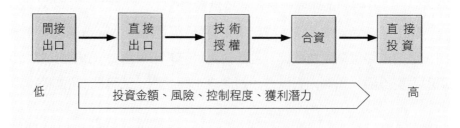

圖 2-7　進入國外市場的選擇

1. 間接出口

間接出口方式最為簡單，公司透過出口行銷公司可降低風險、避免發生錯誤。一般出口行銷公司包括國內出口商、國內出口代理商、合作組織及出口經營公司等四種。

2. 直接出口

公司直接出口雖風險較大，但利潤亦較多，其方式包括設立國內出口部門、海外銷售分支機構、巡迴外銷代表、外國經銷商或代理商。

3. 技術授權

技術授權是由授權公司與被授權公司共同協議，由前者提供作業程序、商標、專利等，並收取費用或權利金。技術授權包括管理技術的管理契約方式及契約生產方式兩種，各有其利弊，業者應依本身條件、考量因素決定之。

4. 合資

通常合資含有政治與經濟上的考量，但合資可能因雙方立場不一致而影響合資公司的發展。其考慮的因素可參考前述國際行銷環境中相關內容。

5. 直接投資

直接投資應是國際行銷最難推動的一種方式，其考慮因素亦最多，業者可依前述國際行銷環境評估之內容再加上出入境管理、人員居留等問題，即可作為直接投資的評估項目。雖其風險最大，但其可能產生之潛在利益亦最多。

五、行銷規劃決策

當業者決定進入海外市場時，必須確定公司的行銷組合在這些市場應著手多大幅度的調整，以符合當地市場的需要。有些公司以標準化方式為之，有些公司則以顧客導向方式為之。以下就產品、價格、促銷、配銷通路分析之。實務上，業者可將各變數交叉運用，視市場而調整之。

1. 產品策略與促銷策略

若將產品與促銷兩種策略混合使用，可得到五種策略，如圖 2-8 所列。

圖 2-8　國際行銷產品／促銷策略

⑴**直接延伸策略**

係指公司對產品及促銷方式不加修改地導入國外市場。此策略因業者不必重新規劃策略，對業者頗具吸引力；但因環境不同，相對而言，風險亦高。

⑵**產品適應策略**

係指公司不改變促銷策略，但就產品進行修改，以符合當地行銷環境或消費者之需要。

⑶**產品創新策略**

公司針對創新性產品開創新市場，包括復古式創新及前瞻性創新。前者是公司對現有或即將過時產品線，分析是否仍可符合其他國家的需要，並適度發展合宜的產品及促銷策略，以不斷開發新市場。後者是公司為迎合另一國家市場之需要而創造新的產品。創新策略雖須支付較大費用，但策略成功後，其報酬亦高。

⑷**溝通適應策略**

公司認為產品不加修改即可導入海外市場，但為配合市場習慣，則須調整其促銷方式。

⑸**雙重適應策略**

公司將產品及促銷方式均加以修改，以符合當地市場的需求。

2.**定價策略**

企業進行國際行銷定價時，通常會面臨三種不同定價方式，包括全球統一定價、以市場為基礎的定價及以成本為基礎的定價。業者採用何種定價方式必須依其考量的因素決定，但是，原則上海外定價的售價大多高於國內價格（除非蓄意壓低價格），原因是業者必須負擔匯率風險、中間商成本等；另外一方面亦可能避免被控傾銷。

3.通路策略

　　進行國際行銷的公司應以整體通路的觀念處理產品配銷至消費者的使用問題。一般而言國際行銷的整體通路觀念是公司將產品經公司主管國際行銷的中樞機構、國與國的通路機構、地主國的國內通路機構,到達購買者手上。通常公司對地主國的國內通路機構必須投入更多的心力,以使通路能真正暢通無阻。

六、行銷組織決策

　　公司可以三種不同的組織型態來進行國際行銷活動。包括設立出口部門、設立國際行銷部門(含地區別組織、產品別組織、國際子公司組織)、設立多國籍企業。以金融業而言,初期可能以國際子公司方式為之,俟各方面條件成熟後,再走向多國籍企業組織,可能較為適當。不過走向多國籍企業有必要在地主國建立本土化的運作方式,以高度分權方式建立全球性銷售網路。也就是,多國籍企業最重要的成功因素在於公司須有全球性的競爭策略,藉由全球市場生產與行銷的協調,以及某種程度的標準化策略,創造獨特的競爭優勢。

註　釋

註一：參考自陳振遠、陳振田編譯，Philip Kolter 原著，《行銷管理——分析、規劃與控制》，臺北，五南圖書公司，修訂再版，民國七十九年，p. 884。

註二：同註一，pp. 415-429。

註三：同註一，pp. 429-431。

註四：同註一，p. 349。

註五：參考自王克捷、李慧菊合譯，James L. Heskett 原著，《服務業的經營策略》，臺北，天下出版公司，八版，一九九〇年八月，pp. 58-92。

Chapter 3

金融環境分析

第一節 金融市場現況分析

從 2004 年以來，全球經濟穩健復甦，國際貿易的情形亦逐漸恢復成長，因此相對而言，臺灣的經濟狀況雖在政治因素影響下有所衝擊，但若無發生特殊的情況（例如，政治風暴的延續、臺海兩岸局勢等），相信 2004 年的經濟情勢應會穩定成長。從相關的經濟指標可看出臺灣在 2004 年的經濟現象。

第一，國內需求有回升情形，國內的民間消費也在持續增加。

第二，對外貿易成長快速，2004 年第一季出口值較去年同期成長 22.5%，而進口值亦成長 31.3%。由於進口值成長快速，使出超金額反而減少。

第三，國內的投資呈現逐步復甦的情形，不過未來的成長情形卻可能受到政治等因素的衝擊。

第四，國際原料價格高居不下，進而影響國內物價波動。

第五，銀行呆帳持續下降，民間的放款日趨活絡。

第六，國際收入的金融帳款流入，外匯存底上升。

第七，對美元匯率波動不斷，先因美元弱勢而向上攀升，至五月份美元又因各種因素回升，至 2004 年年底美元又再度回貶，以致新臺幣匯率波動大，對於美元出口報價方面存在許多風險。

一、金融市場現況

臺灣在 2003 年 1 月第一家金控公司正式核准營運，至今已有十幾家金控公司，未來可能會產生金控與金控合併的狀況。2003 年 7 月已對外資進入股市之管制解禁，包括取消外國專業投資機構投資國內股市上限三十億美元及投資後兩年內需匯入之規定，並取消現行外國投資機構

的資產規模需達一億美元的門檻限制。2003 年底繼續開放，其措施包括第一，將現行外資投資國內證券制度，大幅放寬為境外自然人及境外投資機構兩類，其中機構投資者之投資額無上限規定；第二，簡化外國投資國內證券之申請程序，未來境外投資機構僅需完成申請手續，資金即可自由進出。

目前臺灣金融體系在金融活動量的成長情形，瑞士洛桑學院的評比均屬進步項目，但是涉及金融形象與紀律部分則相對落後。

隨著資本市場之開放，熱錢的湧入顯現外資對臺灣證券投資環境仍有頗多期待。它確有助於臺灣與國際金融市場接軌，邁向亞太籌資中心；但也因外資比例提高，故容易受到國際資金進出的影響。因此政府部門應更嚴密掌握資金的進出情況，加強國際金融商品與避險工具之運用；同時對股市交易制度與秩序應嚴格規範，健全證券市場。

2004 年 7 月正式成立金融監督管理委員會與 2003 年第四季正式公布的巴塞爾資本協定諮商文件，這些對臺灣金融體系均將產生重大衝擊。

以臺灣目前的金融環境而言，金融機構的發展受到不少限制，包括：第一，政府法令限制多，無法塑造金融經營的利基；第二，金融人才不足，無法滿足專業服務的市場需求；第三，金融的創新能力不足，國外的部分金融商品不見得能適用於臺灣；第四，臺灣的金融顧客的消費習慣、經驗與風險意識落差太大，金融服務的管理與品質在短期內不易改善。

臺灣金融市場的業者除重視過去的企業金融外，近年來對消費金融、財富管理、中小企業金融等領域均逐步重視，只要能有創新性作法，金融業者在許多限制下仍會有機會獲得更大的市場。目前普遍認為臺灣金融業若能克服下列五項障礙，相信將更能提高營運效率及增加進步的動能。

第一項障礙，金融業的領導者對經營方向與目標過於廣泛，雖然他

們均有很強的企圖心，但因資源有限卻想提供所有的服務，因此很可能反而無法集中公司的核心能力，對目標顧客提供應有之服務。

第二項障礙，金融業在軟體上之投入仍大幅不足。目前雖然大幅建立自動櫃員系統，但是更重要的服務資訊系統卻不見大量投入。例如，即時顧客資訊系統，可隨時反應帳戶的變化情形，但臺灣金融業者少有投入。另外如行銷規劃人員的訓練仍嚴重不足，難以真正達到客戶關係管理的目標。

第三項障礙，過份追求提供完整的金融服務。營運項目齊全雖有利於提供服務，但卻也常失去重點，例如，信用卡業務並不見得適合所有金融機構推動，但卻有過多的競爭存在。因此非核心能力的業務應採委外方式辦理可能更為有效。

第四項障礙，未能有效推動績效管理。至今仍有許多金融機構缺乏明確、嚴格的績效管理制度，因此只能對高績效者給予少量的回饋，但對低績效者卻未能有效處理。所以造成雖然臺灣金融業者逐步採用關鍵績效指標，但是由於不願意隨時解僱績效不佳的員工，故仍存在許多問題。

第五個障礙，雖具求變之心，但卻缺乏持續力。例如，在推動消金業務時，採用績效管理制度，結果高績效者的員工之薪資高於不少資深管理者；最後，推動此項政策的新經理必須離職。也就是舊有的組織文化、官僚體系很難打破，尤其危及既有員工權益的措施更難實施。若不設法加以改變，營運障礙恐不易克服。

由於臺灣金融業無法自外於世界金融市場，尤其是亞洲的金融市場，因此亞洲金融市場不能不重視。目前亞洲金融市場存在一些結構性問題必須加以克服，包括不良資產偏高、資本市場效率不高，無法吸引大量資金流入、透明度不足、政府改革決心不夠、政府管制多、金融機構透明度不足，公司治理仍不普及，金融機構不易在市場機制下購併等。不過，同時亞洲金融市場亦存在許多的新機會，例如，未來退休人

口的市場需求、信用卡使用更為普及、中國大陸經濟能力逐漸提高、中小企業成長快速等。

二、金融市場之產業特性

金融業為一服務業,它也提供無形的服務,故其產業特性即具服務業的一些特性;然而又與國家各項發展有密切關係,因此又不同於其他行業之特性。為何在進行行銷活動時,金融業者有必要了解本身的產業特性?產業特性會影響整個產業之運作,業者如不能明瞭,又如何制定一套配合產業發展所需之行銷策略?以下就金融業產業特性說明如後。

1.銀行商品為一無形商品

金融業者所提供的商品均為無形,消費者無法直接消費它,而是透過它從事消費。不論利用金融卡提款,或者利用信用卡消費,人們係透過它的使用,達到消費的真正目的。

2.金融業之服務無法儲存

金融業雖提供商品(例如,存提款),但是它無法儲存其服務。當銀行行員為客戶辦理存提款動作後,其服務即告完成,客戶無法要求將此服務儲存。

3.金融業之服務與消費無法加以分割

金融業的服務行為與客戶消費行為是同時發生,無法加以分割為兩者,也就是金融業是一種生產與消費同時存在、同時結束的一種商業行為。

4.勞務提供

金融業者所提供之商品無實體性,即使是一本存摺,亦只是作為一種象徵,本身並無法消費,所以它是一種勞務的提供,而不像一般消費性商品可使用或食用。

5. 服務品質

金融業之服務品質係為其生存的基本條件，這與所有服務業相仿。未來金融業服務品質之良窳已非純粹僅為競爭力之關鍵因素，甚至已成為業者經營上必備的工具。金融業之服務範圍甚廣，包括從服務態度到售後服務之種種活動。業者應體認此重要事實，以免影響市場競爭力。

6. 金融業服務對象甚多

金融業所提供之商品幾乎適合於所有人使用，只需客戶具備金融業要求之基本條件，即可成為金融業之服務對象；由於時代進步，金融業對其服務對象所要求之條件相當低，故成為業者的服務對象甚為容易，從個人到企業，甚至政府機構、非營利性法人機構均包括在內。

7. 涉及高專業技術

由於金融業服務範圍廣泛，許多服務技巧均具備高專業技術，例如，外匯業務之信用狀處理及外匯交易等、授信業務之徵信、貸款評估等均屬之；加上與其他行業業務往來之密切，電腦與通訊技術之處理更形重要，例如，目前臺灣地區推動之晶片卡，其功能包括許多項目，其中具備之專業技術已非一般人所能了解，業者在專業技術人才之培養極為重要。

8. 與投資大眾或一般民眾有著密切的關係

金融業所提供之服務與吾人平日生活分不開。例如，現代人幾乎將所得收入放於銀行內或透過銀行業等金融機構進行投資；另外塑膠貨幣的普遍使用，將使得人民各種消費活動或行為，與金融業之業務無法脫離關係。

9. 金融業對經濟發展有重大影響

從總體經濟理論可知構成經濟發展之基本因素可從需求面及供給面

來判斷，而貨幣則為需求面的二大關鍵項目之一，金融業即是貨幣層面，所以金融業之興衰對國家經濟發展有很大的影響。假若一國供給面的生產能力很強，但缺乏金融體系的支援，則許多業務推動將受到阻礙；總之，金融業對經濟發展有重大影響力。

10. 金融業的發展受科技影響甚大

金融業現今許多業務均須依賴電腦、通訊、電子等相關技術之支援，甚至當相關設備發生當機或不良時，所有業務將造成停機。例如，以最單純的存提款作業而言，當電腦當機或通訊系統中斷，則存提款作業將致停止，甚至造成銀行內部作業大亂。另如科技之發達，目前已有二十四小時服務之無人銀行，其功能已遠超越單純之自動櫃員機，所以未來銀行業之發展將繼續受科技影響。

11. 金融業與其他行業之互動日益頻繁

以前工商業較不發達之時，各行業透過金融業推展業務或財務調度之機會較少；但隨臺灣工商業發達及與國際間往來之密切，工商業經常必須依賴金融業完成相關的交易活動；兩者之間的關係日形密切，而且相互影響。

12. 加入市場障礙性高

金融業之市場結構雖不似以往為明顯之寡占市場，但仍是一種較接近寡占市場之獨占性競爭市場。同時加入金融市場競爭牽涉許多專業性問題，並非投資者想投資設立金融機構便可達成。總之，金融業市場因市場結構、專業特性、政府政策及法令規定、人才資源等因素，係屬一種加入市場障礙性甚高的產業。

13. 投入資本龐大

由於金融業與大眾百姓、各行各業之間的關係太過密切，政府部門為保障消費者權益及穩定國家經濟發展，故對金融機構之設立均有相對

嚴格之限制，例如，對新設立銀行採取符合世界清算銀行的標準，資本額估計約為新臺幣一百億元以上，相當龐大，並非一般人可能投資設立。此點亦造成進入市場的困難度。

14.金融業與政府政策互動緊密

金融業由於與國家經濟發展及人民百姓的生活關係太過密切，故金融政策乃是政府部門重要的施政計畫。例如，中央銀行採取寬鬆銀根政策，即以降低存款準備金或降低再貼現率或在公開市場進行收購，此時銀行業者無法不予理會；某些時刻，中央銀行也可以道德勸服方式達成目的。反之，業者為爭取業績，相互競爭而採取調高存款利率及降低放款利率，均將對政府政策造成衝擊。總之，金融業與政府政策之間形成強烈的互動關係。

第二節 金融業環境分析

一、金融業總體環境分析

1.政治與法律層面

(1)臺海兩岸局勢之變化

臺海兩岸近年來經貿往來大為增加，金融業務隨之而來；但因政策上之限制，使得業者難以發揮。雖然如此，但由於臺海兩岸發展動向對金融業影響太大，金融業者應隨時注意情勢發展動向，以期掌握先機，大幅擴展公司業務。

(2)臺灣政治仍有統獨之爭

由於近年來，臺灣政局仍一直受統獨之爭所影響。這種紛爭勢必對經濟發展產生負面影響，亦對金融業之營運造成不利的衝擊。

(3)各項金融管理法令落後

臺灣金融業之營業利潤向來頗為豐厚,其因來自寡占市場及賣方市場所致;然而金融相關之法令仍相當落後,包括政策保守、修法延宕、利益群體對政府部門的影響。臺灣欲成為區域金融營運中心,政府部門若不加速修改金融業相關管理法令,恐怕此政策只是空中樓閣。更嚴重,將影響二十一世紀臺灣經濟再進一步發展的機會。

(4)智慧財產權之重視

智慧財產權之保障已是今日重要課題,金融業未來在商品發展上,應注意模仿他人商品過程中,切勿侵犯到別人智慧財產權。在金融業特性下,雖上述所提機會不大,但仍須謹慎為之。另外,金融業者所服務之客戶是否可能獨犯別人智慧財產權,例如,銀行業者在審核貸款案時,應注意往來客戶平日商業行為,以免發生追討無門的結果。

(5)政府政策及法律

金融政策之開放程度與金融法律之修正,對金融業具有關鍵性影響,例如,金控公司的核准成立對金融業之發展將產生巨大的影響。

2.經濟層面

(1)亞太地區經濟實力增強

過去十年,亞太地區之經濟成長甚為迅速,以中國大陸而言,平均每年均有 10%的經濟成長率,目前仍有 7%的成長率,未來經濟仍有擴張的實力自不待言。在此大好時機,臺灣金融業者若能建立正確的策略方向,將使經營空間大為提高。

(2)國民所得增加

臺灣地區人民每年每人平均國民所得已逾一萬美元以上,在消費上已具實力,金融業由於業務推動與人們的儲蓄、消費、投資有極密切關

係，所以國民所得增加，將為金融業帶來更多的市場機會。

(3)投資管道已逐步開放

近幾年，政府部門逐步開放期貨、選擇權等金融衍生性商品，還有基金種類的多樣化等，使金融業在此方面將有更多擴展業務的空間。

(4)區域金融營運中心之推動

政府為全力推動臺灣成為區域金融營運中心，因此必須開放許多金融業務的管制，以吸引外商銀行投入臺灣金融市場；金融業者將因管制範圍放寬，增加更多的營運機會。

(5)購買力提高

臺灣地區人民消費潛力已日漸受世界各國所重視，不少外商因此獲得不少利益，例如，Master、VISA、America Express等信用卡已迅速在臺灣拓展其業務。未來若晶片卡能普遍為大眾所接受，則金融業（銀行）將能擁有更多與其他行業之合作機會。

(6)產業結構改變

臺灣產業結構現在以電子資訊業、低污染工業為主，故對金融業在業務推動上有很大的影響。

(7)參與 WTO

參與 WTO，造成金融業大多數業務必須逐步開放，故對臺灣金融市場將有更大的衝擊。

3.文化與社會層面

(1)消費者意識抬頭

近十幾年來，臺灣消費者在消基會努力推動下，對自身之權益保障已日漸重視。所以過去金融業者對客戶予取予求的作法，日漸減少。例如，房屋貸款的貸款利率及貸款成數方面，消費者逐漸懂得如何與業者討價還價。金融業者未來在業務推動上應注意此動向。

(2)商業交易習慣改變

以往商業交易習慣已隨環境變遷而有所差異，金融業者如何配合商業交易習慣的改變，進而設計更適合於商業交易需要的金融商品。例如，國際貿易活動，以往以 Telex 為信件往來的重要方法，但現在因通訊技術的發展，許多銀行以電腦網路代替之，使業務執行更為簡化；將來相信在電腦與通訊技術發展下，信用狀之使用亦可能成為歷史名詞。

(3)人們付款方式的改變

過去一般百姓購物以現金為主，現逐漸以塑膠貨幣代替之，將來臺灣地區在塑膠貨幣的使用將更為廣泛，故類似晶片卡的發展趨勢，值得金融業者拭目以待。另外，以往付款須當場支付，但未來更多消費方式是採消費後付款的方式。

(4)消費支出型態的改變

消費支出型態改變將對金融業之營運造成衝擊，例如，自用小客車大幅增加、出國旅遊風氣盛行等，也就是消費者對所得的運用已日趨多樣化、休閒化，且不再限於食品消費。

(5)社會治安有待加強

由於社會風氣惡化，治安情形大不如前；近年來金融業者不斷遭遇搶劫、偷竊事件，對公司除造成財物上之損失，更危及員工生命安全。

例如，如何加強本身在運鈔過程的安全性？如何在服務導向的條件下，減少被搶劫的機會將是銀行業者須注意的問題。

(6)自然生態的維護

由於對環保的重視，故相對會影響部分金融業的營運方式。

(7)詐騙情形逐步增加

各種金融詐騙方式層出不窮，金融業者如何加強防範與對顧客之宣傳，皆是重要工作之一。

(8)社會價值觀改變，人們過於重視物質生活

社會價值觀在今日臺灣已發生巨大變化，例如，崇洋、崇日的心態、速食文化觀念、暴發戶心態、笑貧不笑娼、黑道勢力介入各階層、利益群體力量之擴張、腔腸文化的流行等均為特有的文化與社會問題。

4.人口層面

(1)家庭、人口結構轉變

臺灣地區家庭因個人自主性提高，已由大家庭逐漸轉變為小家庭；醫藥技術發達及物質生活改善，延長百姓壽命，老年人口增加；個人主義、社會疏離感增強等，使晚婚人口大幅提高。這些家庭、人口結構的改變，造成人們在消費、儲蓄、投資等方面習慣或作法產生變化，亦使金融業面對服務的對象及內容必須採取不同的作法。

(2)都市人口密度增高

人們因工作關係群聚於都市，因而使都市人口密度增加，所以消費行為不同於前，例如，外食人口大幅提高、應酬機會增多，這些使金融業者在業務推動均會有所影響。

⑶婦女就業提高

以前婦女大多在家照顧小孩及家庭生活,但隨女性教育水準的提高,婦女外出就業人口大為提高;所以其儲蓄或投資能力增強,金融業之行銷對象亦隨之增加。

⑷生活環境惡化

臺灣經濟發展的成功除人民努力等許多因素外,但帶來環境的惡化亦是事實。雖不致於如某些環保人士批評那樣嚴重,但確實已不容繼續惡化,故環保市場之擴大將是預料中的事。金融業者應注意在此市場中獲得更多的利潤及為社會負擔更多的責任。

5.科技層面

⑴電腦與通訊技術的發展

未來金融電子化將是金融業者在激烈市場中決勝負的一項利器。金融電子化的運作係依賴電腦與通訊技術,以使金融業可對不同目標顧客提供更多、更便捷的服務;並藉此種技術的發展,推動各項新型的金融商品,滿足不同層次客戶多元化的需要。未來金融業者如何共同合作推動一個共利共存的金融資訊網路系統,將是臺灣金融業者成敗的關鍵因素之一。否則以目前臺灣金融網路之混亂、功能不足,一旦業務量過於龐大,勢將形成電腦當機、服務品質低落的情形,對業者發展極為不利。

⑵高科技行業之興起

高科技產業日新月異,需投入大量研究發展費用,雖無法確定是否產生成效,但卻仍必須投入研發工作,因此高科技具有高風險、高獲利之特徵。金融業在進行投資或貸款評估時,應審慎為之,以免危及業者本身利益。

6.實體層面

(1)原料不足

臺灣係為一原料缺乏的地區，許多生產原料均須依賴進口，始能生產製造；金融業在與客戶往來時，須注意顧客生產商品是否明顯依賴進口？是否會因原料缺乏而造成公司無法經營？

(2)環境污染，環保法令限制

環境污染嚴重，以致政府在環保條件採用更嚴格的標準，勢將影響部分產業之發展。

(3)對自然資源的重視

臺灣許多自然環境已遭受破壞，例如，森林大量被砍伐、丘陵地被變更為高爾夫球場等。河流所提供的水資源（民生用水、農業用水、工業用水）已日漸枯萎、水質惡化（污染及優養化等）更為大眾所憂慮。空氣污染、土地污染同時亦為人們所關心。在環境污染、自然資源遭破壞之際，政府部門在環保上所扮演的角色更形重要，或以法律限制污染程度、或以污染權或課稅等方式，消除此種經濟外部性效果。金融業者應體認此事實，以免因受牽連而影響公司經營。

二、金融業個體環境分析

1. 銀行業之個體環境

由於金融業包括銀行、保險、證券等，其個體環境各有不同，茲分別簡述如下：

(1)市場競爭激烈

銀行業面臨激烈的市場競爭可從兩方面來看，一為銀行同業間的競爭：新民營銀行陸續成立，以企業化經營方式為銀行業者帶入了一股新

活力；外商銀行因經營技巧及人才較強，故能導入部分新金融商品，這些均增加銀行業間相互競爭。第二種競爭是銀行業與相關行業（證券業、保險業）之競爭，銀行業與證券、保險等行業在部分業務上相互競爭，例如，股票買賣、公債經銷等為銀行業與證券業之衝突點；房屋貸款等則為銀行業與保險公司之競爭點。未來銀行業在經營上，將面臨前所未有之競爭，稍有不慎，可能導致公司嚴重損失。

(2)業務執行之心態保守

許多公營銀行在民營化後，雖成為民營銀行，但組織文化上仍呈現被動，心態上則趨於保守，因而損失許多業務，亦造成地下金融體系之泛濫。

(3)與其他相關銀行搶奪有限資源

由於市場資源有限，銀行業者勢必與其他相關行業相衝突。例如，存款組合，若某些行業大量使用資金，則銀行業可能相對缺乏資金而造成銀根緊縮。

(4)人員素質不足

銀行業十幾年來擴充速度甚快，在業務種類大幅增加下，造成人員不足，而且許多老銀行行員訓練不足、素質差，更突顯銀行業人員素質不足之事實，這對業務之推動有很大影響。雖目前已有改善，但因國際金融環境變化更大，因此國際化金融人才等專業人員仍相當不足。

(5)衍生性金融商品等仍不為業者所熟悉

雖然近年來衍生性金融商品在國內大為流行，從避險性商品性質，逐漸轉變成投資、投機性商品；但國內卻因法令尚未完整，再加上銀行業者人才不足，對期貨、選擇權、交換權等衍生性金融商品常一知半解，業者雖知曉其重要性，但又因本身擁有之專業人才不夠，無法接受更高金融技術的訓練，這對銀行業者在未來國際化發展有所阻礙。

⑹銷售據點多

由於銀行業者均以直接方式面對客戶，故銷售據點必須非常多，始能在便捷的情形下，爭取客源。新設銀行在競爭力上，仍劣於公營銀行的原因之一，即是其銷售據點較少。就整體而言，銀行業須具備更多銷售據點始能爭取先機。

⑺公司內部尚未建立責任中心作法

由於銀行業者的分支機構多，但管理上至今仍以一籃子的方式執行，雖表面上強調責任中心制的觀念，但卻又未落實於績效與獎勵等政策上，故對員工激勵效果不足，同時無法建立員工之危機意識。

⑻銀行業之相關法令限制多

對銀行業的管制法令及措施近年來雖已在政府國際化、自由化的政策下逐漸開放，但是事實上與世界性或洲際性金融中心（紐約、倫敦、東京、新加坡、香港、法蘭克福等）金融法令規定的容許度仍有差距。例如，對外投資的審核、外匯進出管制等均使銀行業在業務上受相當大的限制，以致對臺灣成為區域金融營運中心不利，最後將造成業者的經營機會減少。

⑼地下金融規模龐大

臺灣由於金融制度不完備、法令限制太多，因此需要借貸的中小企業主或個人，在求助無門的情形下，地下金融體系規模逐漸擴大。雖然尚無明確研究資料證實地下金融規模大小，但是從報章雜誌等廣告中可看出需求者甚多。地下金融勢力龐大，對合法業者造成嚴重威脅，未來政府在此方面若未嚴加取締及銀行業者不簡化貸款申請手續和放寬貸款條件，自不利於臺灣銀行業之發展。

⑽銀行業與部分行業有合作關係，與部分行業有競爭關係

銀行業業務範圍廣泛，可能與某些行業存在合作關係，例如，證券業必須透過銀行業者辦理交割作業（如目前款券劃撥制度），但卻同時可能因爭取股票買賣成為競爭關係，這使得銀行業與相關行業間的關係相當微妙，其中分寸之取捨應是業者須多加注意之處。不過這也因金控公司的設立產生某些微妙的變化。

2.保險業之個體環境

⑴契約內容不易了解

目前保險保單之契約內容過於艱澀，保戶很難了解其中含意；當發生賠償事項時，常因而產生糾紛。

⑵理賠條件過苛，理賠作業時間太長

一般民眾對保險業的印象係事故產生時，理賠條件過苛，以致索賠不易，而且理賠作業時間太長，不能迅速結案，且無法符合保戶之需要。

⑶投保手續繁雜

一般保險的投保手續複雜，增加保戶困擾，造成抱怨情形不斷增加，對公司業務推展有所影響。雖目前隨著簡易型保險商品推出，此種情形有所改善，但其實仍有很大的改善空間。

⑷公司與保戶關係不佳

保險公司在平日未能與保戶建立適度關係，當事故發生後，常無法消弭衝突，甚至促使雙方關係更為惡化。

⑸保險銷售人員素質參差不齊

過去許多保險銷售人員專業素質不夠，只能憑人際關係達成業績之

推展；在只顧銷售而忽略權責之情形下，勢難避免保險糾紛。

(6)外國競爭者日多

由於同意美商進入臺灣市場，因此外國競爭者日漸增多。當加入 WTO 以後，此種現象將更為嚴重；除市場空間將被瓜分外，保險新商品的引入，將加重對國內保險業者之壓力。

(7)欺詐性保險愈來愈多

由於欺詐性保險增加保險業者負擔，如何加以防範，將是保險公司未來必須深入研究和探討的課題。

(8)公司所有權與經營權不明

國內保險業的公司所有權與經營權經常未能明確劃分，讓社會大眾認為業者的經營不會顧及保戶利益。

(9)公司內部佣金制度不佳

由於保險公司對保險銷售人員薪資之管理，甚為重視佣金制度，當佣金制度不良時，常發生只顧吸收新保戶，卻忽視保戶權益之情形，這對公司在內部管理及對外關係均不利。

(10)商品種類過度集中

國內保險商品種類過度集中，例如，投資型保單之盛行，不僅可能不利於保戶，更可能使業者面臨資金風險問題。

(11)配銷通路不良

保險配銷通路有限，使消費大眾或公司辦理投保，可能因不便而致終止。不過近年來因金控公司之設立與網路使用，已有相當幅度的改善；但因牽涉安全問題，故仍以簡易型的商品較易安排通路。

⑿**續保之持續性低**

許多人身保險因基於人情關係投保，第一年繳交保費後，而不願繼續投保，產生銷售虛增情形。

3.證券業之個體環境

⑴**許多公司本身經營體質不健全**

證券業者在民國七十五年股市大漲後，因政策開放設立，以致如雨後春筍般的成長，然業者之經營體質參差不齊，雖近兩、三年已因股市大跌後，出現較佳形勢；但大體來看，許多業者仍以報明牌的方式運作，而未循正常營運方式經營。當市場上出現激烈變化時，體質不佳之業者常無法繼續經營，而遭致淘汰的命運。

⑵**市場惡性競爭**

證券業者為拉攏客戶，常採用不適當競爭方式打擊同業；因此最後常演變成惡性競爭，而不利於業者長期發展。

⑶**股票交易制度不佳**

國內目前股票交易制度造成股市以散戶為主，易造成市場動盪。另上下漲跌幅之限制，亦影響股市的正常發展。

⑷**市場融資不易**

證券業者希望投資者能藉融資擴大其投資量，但是國內受限融資市場不夠通暢，以致融資不易，故對業者之影響程度仍有待觀察。

⑸**多次股市風暴使得投資人進出較為保守**

投資人對市場投入程度直接影響證券公司之業績，故投資人投資股市之作風趨向保守時，將對業者之經營造成不利衝擊。

(6)營業人員素質參差不齊

部分公司因積極訓練人才，營業人員能以較高專業素質吸引投資人；但亦有部分公司營業人員以介紹明牌方式拉攏客戶，因而造成市場不安，不利公司發展。

(7)大戶、中實戶炒作股票，經常造成違約交割

國內因對炒作股票之監督及處罰努力不夠，致使大戶、中實戶隨意炒作股票，進而影響股市變化；當運作不佳或發生其他事件時，常發生違約交割案，除往來業者受到影響，更不當的波及其他業者，不利於股市發展。

(8)業者形象不佳

國內投資人對股市頗多投入，但卻又對證券業者之形象印象不佳，此對業者長期發展有不良影響。若業者能體會此重要性，藉企業形象之提升，勢必有利於公司業務之擴展。

(9)證券業者常不守法，自行或聯合業主（或股市大戶）炒作股票

此種不合法行為雖為政府法令所禁止，但卻相當普遍存在業者間，短期間或有其利益，但亦可能遭致股市風暴，例如，炒作國華飯店所造成之違約交割案，便是一個最明確的例證，最後是造成公司結束營業，更嚴重影響投資大眾的權益。

(10)證券業者直接面對客戶，而未經經銷商

此種態勢對證券業之經營有著密切的影響，因為投資人將直接面對業者營業人員服務態度，故營業人員若具有良好服務品質，將有利於吸引客戶。

(11)證券業甚易受政府政策之影響

證券市場本身是一個敏感度甚高的區域，易受政府政策之影響；故

業者在處理相關訊息時，須特別注意其動向，例如，擴大開放外資進入股市等等。

⑿**國內股市重視技術面分析，而較忽略基本面分析**

國內股市近年來雖逐漸重視基本面分析，但由於投機心態仍相當濃烈；故證券業者應多增加基本面分析，使得投資人能回歸基本面，以利於長期股市發展。

三、金融業內外在環境分析

由於金融業之內外在環境分析將因行業別仍有所不同，本文僅以銀行業為例，提供SWOT分析法依行業之運用，至於保險業、證券業亦可參考其作法。

銀行業內外在環境分析（SWOT分析）分別代表行銷機會、威脅、公司優點、公司缺點，說明如後。

1. 行銷機會

臺灣銀行業目前行銷機會包括金融政策自由化與國際化、國內外經濟持續成長、臺海兩岸經貿的發展、國內消費型態多樣化、區域金融營運中心之推動、電腦與通訊技術之發達等。

⑴**金融政策的自由化及國際化**

政府對於匯率、利率管制的放寬，使得銀行業經營空間加大；分支機構增設條件的放寬，業者可增加服務對象的機會；國外分行設立之解凍，配合客戶需要的業務將可提高，進而擴展其經營能力；准許參與操作衍生性金融商品，業者產品種類增加，提高客戶選擇機會，有利於公司業務擴展。

⑵**國內外經濟持續成長**

經濟維持適度成長，國民所得提高情形下，人們消費增多，對銀行

業者各項服務之需求相對增加。例如,房屋貸款、汽車貸款、消費貸款均逐步增加。國際經濟情勢近年來漸漸穩定成長,亞太地區更是大幅成長;國際貿易迅速擴充的結果,銀行業務將相形增加。雖在 1997 年以後,全球金融風暴逐漸形成,甚至亞洲地區、中南美洲、俄羅斯均有經濟衰退的情形發生;雖 2000 年經濟景氣衰退,但至 2003 年下半年,全球景氣又逐步回升。

(3)臺海兩岸經貿的發展

近年來,臺商對大陸市場投入相當程度之努力。在銀行服務需求殷切與大陸相關機構無法配合的情形下,大陸金融市場存在無限的潛力及機會。惟目前銀行業赴大陸投資仍受到限制;綜觀全局,可知此趨勢已無法阻擋,銀行業者應迅速掌握契機,設法在最適當時機,投入此擁有各種機會的龐大市場。

(4)國內消費型態的多樣化

國民所得提高、消費水準增加,其消費型態趨向多樣化;因此,消費者為達成多元化消費的目的,勢必透過銀行業者提供各項服務滿足其需求,業者如何藉此開闢另一市場空間,應是業者重要的考慮方向。

(5)區域籌資中心之推動

臺灣正推動區域籌資中心的政策,若此策略能順利推動,銀行業者將產生許多行銷機會;同時亦將因世界級外商銀行帶入更多的金融商品操作技術。所以,區域籌資中心將為業者帶來甚多擴展業務的機會。

(6)電腦與通訊技術的發達

近年來電腦與通訊技術對金融業已產生重大的影響,例如,從提款機功能已進步至無人銀行的階段,未來更可能發展成客戶無須與銀行行員接洽相關事宜,而逕行透過網際網路的運作,完成貸款申請手續;銀行核准之後,亦直接匯入客戶帳戶。當上述情節發生時,銀行業在服務

及業務推展方面將產生革命性的影響。

2.威脅

銀行業之行銷威脅包括新競爭者增加、地下金融體系之存在、電腦化程度不足、部分專業人員素質不足、中小企業資本結構不健全、部分企業財務報表不實、法令修改延宕、管理人員心態不夠開放、作業程序過於繁瑣、部分相關行業已形成競爭對手等。

(1)電子化程度不足

銀行體系透過電子化可節省人力及增加服務項目，但由於國內許多業者在電腦軟硬體設施相當不健全，造成業務執行之困擾，進而影響經營管理。例如，自動櫃員機經常發生無法正確或正常運作；一旦電腦發生當機時，多數銀行作業幾告終止，造成業務無法執行；若網際網路系統常無法順暢，則全球即時性訊息之傳遞將受嚴重影響，形成在外匯等業務執行上之困難。

(2)地下金融體系的存在

地下金融體系存在於世界各國，惟臺灣以往金融管制嚴格、業者作風保守，民間工商業者，尤其中小企業者尋求地下金融體系成為其資金的支援來源之一，例如，地下錢莊、銀樓、民間標會等；相對而言，將減少銀行業者之目標對象及經營範圍。雖已逐步放寬金融管制，但仍存在許多不便；加上地下金融能迅速提供資金等吸引力，自對銀行業形成某種程度之影響。

(3)部分專業人員素質不足

隨著金融自由化、國際化的開放，銀行業者對各種高專業性人員需求殷切，然由於平日疏於訓練，現在銀行業者均已體認專業人員之不足，尤其具國際水準的專業人員更是缺乏。例如，在期貨、選擇權、交換權等衍生性金融商品的專業人員在臺灣早已成為搶手人物。另外如具

高水準的投資評估、貸款評估等人才或電腦軟體規劃人才或外匯管理人才均是銀行業者必須補充的人才。未來的銀行業者若無法加強人力資源培訓，則業務量將迅速流失，終致失敗的命運。

⑷中小企業資本結構不健全

國內以中小企業為主，然因中小企業資本結構不健全，造成銀行業者不敢輕易對中小企業提供貸款，導致雙方均無法各得其利，尤其在經濟不景氣時更是明顯。

⑸金融法令修法速度緩慢

國內雖一再推動自由化、國際化，但政府在保守心態主導下，始終無法提出符合時代潮流的金融法令，以供銀行業者順應趨勢發展；尤其部分法令雖由行政部門快速修改，但卻在立法部門終日吵鬧中一再延宕，更加深修法速度的緩慢。未來行政或立法部門若繼續維持目前作法，則無須多談區域金融營運中心，甚至將造成國內銀行業者資金外移。也就是，修法的適時性及適當性將對銀行業產生無比的助力。

⑹管理人員心態保守、不夠開放

銀行業未來發展方向取決於高階管理人員的態度，若管理人員具開放心胸，隨時順應環境變遷，修改銀行運作；銀行業者在競爭激烈市場，始能出人頭地。然而至今，許多業者的管理人員心態上始終得過且過，實無法應付未來更為複雜的挑戰。

⑺部分企業財務報表不實

此種情形雖不同於中小企業財務不健全，但對銀行經營上所造成之威脅卻更為嚴重，因為此類企業之往來金額常遠大於對中小企業；為避免此類事件之發生，業者應加強徵信工作，以免徒增本身損失。

(8)**銀行作業程序過於繁雜**

銀行與民眾、工商企業已是一種不可分離的關係，然而其業務執行的某些作業程序甚為不便，民眾或中小企業常望而卻步（例如，貸款事宜），間接助長不合法地下金融體系勢力，亦減少業者爭取業務的機會。

(9)**部分相關行業已成為銀行業者之競爭對手**

由於法令放寬，以往禁止的甚多業務已逐漸容許其他業者加入，造成業者額外增加其他競爭者。例如，郵局儲匯部已開放房屋貸款之業務，如此將削弱銀行業者之經營利潤。

上述銀行業之行銷機會與威脅，可將之歸屬為表 3-1 機會與威脅分析表。

3.**優缺點**

銀行業者在進行優缺點分析時，應是依以下所提之各項影響因素分別列出，並依其重要性及績效給予評分。為求慎重，可由公司內部組成專案小組。透過 Delphi Method 等方法進行各項評估，以供公司決策之需。詳細說明如後：

(1)**行銷方面**

①**市場資料蒐集及分析預測能力**

市場資料蒐集及分析能力有助於銀行業者對市場目前及未來狀況的了解，並得進一步作為公司營運策略的參考依據。

②**顧客需求情形**

目標顧客需求的強弱決定銀行業者應投入多少行銷努力。當業者能充分了解顧客的需求時，始能發揮較高效率的行銷策略。

③**各項業務規劃之成本效益分析**

任何銀行業務規劃須考量成本與效益比，協助評估該項業務是否值得推動，以免徒增公司負擔。

表 3-1　銀行業機會與威脅分析表

項　　　目	重要程度					影響程度				
	非常重要 5.	重要 4.	普通 3.	不重要 2.	極不重要 1.	影響非常大 5.	影響頗大 4.	普通 3.	影響不大 2.	影響甚小 1.
一、行銷機會										
1.金融政策自由化及國際化										
2.國內外經濟持續成長										
3.臺海兩岸經貿發展										
4.國內消費型態多樣化										
5.區域籌資中心之推動										
6.兩岸大三通										
7.電腦與通訊技術的發達										
二、威脅										
1.電子化程度不足										
2.地下金融體系的存在										
3.部分專業人員素質不足										
4.中小企業結構不健全										
5.金融法令修法速度緩慢										
6.管理人員心態保守，不夠開放										
7.部分企業財務報表不實										
8.銀行作業程序過於繁雜										
9.部分相關行業已成為銀行業者之競爭對手										

④營運計畫之執行績效

　　營運計畫的執行應落實業者營運理念，所以執行績效更為公司首先考慮的目標。

⑤新業務或商品之開放

　　銀行業隨環境的變遷必須提供多樣化商品或服務，以滿足消費者需求；新業務或新商品的開發，已成為市場上競爭的關鍵因素之

一,更是獲利的主要來源。

⑥經營項目的足夠性

現在消費者既趨向使用或投資多樣化金融商品,若公司所經營項目無法符合消費者需要,則不易維持消費者忠誠度;在今日消費者對商品或提供商品的公司愈來愈缺乏忠誠度之際,擁有足夠的商品或業務是銀行業者吸引客源必要的條件之一。

⑦研究發展能力

銀行業亦如同工業一樣,研究發展能力的強弱對業者在產品的發展或營運的改革均具重大影響力;銀行業者研究發展能力愈強者,開發之業務或產品得到消費者青睞的機會愈大。

⑧存放款利率彈性及競爭能力

銀行業者在存放款方面對利率調動的彈性大小,決定業者能否取得市場先機;另存放款利率的高低,則顯現其競爭能力。兩者相配合之下,將能為公司獲得不少利益。

⑨分行間的協調及通匯能力

消費者可能因工作、消費等因素之需要而必須借重銀行的各分行間相關業務之協調或通匯,若分行間之協調及通匯能力良好,較能提供符合消費者的需求,有益於吸引消費者利用該行辦理各相關業務。

⑩業務推廣能力

銀行業已無法坐等客戶上門,而須主動出擊拉攏客戶,業務推廣能力已成為日趨競爭的銀行業必須具有的能力。

⑪分支機構的數目及設立地點

銀行業直接面對消費者,分支機構數目過少或設置地點不佳,將無法順利服務顧客,不利於業務推動。

⑫廣告媒體效果

透過廣告媒體能將公司的商品或業務傳達至消費者,效果良好的

廣告媒體，可協助公司打開知名度或推展產品。

(2)財務方面

①資金來源及利用狀況

自有資金愈高，公司資本結構愈為穩定，但過多則不合經濟效益，如何利用財務槓桿原理則是業者在業務管理上甚為重要的一環。例如，世界清算銀行即規定自有資金比率須在 8%以上。

②經營成本增加情形

當公司經營成本突然增加，須深究其原因，若為發展新產品或推展業務所需，且在合理範圍之內，應屬正常；若係來自差旅費或電話費增加，但業務量未相對增加，則須謹慎檢討。

③各項投資報酬率

銀行業者進行各種投資或開發產品之前，應先評估其投資報酬率是否在公司標準之內，以決定是否從事此項投資，這能幫助業者判斷、選擇相關投資計畫，避免造成浪費的情形。

④呆帳增加的情形

銀行業者呆帳比率應在平均水準之下，當業者呆帳增加速度過快或數額龐大，均不利於業者之營運及利潤。

(3)營運方面

①電子化的提高

未來銀行業者在電子化方面若無法趕上時代潮流所趨，勢將被逐出金融市場，電腦自動化的提高是業者發展的關鍵因素。

②業務稽核

公司內部業務稽核能力的提高，將促使公司各種業務執行較具效率。

③營運場所環境的布置及維護

銀行業者在營運場所環境的布置及維護狀況良好，易使消費者產

生好感，有助於吸引消費者。

④**對客戶的服務態度**

銀行業服務態度對其營運影響頗大，尤其目前市場上競爭程度日趨激烈，更加重服務因素在經營成敗上的份量。

⑤**授信分層負責的實施程度**

授信分層負責若能順應環境之變遷給予調整，可能有利於授信業務的推動，否則一件數額不大的貸款案須耗費數日時間，將難以滿足消費者之需要。

⑥**顧客意見之處理**

顧客的任何意見均須慎重其事的加以處理，此種負責態度有助於提高消費的忠誠度。

⑦**櫃檯作業速度**

櫃檯作業速度快，可減少消費者在銀行等候的時間，亦為業者在內部評估時的重點工作之一。

⑧**徵信能力**

徵信工作是銀行業者在授信上最重要的一環；徵信能力薄弱，將影響公司放款工作，甚或因誤貸而造成公司重大損失。

⑨**放款的事後追蹤、考核實施情形**

放款事後追蹤的辦理有助於銀行業者了解顧客使用貸款情形，可協助公司徵信資料之建立及未來往來之參考。

⑩**對呆帳客戶的催收能力**

呆帳對銀行經營相當不利，若能加強催收能力，改善公司呆帳情形，將可減少公司損失。

⑪**對企業提供經營管理諮詢及輔導能力**

雖然銀行並非專業之企業管理顧問公司，但因其內部各方面人才頗多，尤其授信部門人員，常可對往來客戶提供經營管理諮詢或輔導。往來客戶若因而獲益，則此一顧客將不易流失，而成為銀

行的忠實顧客。

(4)**組織方面**

①**組織對外界環境與預測能力**

　　銀行業者對外在環境具較佳預估能力時，將使業者在多變的環境中先行掌握市場獲勝的利基，並可減少本身遭受環境變遷的威脅。

②**環境變動適應力**

　　業者在經營環境不佳或面臨淡季時如何適應，這對其經營發展有很大的影響，適應性良好者，可得到較多利潤。

③**部門間之溝通協調、支援情形**

　　公司內部間常因業務所需而進行溝通協調，當此溝通協調能力不佳，業者可能將面臨「巧婦難為無米之炊」之苦，甚至損害公司營運時機及利益。

④**權責劃分狀況**

　　內部工作若有清晰權責劃分制度，對銀行業者業務推動，始不致造成相互推諉的情形，而影響公司業務執行之成效。

⑤**組織內部彈性程度**

　　業者在經營上可能發生人員互調或支援的情況，若組織內部彈性良好，將可迅速配合業務推動，使顧客權益不易遭受損失，亦不會損及公司聲譽。

⑥**優秀人才保留情形**

　　未來銀行業者在競爭上的關鍵力量之一是優秀人才，如何保留良好人才是業者管理人員須努力的工作。例如，金融商品的研究發展人員、策略規劃人員等均是。未來市場上競爭的成敗決定於知識，而知識的來源為良好的人才，故優秀人才保留的情形與業者經營成敗有密切關係。

⑸人事方面

①人員配置及調動

公司內部人員配置及調動關係組織運作的彈性度，當人員配置不當將嚴重削弱其生產力，進而降低其競爭力。

②人員培訓

人員素質高低是公司生產力強弱的最大因素，人員培訓是提高人員素質的重要方法之一。

③工作紀律及服務態度

員工是否具有工作紀律及良好的服務態度，這對服務業而言甚為重要。缺乏紀律和無良好服務態度之員工不僅無法為公司吸引顧客，反將排除顧客於公司之外。

④行員專業知識

銀行業運作包括各種專業知識，行員專業知識影響公司競爭力，故行員專業知識的高低值得公司內部檢討。

⑤行員的福利制度

福利制度的良好與否關係業者能否吸引員工長期為公司努力；公營銀行的員工外流民營銀行，其部分原因即在於福利的問題。

⑥公司內部士氣的高低

員工士氣高低決定一家公司對外競爭的鬥志力，若內部士氣高，常能克服許多外在困難，所謂團結力量大，原因便在於此。

⑦管理階層的能力

管理階層之決策能力及管理能力係公司發展的原動力，若決策力不足，常使公司行使錯誤決策，將不利於公司發展，而管理能力不佳，將使員工無法盡心為公司全心全力的推展業務。

⑹金融商品之提供

①利率結構之制定

銀行業者之有效利率除參考市場變化外，本身內部相關因素亦須加以考量；但利率結構可能因人而異，故建立一套合理之利率結構制度，使長、短期利率，存放款利率等具有一健全的結構。

②存款種類及結構

銀行業者對內部提供給顧客就包括哪些存款種類？不同存款類別又如何配置？這將影響業者吸收客戶存款的重要原因。

③放款種類及結構

銀行業者透過放款得賺取更多利潤，業者有哪些放款種類可供顧客選擇？不同放款種類的配置比例如何？這均與放款競爭力具密切性關係。

④放款契約之簡易性

放款契約愈簡易化，對顧客將愈具吸引力；複雜的放款契約，可能使顧客望而卻步。

⑤放款手續之簡便性

放款手續愈簡便，表示顧客申辦手續愈為簡單，對顧客更富吸引力。

⑥外匯實務管理及操作能力

外匯部門已成為銀行業者重要部門之一，外匯實務管理及操作能力直接影響業者的發展，尤其在國際化的今日，更顯得重要。

⑦外匯業務種類

外匯業務種類多寡，表示業者能提供供顧客服務的需求份量；種類愈多，則愈能滿足顧客的需要。

⑧衍生性金融商品之種類及操作

衍生性金融商品已成為近年來國際金融市場上的新寵兒,但由於其風險性極高,業者能提供之產品種類及操作能力與公司利潤密切性甚高。例如,曾有業者因操作外匯期貨而造成公司嚴重虧損。

⑨交叉行銷的能力

由於金控公司已陸續成立,而金控公司即是運用交叉行銷的績效;即使是非金控公司,亦可透過策略聯盟方式,造成相類似目的。

根據上述說明,可將之歸納成公司優缺點分析表詳如表 3-2。

表 3-2　銀行業公司優缺點分析表

項　　　目	重要程度					影響程度				
	非常重要 5.	重要 4.	普通 3.	不重要 2.	極不重要 1.	甚優 5.	優良 4.	普通 3.	差 2.	甚差 1.
一、行銷方面 ①市場資料蒐集及分析預測能力 ②顧客需求情形 ③各項業務規劃之成本效益分析 ④營運計畫之執行績效 ⑤新業務或產品之開發 ⑥經營項目的足夠性 ⑦研究發展能力 ⑧存放款利率彈性及競爭能力 ⑨分行間的協調及通匯能力及業務推廣能力										

（未完、續下頁）

項　　　　目	重要程度					影響程度				
	非常重要	重要	普通	不重要	極不重要	甚優	優良	普通	差	甚差
	5.	4.	3.	2.	1.	5.	4.	3.	2.	1.
⑩分支機構的數目及設立地點										
⑪廣告媒體效果										
二、財務方面										
①資金來源及利用狀況										
②經營成本增加情形										
③各項投資報酬率										
④呆帳增加情形										
三、營運方面										
①電腦自動化的提高										
②業務稽核										
③營運場所環境的布置及維護										
④對客戶的服務態度										
⑤顧客意見之處理										
⑥授信分層負責的實施程度										
⑦櫃檯的作業速度										
⑧徵信能力										
⑨放款之追蹤考核										
⑩催收能力										
⑪對客戶提供經營管理諮詢及輔導能力										
四、組織方面										
①對外界環境及預測能力										
②環境變動適應力										
③部門間之溝通協調情形										
④權責劃分狀況										
⑤內部彈性										
⑥優秀人才保留										

（未完、續下頁）

項　　目	重要程度					影響程度				
	非常重要 5.	重要 4.	普通 3.	不重要 2.	極不重要 1.	甚優 5.	優良 4.	普通 3.	差 2.	甚差 1.
五、人事方面										
①人員配置及調動										
②人員培訓										
③工作紀律及服務態度										
④行員專業知識										
⑤行員福利制度										
⑥公司內部士氣										
⑦管理階層能力										
六、金融商品之提供										
①利率結構之制定										
②存款種類及結構										
③放款種類及結構										
④放款契約之簡易性										
⑤放款手續之簡便性										
⑥外匯實務管理及操作能力										
⑦外匯業務種類										
⑧衍生性金融商品之種類及操作能力										
⑨交叉行銷能力										

　　若將上述機會與威脅分析表、公司優缺點分析表，經公司內部專案小組以 Delphi Method 或其他方法整理分析後，可得到有關公司所面臨之機會、威脅、優點、缺點等四項中的少數幾個影響較大的因素，即所謂的 SWOT 分析表（如表 3-3）。公司再根據具影響力之因素給予解決或發揮，以使公司能以更有效之策略指導經營方向。

表 3-3　銀行業 SWOT 分析表

行銷機會 1.國民所得提高 2. ⋮	威脅 1.電子化程度不足 2. ⋮
公司優點 1.分支機構多 2. ⋮	公司缺點 1.服務態度不足 2. ⋮

註：表中內容純粹為便於說明之用

第三節　金控公司

一、金融業之價值創造

　　由於金融業競爭愈來愈激烈，所以業者在面對微利時代來臨時，如何才能達到創造價值的目的，這已成為最重要的一項工作。微利的情勢使得全球金融業走向整合、購併及轉型三大方向。金融業者在面對內部組織更多複雜與作業更多元化等結構性問題時，事實上呈現四種現象：第一，合併；第二，全球化整合地區性獨立平台架構；第三，資訊支出過於浮濫；第四，分散式 IT 架構各自為政。為克服這些問題，必須建立能即時回應市場需求的機制，因此金融業應具備更多的經營能力，包括更加專注市場需求、更能回應市場需求、成本結構更具彈性、更能因應市場變化。也就是金融業者能夠做到整合企業內部、顧客、供應商、主要合作夥伴，以快速回應市場需求、機會與威脅。

1. 即時因應需求的資訊技術

一般而言，能即時因應市場需求的資訊技術之特性包括：開放標準、整合、虛擬與自主。

(1)開放標準

它能使金融業在商業整合上更為容易，且能快速、低成本、容易建立與串聯內外部商業流程。因此，金融業便能建立協同作業架構，進而擴大與競爭者的差異化。

(2)整合

整合能使金融業內外部資料與系統互相分享與流通，此種協同作業與運算，才能作為金融業因應市場需求之執行方案。

(3)虛擬化

它係運用分散運用資源的模式，建置一個能立即回應需求的運用環境。藉由共同運用資源的網格架構（grid computing）達到成本降低與延展 IT 的能力。

(4)自主性

它能管理複雜性的組織架構，改善管理系統及分享資源、自我影響能力、自己復原能力，如此可達到降低操作成本與市場風險的目的。

2. 未來金融業的發展方向

未來金融業之發展方向包括兩項：

(1)產業網路的重組
①網路化

即是由垂直整合轉為網路結構化的金融服務產業，也就是企業者會以外包方式開發新通路。

②分工化

　即是未來只有少數大型金控公司能垂直整合，提供多種混合型金融商品的能力，但大多數的業者都會專注於具有競爭優勢的領域，而將非核心能力的部分加以外包。

③專業化

　即是金融業者會選擇具競爭優勢的產業角度進行行銷，其餘部分則加以委外。

(2)企業組織的重組

　金融業者欲進行企業組織重組，可從通路、製造、流程、風險與財務管理、基礎架構與觀察能力進行思考。

①通路

　全方位整合顧客所面對的所有活動，以提高其忠誠度。

②基礎架構

　係在整合、支援與操作經營決策有關技術、流程與人員，包括資訊科技基礎、基礎架構與商業支援功能。

③製造

　係指開發與組合以顧客導向為基礎的差異化產品與服務。

④流程

　檢視日常工作事項、單據流程等基本工作，以降低成本與提高員工生產力。

⑤風險與財產管理

　有效管理整體性風險與投資組合活動，以改善在市場的資產與資本地位。

⑥觀察力

　係指企業經營規劃、市場研究與資料挖掘能力的整合。

3.即時因應市場需求之金融機構

若將前述的發展方向加以進一步整合與分析，吾人可看出能即時因應市場需求之金融機構具有下列四項特質：

⑴能專注於核心業務

①集中投資在與競爭者差異上的功能。

②以最符合業者本身營運模式的顧客為目標。

③設法增加核心能力，並結合合作夥伴。

⑵具即時回應市場的能力

①較競爭者更快開發新的金融商品。

②具迅速整合新金融商品與收購競爭對手的能力。

③以客製化方式快速回應符合顧客需要的金融商品。

④整合企業內外資料，並轉化成有用資訊。

⑤協助員工快速做出資訊完整且符合顧客需求的決定。

⑶具可變動成本的架構

①建立業者本身元件化的能力，以處理一般業務。

②以委外方向增強內部能力。

③將與競爭者無差異性的工作完全委外。

⑷具備復原能力

①能及時了解營運、市場與信用風險的程度。

②結合策略性合作夥伴，以分散風險。

③嚴格管理風險、降低資本要求。

④建立穩定、自我復原的組織能力。

為達到即時因應市場需求的目的，金融業者至少應做到下列三項工作：

第一，建立極大化的商業模式：包括策略性的進行商業設計、定義金融商品與服務的組合、調適最佳商業流程。

第二，整合組織與人員：包括建構且彈性的組織架構、適應管轄權模式，管理企業文化的轉變。

第三，建置技術共用平台：包括設計串聯平台、創造整合的應用環境、應用創新技術。

二、金控公司的經營策略

金控公司在法令通過後，至今已成立十四家，分別以銀行、保險、證券為金融事業主體，吸納其他性質的金融事業成員加入。由於各金控公司在組織文化與組織結構之調整、組織管理方式的改變、組織內部權力架構之協調、資訊共同平台之建置、風險控制系統之整合與管理等問題上均受到衝擊，因此反而對最根本的經營策略有所忽略。

1. 金控公司事業夥伴選擇之考量因素

成立金控公司時，由於組織成員忽然快速成長，執行過程非常繁雜，加上員工對抗等（有形與無形的對抗），均使得金控公司在策略思考上有所疏忽，以致反而可能失去原有的發展方向。所以慎選事業夥伴是金控公司非常重要的前置性工作。一般而言，必須考量的因素包括下列四項：

⑴組織文化

由於金控公司的重要成員來自不同的組織，因此在經營的思考方式、管理標準等均有所不同，如何整合不同的組織文化形成一個新的組織文化，成為金控公司最重要的課題；因為人事或組織上之衝突將使得業務無法有效產生績效。

⑵**核心業務**

事業夥伴之核心業務與金控公司主體的核心業務是否具互補性？其程度有多大？是否具有策略上之意義（例如，增加新金融商品、通路等）。

⑶**企業資產品質**

金控公司的事業夥伴其資產的品質是否良好？是否可能會拉低金控公司的整體水平？併入的價格是否合理？是否會影響整體形象？併入後是否會影響長期的投資報酬。

⑷**合作的方式**

金控公司可能無法包括所有性質的金融事業，但可透過策略聯盟的合作方式，取得新金融商品或新通路。不過採合作方式亦可能面臨資訊交流不易與不對稱、利益分配方式溝通不易等問題。

2.金控公司之效益

金控公司成立之目的對業者而言係在於提升競爭力，而對政府而言則在改善金融產業環境。其效益為：

⑴企業資源整合，有利於交叉行銷。

⑵資本效率化，擴大通路之運用。

⑶人員整合，以降低經營管理成本。

⑷提供更佳的金融服務。

3.金控公司的經營策略

金控公司若透過營運程序至少可產生多元化金融商品之導入與資產報酬率提高的兩項綜效。由此可引申出兩項策略：交叉行銷與資本配置。

交叉行銷的概念來自需求面的思考，即是在同一通路中提供顧客所

有的金融服務，包括銀行、保險、證券、授信等，進而達到擴大通路的整合行銷效益。然而支援交叉行銷的作法，必須要有充足的資源支援，因此資源的配置成為金控公司成功營運的重要關鍵因素，包括組織結構的規劃、人才培育與訓練、金融商品的規劃與選擇、共用資訊平台之建置。

⑴組織結構之規劃

金控公司大多以合併換股或直接購併方式吸納成員加入，有的成員來自金控公司主體的轉投資事業，有的成員則來自談判。由於金控公司的業務佈局必須採取分工合作與交叉行銷的方式佈局，因此組織結構的調整應有周詳的規劃。例如，業務相近的成員應先行合併。長期的作法可採用事業群的方式，以併購及營運成長來擴充事業群資產規模或產品線，進而發揮各事業群的內在經濟規模及達成交叉行銷的目的。這些事業群若遇到好的併購機會，將可選擇新的個體加入事業群。不過，事業群的劃分係以組織橫向整合的容易性作為依據。事業群內部可以進行交叉行銷，同時在金控政策的規劃下，跨事業群的交叉行銷亦是可行。

⑵人才培育與訓練

金融業過去基於專業的考量，其業務劃分相當清楚，銀行、保險、證券之間常存在不了解另外一方的知識。在金控體系建立之後，全方位人才的培育與訓練成為非常重要的工作。不論金控的主體原為何種背景（臺灣目前以銀行最多），均應尋覓及培養可用的內部與行銷管理人才，並不斷對基層行員施於各種教育訓練。尤其目前正積極推動的財富管理業務更須投入更多的訓練。未來的金控運作模式尚難有一明確的說法，因此金控在變化多端的局勢下，有必要培養更多的全方位金融人才。

⑶金融商品規劃與選擇

金控公司的金融商品不一定涉及所有的業務，尤其更不可能樣樣金融商品均居市場第一名；通常是以金控主體擁有最強的業務搭配其他領域的次事業體組成。因此金控公司在初期均會以競爭力最強的金融業務作為品牌定位，再透過相同通路將其他次強勢金融商品推介給潛在消費者，這種循序漸進的整合行銷方式頗具效果。金控公司在推出金融商品時必須以最具優勢的金融商品為主力，不應一下子推廣所有金融商品的產品線，以免造成損失。

⑷共用資訊平台之建置

由於未來金控公司擁有更多金融商品與潛在顧客，如何透過共用資訊平台挖掘更多的顧客，這成為金控公司競相投注巨大資訊費用的原因。它將可發掘顧客的潛在需求、設計客製化的財務工程商品外，更可有利於決策運作的效率與效果，以充分達到金控最根本的目的：整合行銷。

4.金控公司價值創造的作法

金控公司在價值創造上，大致可有下列步驟：

⑴事業之規劃與檢討應集中於創造價值

即是一位金控公司的執行者應成立一工作小組，探討金控公司本身與其競爭者的核心能力與資產分析，並規劃未來可能進入的事業，而這背後均以價值創造作為依據。

⑵發展價值導向的目標

未來金控公司應以經濟利潤作為價值導向的目標，而不應在採用過去的投資報酬率為依據，因為投資報酬率可能忽略了價值創造的成長。在價值導向的目標下，建立一具有獎勵的績效衡量制度，如此金控公司

內部才可能勇於進行長期的改革，並獲取長期的利潤。

⑶重視股東價值

金控公司應重視長期的股東價值。即是以有價值的獎勵制度作為股東價值長期目標的基礎，其中更重視的是長期的利益，而非只是短暫的投資報酬。

⑷以價值創造作為金控公司擴充之考量

金控公司可能不斷以併購的方式達成營運成長，但是在收購時的決策考量，則應以被併購者是否能真正對金控創造價值作為考量，否則實無須在乎外表規模的擴大。

⑸必須與關係人進行有效溝通

由於股價高低關係對關係人（如投資人與分析師）之信心可能產生重大影響，因此如何有效與這些關係人進行溝通，實在是金控公司必須重視的。尤其應在年報中多討論公司創造價值的策略，以增加關係人的信心。

⑹重塑財務長的地位

金控公司的財務長應是扮演策略與營運主管的角色，以作為滿足公司財務需求及公司與投資人間的溝通橋樑。因此金控公司的財務長與一般公司的財務有所不同，他（她）應是負責金控整體策略與財務的「副執行長」，如此才能發揮真正的財務長的角色。

三、金控公司的公司治理

公司治理制度近年來受到普遍的重視，也愈來愈多大型公司真正落實公司治理的制度。由於金控公司的經營風險更大，若能善加運用公司治理制度，相信對金控之營運與風險管理將有更大助益。

1. 公司治理的基本概念

⑴公司治理應由企業的內部負責

公司治理關係公司的管理與控制,因此法律的規範只是作為公司治理的推動力而已,真正的責任仍應由董事會與執行長負責。

⑵公司治理與公司決策效率之間存在某種矛盾

公司治理制度係在追求公司長期的發展,因此有時可能影響公司決策效率。不過董事會與執行長應體認兩者雖存在矛盾,但卻是基於長期發展而有所需要,更應使公司關係人能有所了解。

⑶公司治理必須依賴正確的企業價值觀的建立

執行長在公司治理上仍應以正確的企業價值觀作為依據,並將它落實於企業日常的運作之中。

⑷公司治理最重視的是資訊的透明

雖然公司的資訊完全透明化是不容易的,但是主動提高公司的資訊透明度將能迅速獲得股東的信賴,這將相對增加股東等關係人的信心。

2. 金控公司之公司治理的作法

公司治理制度可能因國內內部環境的不同有所差異,但至少有些作法值得參考,尤其金控公司更可進一步探討。

⑴執行長應扮演溝通橋樑的角色

執行長應是董事會與經營團隊的溝通橋樑,同時應掌握與股東與公司利害關係人的關係。執行長應了解政府政策的發展方向,並建議董事會儘速討論公司治理機制之建構。

⑵不必擔心獨立董監事會衝擊企業

雖然獨立董監事可能會對決策效率與企業文化有所衝擊,但是獨立

董監事存在之價值便在於其獨立性、中立性，因此若能善加運用獨立董監事的功能將對公司更有助益。

(3)**公司主要股東家族成員、或曾擔任公司高階主管，避免出任公司非執行業務董事**（係指未在公司擔任管理職）

執行長應多參考非執行業務董事的客觀建設性意見，同時也應儘早討論與董監事利益有關的顧問契約與業務往來準則，並及早避免利益衝突的情事發生。

(4)**非執行董事可試行定期召開會議**

非執行董事定期召開會議時，執行長及其經營團隊無須參與，而他們以非正式的方式進行，並對經營團隊的表現、公司策略、經營團隊所提供之資訊是否充足等議題充分討論。

(5)**董事會並不一定採無異議方式通過討論議案**

董事會可以在有異議的情況下通過議案，但必須加註建設性的反對意見。尤其獨立董事加入後，更應如此。這樣才能使不同面向的意見在較和諧的情況下被接受，且可降低經營團隊及企業之衝擊。

(6)**執行長應展現對公司資訊的即時充分揭露的態度**

除法令規定應揭露的資訊外，執行長對公司營收與獲利數字的編製，應盡可能說明其主觀判斷的範圍與原委，以避免資訊不對稱的情形出現。

(7)**董事會應定期評核本身與執行長的績效表現**

董事會與執行長若能定期自我評鑑，相信有利於互信之建立。

(8)**公司應加強資訊的提供**

公司應在網站及年報上加強其內容的廣度與深度，同時應對公司治理之資訊予以說明。處理機構投資人已是企業未來募集資金的重要課

題，因此資訊應更為透明化。

(9)加強風險管理

許多企業失敗的原因均在於缺乏有效的風險管理，尤其金控公司之風險管理決策的錯誤判斷更是嚴重。因此執行長應主動向董事會報告現有公司風險的情況及可能承受的能力。當董監事能對公司風險承受度有所了解及予以適當回應時，這便是公司治理機制品質的關鍵因素。

3.金控公司之公司治理的觀察

金控公司在公司治理工作是否能有效落實，對於金控公司未來之發展具有很大影響，僅以學理上常提及之相關指標作為觀察之參考依據。觀察的作法係以資訊是否有效揭露為主。而資訊揭露則由董事會特性及股權結構加以觀察，可進一步細分為董事會規模、董監事質押比率、獨立董監事席次、董事長兼任總經理、最終控制者掌握之董監事席次、股權集中度、股份盈餘偏離差、法人投資人持股等 7 項評估指標。

既然資訊揭露對金控公司的公司治理相當重要，故在討論公司治理的觀察之前，有必要將資訊揭露的相關內容加以說明。由於金控公司之所有權與經營權之分開，將造成代理問題，為避免經理人做出影響股東權益之自利行為，故需支付激勵、監督、預防等成本。經理人在自利的考量下，可能避免揭露全部資訊或提供不實資訊，例如 2008 年金融海嘯即是許多華爾街的經理人未揭露全部資訊，甚至提出不實資訊所致。

此項資訊之揭露主要係指透過可靠、即時及真實地公開揭露公司重大訊息，這些重要訊息可包括股權結構、董事會運作情形與決策過程、財務報表品質及其他關係投資者權利而應公開之訊息等。

影響經理人資訊揭露的因素有許多，一般包括下列六項因素，第一，公司控制權競賽：經理人透過資訊揭露，防止股價被低估或澄清績效不佳等，以避免工作不保的情形。第二，提高股價薪酬：經理人可能操作訊息揭露時點，達到薪酬獎勵的目的。第三，資本市場交易需求：

即可使其資金募集更容易且成本更低。第四，財產成本：避免揭露公司機密訊息（如研發成果等），而選擇不揭露可能會產生額外成本的事項。第五，降低訴訟成本：對於不利公司之訊息會更即時及謹慎，避免產生訴訟成本。第六，經理人才能之展示：準確揭露正確訊息，有利於提升經理人之聲譽。

(1)董事會規模

董事會是股東與經理人之間的橋樑，其功能為公司經營策略之擬訂及控制。當董事會席次規模較多時，因成員專業知識較廣，有利於政策制定之完善性；且董事會較不易受經理人控制，因此資訊揭露程度可能較高；但是若董事會規模過大時，則因溝通效率差，反而可能無法達到防止公司謊報盈餘及監督經理人之目的。

(2)獨立董監事席次

由於獨立董監事可達到監督及控制執行董事之行為，防止其自利行為的產生，且其具獨立性不畏執行長的權勢，再加上具專業性及接觸面廣，有助於監督工作之執行，故通常獨立董監事席次相對較多時，對於資訊揭露有所助益。但是若是獨立董監事專業不足、缺乏實務經驗，有時反而無法達到有效監督之目的。

(3)董監事質押比率

通常企業之董監事質押行為會增加公司風險，尤其在公司股價下跌或出現財務危機時，常會控制股東會盈餘管理方式，揭露較高盈餘訊息，而損及其他股東權利。尤其在公司虧損時，常會採取降低公司資訊揭露的手段。因此，一般金控公司若董監事質押比率過高，相對公司資訊揭露可能相對較低。

(4)最終控制者掌握之董監事席次

由於實務上發現企業運作若常違反一般會計原則及盈餘揭露訊息偏

向較樂觀時，存在董事會中最終控制者常掌握董事會大部分的席次。也就是最終控制股東所掌握的董監事席次越高，則公司資訊揭露程度越低。

(5)**董事長兼任總經理**

由於董事會負責聘解任及決定總經理之薪資及績效，若此時總經理為自身利益操縱董事會，將使董事會功能不彰，所以無法達到監督的目的。相對來說，董事長兼任總經理較易產生公司資訊揭露不足的現象。

(6)**股權集中度**

當大股東掌握公司的經營及監督權，常會基於自身利益，而故意不揭露部分不利公司的訊息。即是當股權集中度越高，則資訊揭露程度越低。

(7)**法人投資人持股**

由於機構投資人監督成本較低且具效率，再加上它可能與管理者有共同目標時，可能令公司合作，而公司將更有效率執行其政策。惟亦可能兩者基於自身利益，而共同通過不利於股東的經營計畫或策略。不過實務上，法人投資人持股越高，其資訊揭露程度越高確實是較常見的情形。

(8)**股份盈餘偏離差**

控制股東擁有的權利常超過其現金流量權，此已偏離一股一權的概念，由於它是存在金字塔式參與公司管理，將造成控制股東怠惰，無法有效監督經理人。也就是股權盈餘偏離差越大，公司資訊揭露程度相對較少。

第四節　金融業風險管理

金融業隨著產業環境之變遷，市場競爭激烈與金融商品不斷的創新推出，使得金融業之經營風險面臨更大的挑戰。從 1995 年霸菱銀行的案件後，各國政府大多參考國際清算銀行巴塞爾協議（Basel Accord）與相關公報為原則，將風險管控列入金融相關法規內。由於金融機構經營之本質便是由風險承擔中獲得報酬，因此近年之整合性風險管理架構受到明顯的重視。

一、金融業風險管理之概念

1.定義

風險管理是決策者在風險與報酬中，做出適當取捨的過程。其目標為：

(1)認定與衡量公司所承受之風險與所預期報酬。

(2)隨時衡量與監控所承受之風險，並分析是否與原有之預期風險相符。

(3)控制風險，並迅速採取改善措施，使風險不致擴大。

2.風險種類

金融業之風險種類大致包括下列數項：

(1)信用風險

係指交易對手無法如期償還債務之風險，包括違約、信用額度下降、債信等級下降等，這是金融業最常見的風險種類。

(2)流動性風險

係指金融業因其他事項（如破產、重大損失等），導致極端無流動

性可能性。這可由發生大量異常提領等事項觀察到。

(3)市場風險

係指清算期間，以市價結算對投資組合價值產生負面影響的風險評估。市場風險主要係衡量市場主要變故（如利率、匯率、股價指數等）之變動性。

(4)利率風險

係指因利率波動導致盈餘下降之風險。造成的原因包括參考指標利率波動幅度不一等。

(5)營運風險

係指資訊系統或內部控管不當，而造成非預期性風險。

(6)作業風險

①技術性風險

包括交易過程記錄錯誤、資訊系統不足、缺乏衡量風險的適當工具、交割清算風險與運送風險。

②組織風險

包括決策過程中未包括風險管理原則、產生風險部門未設定風險監控、限額等。

(7)法律風險

係指契約不具法律強制性，或契約未依法正確簽訂而產生之風險。

3.風險管理在金融業之功能

風險管理在金融業上扮演重要的角色，常見的功能包括下列項目：

(1)發展競爭優勢。

(2)評估風險與償債能力。

(3)策略規劃之利器：較能掌握未來獲利的可能變化。

(4)管理投資組合。

(5)成為決策輔助之依據。

(6)建立良好風險控管制度。

(7)協助定價決策之制定。

4.金融業風險管理之錯誤觀念

雖目前金融業了解風險管理的重要性，但是常受限於新巴塞爾協定中繁雜條文或複雜公式，以為金融業之風險管理僅限於此，但實際上並非那樣簡單。本文從實務上提出金融業在風險管理上常見的錯誤觀念。說明如下：

(1)風險管理是在金融業業務執行後才會發生

風險管理正確的作法是業務執行開始之前便必須列入考量，而且與業務執行是整合在一起而非單獨存在。例如，新金融商品之開發必須業務單位先自行評估風險，再由風險管理部門評估其合理性；尤其衍生性金融商品與資產證券化等之風險管理更應事先評估。

(2)風險管理只會提高經營成本

雖然風險管理之執行在初期確實會提高經營成本，但根據過去經驗卻能因此而獲得更佳的利益。

(3)風險管理只須滿足新巴塞爾協定即可

新巴塞爾協定確實是金融業風險管理最重要的依據，但是新協定之規範仍偏重在技術層次，而且許多細節仍具相當的彈性。然而監理審查程序、公司治理與內部控制機制等均是風險管理中重要的一環，金融業者不可加以忽視。

(4)風險管理最重要的部分是購置或選擇一套最先進的系統

風險管理系統之建置是非常重要的工作，但是如何將過去書面資料

與數字轉為文件、分析哪些文件是必要的資料,進而建立一套有用的資料庫,這才是最根本的工作,其中牽涉許多專業人才,他們並不易找到。另外,例如 ABC 成本分析法之運用、風險管理制度之建置均是最關鍵的工作,系統建置必須有前述的工作才能真正發揮功效。

⑸風險管理人員最重要的就是具有風險管理專業知識

風險管理人員不僅必須具備風險管理知識,他必須能真正在內部進行有效溝通,例如,與前台人員的歧見折衝、內控人員替代互補、經營階層與最高領導人之間資訊之傳遞、與主管機關之互動等。所以其溝通協調能力的重要性不應低於專業知識。

5.金融業風險管理之影響因素

金融業風險管理之影響因素包括外在因素與內在因素,說明如下:

⑴外在因素

①經濟因素的改變

任何金融機構在面對經濟情勢變化時,其所採之風險管理的作法也必須進行某些調整。

②競爭因素

因競爭因素造成獲利狀況改變,則可能會調整對顧客的期待與選擇。例如,競爭者降低貸款利率,必會引起業者採取某些措施,此時風險管理可能也會隨之調整。

③法律/監理上之改變

政府金融相關法律修正或新訂,金融業者必須因業務方式之調整而修正其風險管理的作法。例如,跨業經營政策的開放,業者在風險上所面臨的問題將會更為複雜,因此風險管理作法也會有所修正。

⑵內在因素

①新金融商品之創造或舊金融商品之修正。

②新技術、新通路及新作業流程之使用。

③經由組織再造、產業間或產業內併購等所引起的組織或領導權的改變。

④維持公司現有市場地位與發動攻勢進入新市場的新策略。

6.整合性風險管理

　　所謂整合性風險管理即是將風險管理涵蓋至企業各部門的所有業務與職務區域。也就是此種架構係將風險認定、衡量、限額設定、監督與控制整合在企業的經營目標之內。總之，整合性風險管理架構係指找出過去風險管理之缺點，進而促使溝通方式、分析方法及方法論等之改良，提供經營者更客觀的決策資訊，以提高企業競爭力。

⑴關鍵因素

①企業應建立正確的風險文化。

②建立共同的風險定義，即是每個人了解的風險語言是一致的。

③建置標準化的風險評估方式。

④將風險管理整合至主要業務流程。

⑤策略訂定、績效衡量、激勵獎金與資本管理架構存在合理、健全的聯繫關係。

⑥建立跨部門風險討論的組織架構。

⑵有效執行之條件

①必須具備正確與一致性的資料來源。

②業務部門應認知到風險管理是本身的責任。

③運用適當的分析工具與方法論。

④整合企業內部各項資訊系統，並加以分析與揭露所需資訊。

⑤必須全員參與。

⑥實施設計完善的教育訓練計畫。

⑦即時由上而下傳達風險容忍度，並且由下而上揭露可能風險。

二、新巴塞爾協定（Basel II）

新巴塞爾協定是金融業在風險管理上必須遵循的國際規範，該協定預定 2006 年底正式實施。其規範金融機構信用風險之資本計提，可依風險管理能力，選擇採用標準法或內部評等法。目前金融業者大部分以資本計提多寡之變化作為考量，而忽略內部評等法的主要內涵是風險管理。

1. 新巴塞爾協定之精神

金融業者的所有營運活動均與風險有關，如何辨識風險、衡量風險、管理風險，並透過風險管理系統之評估計提適足資本，維持安全穩健的經營，這是新巴塞爾協定的基本精神。其內容係在透過不同風險權數之指定或計算，使金融機構各種信用活動或資產風險產生連結，進而依風險權數調整為風險性資產，再以最低資本適足比率（8%），計提最低資本。

2. 資本計提之種類

⑴標準法

標準法係以交易對手之外部信用評等結果區分風險等級，再依等級對應所適用之風險權數。例如，企業型授信之評等與對應之風險權數區分為 AAA 至 AA －為 20%、A ＋至 A －為 50%、BBB ＋至 BB －為 100%、BBB －以下為 150%等四類。對未評等之交易對手則適用統一風險權數，如企業為 100%、零售型授信為 75%、自用住宅貸款為 35%等。不過，標準法對信用風險之區隔與認定仍顯不足。

⑵內部評等法

內部評等法風險權數之計算，須依據借款戶之違約機率與該項交易

於違約後可能之違約損失率而定，將兩者數值代入內部評等法規定之公式計算；最後，將風險權數再乘上違約時可能之暴險額，即可計算出風險性資產。內部評等法係在鼓勵金融業建立健全之信用風險評估系統，並將該系統落實於授信准駁、風險訂價、額度控管等授信業務，並加強公司治理與監督，最後才會反應在適足資本的計提。

(3)兩者之比較

若以資本計提角度來看，內部評等法計算之風險權數與標準法相較，風險較低之客戶其風險權數較低（即是較有利於客戶）。相對而言，採標準法之金融業，其承作高風險業務相對可享有資本計提之優勢；但可能因此增加金融業者之資產品質惡化。因此在風險管理上，內部評等法更具優勢。

(4)採用內部評等法之優勢

內部評等法之風險管理系統導入金融業經營後，將有利於強化本身之競爭力，包括，

①反應市場變化

透過風險控管流程產生之決策資訊，將有助於決策者迅速及全面了解各部門所承受之風險與其績效，精確調整營運方向與目標。

②風險評估與定位

評估經營之損益與效益時，若能加入風險因素之考量，將有助於提高資本效能。

③績效管理

內部評等法將促使金融業更重視長期性風險基礎報酬。

④穩健安全的經營

較佳的風險管理較能因應外在環境之變遷及突發性的衝擊。

⑤銀行評等與形象

內部評等法有助於提升金融業之信用評等，且可降低資金成本，

有利於吸收債信品質較佳的企業。

三、金融業風險管理之實務

金融業在進行風險管理時，其實務面在運作的方式與其他產業並沒有太大的不同，主要應注意的是金融業之產業特性與其他產業有很大不同，故在進行風險管理時，應依其特性選擇不同之風險因子。至於上級長官對風險管理之承諾、各級同仁對風險管理之敏感度等風險管理之成功要素則與其他產業相同。

1. 金融業風險管理架構

金融業之風險管理架構基本上應包括風險管理內外在環境之分析、風險辨識、風險分析、風險評量、風險處理、監督與審查、溝通與協商等工作項目。基本上之概念仍是運用 PDCA（Plan→Do→Check→Action）管理循環模式。

⑴風險管理架構

①風險管理內外在環境之分析

　　a.建立內外在環境影響因素。

　　b.風險管理架構。

　　c.發展風險評量標準。

　　d.定義風險分析對象。

②風險辨識

　　運用什麼、為何、何處、何時、何人等概念進行風險辨識。

③風險分析

　　a.確認既有控制機制。

　　b.找出可能之發生機率。

　　c.評估風險等級。

　　d.找出事件的影響。

④風險評量

進行風險評量後，與風險評量標準比較，進行排定風險之優先順
序。

⑤風險處理

風險管理係在於事前找到風險來源，並設法加以防範，避免事件
發生時，造成無可挽救的機會，金融業在此部分更應加小心防
範。在事件發生後如何加以處理，當然亦是必須面對的問題，包
括以下作法：

a.列出可行風險對象。

b.評估風險對策。

c.選擇風險對策。

d.準備處理計畫。

e.執行處理計畫。

⑥監督與審查

金融業進行風險管理時，在每一個階段均必須進行監督與審查的
工作，即使是完成風險處理工作後，亦須再次確認相關的作法，
並作為未來防範相同錯誤的發生。

⑦溝通與協調

金融業的風險管理活動，不論那一個階層均應多加溝通與協調，
使得每一個人在風險管理的作為，轉化成為公司內所有人的習
慣。

⑵風險管理目標之設定

金融業者在面對各種內外在風險因子時，應以公司中長期營運計畫
為基礎，建立內部各單位及各階層一致性的風險管理目標，且盡可能予
以量化。

金融業者訂定目標時係為了有效預防及處理各項風險，並藉此找到

業者對風險容忍的程度，並排定應改善之高風險的作為，以達到降低業者營運風險之目的。

業者管理階層應定期開會制定目標，並排定優先順序。一般而言，常見之目標種類包括降低風險等級、增加業者風險管理之能力、消除或降低危機事件發生之頻率、改善公司治理之成效。

在建立及審查風險管理目標時，業者應考量法令及金融業經營上特性、營運計畫之可能風險、財務、業務、作業等之要求，甚至有時也必須考慮利害關係人的看法。常見的量化指標包括突發事件的件數、危機事件的件數、用於風險管理的預算金額、風險等級的降低、作業不符合之比率。

從過去經驗中，無法達成目標的影響因素包括風險管理未明訂評估工具、員工未了解風險管理基本職責、風險管理執行團隊解散或延宕、員工無多餘時間投入相關工作、風險管理目標設定錯誤等。

2.金融業風險管理規劃

⑴風險管理規劃之原則

金融業在金融海嘯後，對風險管理規劃的工作更加重視，一般應注意下列原則：

①應先了解內部需求與控制可能產生之風險。

②客觀的採取分析並進行決策。

③正確分辨威脅與機會。

④有效運用及分配風險管理的資源。

⑤應確認風險之不確定性。

⑥依影響程度決定風險處理之優先順序。

⑦預防危機事件之發生。

⑧應有回饋及持續改善之風險管理機制。

⑨風險管理應設法加以量化。

(2)**風險管理之內外在環境之分析**

金融業應就本身風險管理所處之內外在環境加以分析，也就是找出金融業之機會、威脅、優點、缺點。其目的在於使業者能在企業目標與策略下執行風險管理；並透過企業本身的營運策略或目標找到關鍵因素，以協助決定風險被接受的程度及風險對策之選擇。

(3)**風險管理步驟之建立**

金融業者執行風險管理步驟時，應將本身之需求與資源加以考量，才能依下列步驟推動，以求得成本、利益、與機會三者之平衡：

①針對活動或計畫加以定義，並訂定其目標。

②應界定活動或計畫的時間與空間範圍。

③明確訂定必要的分析及其範圍、目標與所需之資源。例如風險的來源可能包括經濟環境、人員行為、政治環境、自然環境、科技、法律、管理活動及控制能力等。

④界定風險管理活動的範圍及內容。

⑤確認各單位在風險管理中之角色與責任。

⑥找出風險管理與企業各項計畫的關聯性。

(4)**風險評估標準之訂定**

風險評估標準可依據法律、社會、技術、道德、財務及其他的標準，決定風險的可接受度及風險對策。金融業者在訂定風險管理之標準時，至少須考量下列因素：

①如何界定風險標準之可能性？

②如何判定風險等級？

③哪些等級之風險是可以接受？

④可能性及後果的時間序列如何排定？

⑤哪些等級之風險需要加以處理？

⑥多重風險之組合及非例行性業務之風險是否應列入考量之範圍。

(5)風險分析對象之定義

那些風險對象必須加以分析,這是風險辨識及分析風險的基本工作之一,因此金融業者必須根據風險本質及活動或計畫的範圍來選擇對象。例如風險管理目標與營運策略之關聯性如何、與營運計畫之關聯性又為何等。

(6)溝通與協調

金融業之風險管理工作應非常重視溝通與協調,尤其初期與內外部利害關係人的溝通與協調更值得注意。此項工作包括風險本身(如發行信用卡)、後果(如信用卡無法繳款)及其相關處理方法(如追償信用卡債權)。當然金融業風險管理工作在每個風險管理步驟中均相當重要,在雙方訊息交流下,可獲得很多利益。包括:

①可發展出內部溝通計畫。
②能帶來不同方面的風險評估的專業知識。
③可考量運用多種不同的風險評估方法和工具。
④有利於利害關係人的利益被加以考量與接受。
⑤有助於風險內外在環境之分析。
⑥可使風險能充分辨識。

3.金融業風險管理執行

(1)風險辨識

風險辨識之目的在於找到必須管理的風險。在擬定風險情境時,應具系統性,先從事件背景著手,並以結構化的方法執行辨識程序,以避免重大問題未被發掘。在思考時必須提出可能會發生什麼事?如何發生?為何會發生?在何處發生?何時會發生?所以金融業者應將可能發生之原因與發生之順序加以考量。

①風險辨識程序

　a.每項政策、計畫、活動或服務之風險來源為何？

　b.可能導致達成目標效率之增加或減少？

　c.可能對目標產生何種影響？

　d.可能涉及之利害關係人為何？

　e.風險發生的可能時機、原因、地點及方式為何？

　f.目前控制風險的方法為何？

　g.分析現有控制方法無法產生功能的原因，並提出改善作法。

　一般去辨識風險時，常見之風險來源包括天然災害、員工道德、契約及法令規定、景氣狀況、資產損失、科技應用、執行人力的能力、財務能力、第三者的行為等。而潛在的風險影響則包括財務、資產、服務、聲譽、法律責任與義務、人力資源、營運環境等。兩者以矩陣方式表示，即可作為風險辨識的初步作法。

②風險辨識工具

　一般用來作為風險辨識的工具包括風險清單、SWOT分析、經驗法、流程法、腦力激盪法、系統分析、系統工程等。實務上操作手法可能是多樣工具交叉使用。

③風險辨識資料來源

　潛在風險必須利用可靠的資料作為判斷的依據。在執行風險辨識時，應從金融業過去的歷史資料著手，並廣泛與各利害關係針對過去、現在與未來可能衍生之問題進行討論。其作法如其他國家或臺灣在金融風險上之經驗、SWOT分析、個人或公司過去經驗等。

⑵風險分析

　風險分析的目的係將可接受風險與主要風險加以區分，並提供風險評量與風險對策所需之資料。風險分析至少包括風險的結果及這些結果

發生的機率為何。

①**列出現有的控制方法**

將現有控制風險的方法、技術及程序加以探討，分析是否符合可能發生風險分析的需要。

②**影響程度與發生機率**

金融業者應在現有之控制方法下，評估事件的影響程度與事件發生的機率，將兩者結合即是風險等級。

③**分析的種類**

風險分析會隨著得到之資訊與數據而有所不同，一般包括定性分析、定量分析、半定量分析或綜合三者的分析。

定性分析係使用文字形式或敘述性的分類等級來描述可能的影響程度及發生的機率；影響程序的表現方式例如非常嚴重、嚴重、輕微，而發生機率的表達方式例如確定、可能、不可能等。定量分析則以實際的數據來描述影響及機率，而其使用之數據來自不同來源，如過去的經濟數據、金融數據、產業資訊、文獻、市場研究資料等。半定量分析則是會以數據表示定性分析等級，但其數據並不代表實際的影響程度及機率，例如在大部分的情況下會發生者係可能界定其發生機率為 60%～100%（可依各風險事件規範）；半定量分析使用時應注意數據之使用可能無法適用當地表達與風險之間的關聯性，而造成不一致的結果。

(3)**風險評量**

風險評量之作法在於將風險分析中所決定之風險等級與先前所訂定的風險標準進行比較（必須具有相同基準）。

風險評量最終則為挑選出一些必須進一步優先處理的風險。一般金融業者在決策時應以較寬廣範圍去思考風險，甚至有時必須將業者外圍企業或組織所可能造成之風險均列入考量。

⑷**風險處理**

風險處理係指找出處理風險的可能方法，評估這些方法，進而準備風險對策計畫，最後執行各項風險對策。

①**列出可行的風險對策**

常用之對策包括避免風險、降低發生的機率（如稽查及遵守計畫、管理及標準化、測試、監督等）、降低影響與衝擊（如合約的要求、控制人為舞弊、公眾關係等）、風險轉嫁（如契約的簽訂、保險、共同投資等）、保有風險（如處理風險時所需之經費來源與支應方式）。

降低風險的影響及發生機率即是風險控制，它包括找出較現行更為有效的控制方法，且可帶來相對利益。

②**評估風險對策**

風險對策之評估係先列出可行的風險對策（如降低發生機率、降低影響、全部或部分轉嫁、規避）、接下來進行評估並選擇風險對策（思考的問題包括：考慮可行性、成本及利益；列出可行的風險對策、選擇風險對策、準備處理計畫）、第三步驟則為準備處理計畫（包括降低發生機率、降低影響、全部或部分轉嫁、規避），最後將採取執行處理計畫。

通常一個風險對策不一定可以完全解決一個特定問題，實務上，業者可能必須結合數個對策，才能達到降低風險等等之目標，例如發行現金卡時所面對之風險，所採用之風險對策可能包括加強申請人之道德及償債能力之評估、提高貸款利率、甚至加強提高償債能力等。

③**準備處理計畫**

業者應明定風險處理計畫，以執行所選擇的對策，其內容可含責任、工作表、資源分配、預算分配、預期結果、績效評量及檢討

工作。另外,在風險處理計畫也須包括績效標準、個人責任,及其他相關目標,以作為評估執行的依據。

④**執行處理計畫**

通常風險處理計畫之執行係由最能掌控風險的人來負責最為合宜,且必須確定責任之分配。若執行計畫後仍有風險殘留,則應決定保有該風險或重複風險對策之步驟,再次進行評估。

(4)**風險管理監督**

業者在進行監督風險及控制方法時,必須將環境不斷變遷的因素加以考量,以確保風險管理能有效執行,至少包括下列作法:

①定期評估風險管理計畫的執行進度。

②定期評估風險管理架構、計畫等是否符合業者內外在環境之需要。

③風險報告須包括管理計畫之進度。

④應確保風險控管的有效性。

(5)**風險管理改善**

金融業者必須依據風險管理審查結果、情勢改變、及持續改善之承諾,修正原有風險管理政策、計畫、目標等之需求。改善作法至少召開管理審查會議、確定應改善事項、評估不符原因、決定應採取之措施、及應用控管機制。而進一步預防作法則包括使用適當資訊來源(如稽核結果、消費者抱怨處理等)、決定執行預防措施的步驟、應用各項管制工具、記錄預防措施的執行情形、將改善作法及預防作法的相關資訊提供高層主管審查之用。

第五節　金融海嘯

一、金融海嘯

1. 金融海嘯形成背景

(1)美國民眾之生活習慣

美國大部分民眾向來以貸款舉債生活，能力較佳者，則大量使用貸款方式提高其生活品質。而能力不佳，如收入不穩定或沒有工作者，依靠救濟金生活，故其信用評等不佳，這些人即是所謂之次級貸款者。

(2)金融海嘯之源頭

2001 年 911 事件後，美國房地產大跌，銀行頭寸浮濫，利率持續下降，房仲業者及貸款公司為提高業績，提出零首付，付息不還本，任何人只要申請即可借到錢購買房屋。因此他們鼓勵無能力者提出貸款，以便在房價從谷底回升後，可獲得房屋價差；由於這些次級貸款者不用自備款即可購買房屋，此即是次級房貸之由來。

2. 金融海嘯之形成原因與發展過程

(1)第一階段

貸款公司基於業務突增，為降低風險，故結合大型投資銀行（如美林、高盛、摩根史坦利等公司），將產品重新包裝，推出新的衍生性金融產品「債務抵押債券」（Collateralized Debt Obligation, CDO），以達到分擔房貸風險之目的。但因市場反應不強，故又與避險基金合作，透過避險基金向日本等低利率國家借款，大量買進 CDO 債券，利差在 10%，故獲利甚高。

美國在 911 事件後，房價從谷底逐步回升，數年間上漲一、兩倍，因此所有參與者（包括購屋者、貸款公司、投資銀行、一般銀行、避險基金等）均大獲其利。唯投資銀行原認為風險過高，才透過避險基金運作，但由於最大獲利者之避險基金獲利太多，故投資銀行又想多賺取利差，進一步又轉向直接購買避險基金。在此情況下，避險基金另設計一個新衍生性金融產品「信用違約交換」（Credit Default Swap, CDS），只要付出一小部分保險費，即可將風險加以轉嫁。AIG 等大型保險公司因認為 CDS 是無本生意，承保業務後便可賺錢；在雙方一拍即合的情況下，便向市場推出此新產品。最後便是全球各國的退休基金、教育基金、理財產品介入，世界各國銀行大量買入。

(2)第二階段

2006 年底，美國房地產開始下跌，整體產業鏈發生斷鏈，房價下跌，房貸戶付不出房貸，接著貸款公司倒閉，避險基金虧空，進而保險公司、投資銀行一併落入此陷阱，而購買基金之企業與個人也受其波及；2007 年 7 月次級房貸開始引爆，2008 年 3 月美國第五大投資銀行 Bear Seans 倒閉，由摩根大通銀行併購；接著 Fannie Mae 及 Freddie Mae 兩家最大房地產公司宣告不支，由美國聯邦政府接管。

2008 年 8 月美國政府見金融體系幾乎全面崩解，故商討解決之道；9 月 16 日放任雷曼兄弟公司破產，並促使美國銀行收購美林證券。接著全球最大保險公司 AIG 被迫進行資產重組，美國政府投入 500 億美元收購 80%股權，並限期兩年償還。全球股市由華爾街開始，全面重挫，下跌比例至少達到 30%、40%，甚至俄羅斯高達 70%以上。

二、未來全球可能面對的重大議題

1. 中國經濟成長是否能持續？

2008 年中國大陸出口首次出現 2001 年以來第一次的下降情形。由

於中國大陸成長模式係進口零組件,加工後出口;因此進口數據是中國大陸出口與經濟成長之先行指標,而 2008 年之進口衰退 10%以上。

中國大陸為避免經濟成長遲緩而影響內部安定,故不斷釋放出擴張性金融及財政政策,甚至在 2009 年 3 月提出 2 兆人民幣之振興計畫。未來中國大陸經濟成長是否會低於 8%,主要除必須觀察美國市場的復甦力道外,更重要必須看中國大陸的內需力量能否因政策刺激而適度擴張。

2.亞洲國家可能成為全球經濟最後一道防線?

亞洲國家現有狀況是具高額外匯存底、受傷較輕之金融體系、金融槓桿有限等條件,因此許多國家在金融或經濟發展之相對受傷較輕。

由於亞洲地區內之相互貿易雖高達 50%以上,惟大都以進口零組件或原材料為之,但最主要的最終市場如美國、歐盟受創嚴重時,則其經濟成長亦受到影響。因此亞洲國家在這一波經濟風暴中能否成為支撐全球經濟的力量仍須觀察亞洲國家各國內需市場的擴張與能量外,另外亦應進一步觀察歐美日等國受創的情形。

3.全球通貨緊縮是否會發生?

由於企業面臨通貨緊縮時,其營收勢必下降,同時也會運用削減成本之方式,以維持獲利率,進而對勞工帶來所得降低的衝擊,甚至出現失業情形。

截至目前為止,美國聯準會認為美國發生通貨緊縮機率不高;而信用評等公司 Moody's 卻認為臺灣、日本、中國最可能發生通貨緊縮。另 OECD 認為金融市場若持續惡化,可能會出現通貨緊縮的現象。

全球通貨緊縮未來期間發生機率應相對較低,因為各國政府均大量以擴張性財政政策在維持其國內內需市場,除非是更嚴重的經濟風暴發生,如美國信用卡負債問題突然大增,再次衝擊金融業,甚至降低製造業之生產。

4.石油價格走向？

2008 年預測油價上漲至每桶 200 美元的高盛分析師 Arjun Muti 預估 2009 年上半年每桶油價平均為 35 美元。而 OPEC 則認為國際油價在 70～80 美元間為合理價格。

油價之高低與預期心理因素、外在政治因素（如中東問題、蘇俄、委內瑞拉等）、各國能源政策（如美國未來數年將主推綠能產業政策）、未來能源技術等密切相關，未來受不同因素影響之下，隨時可能會上下波動，難以精準推估。

5.突破性替代能源是否出現？

京都議定書即將在 2012 年到期，因此各國必須在 2009 年底前達成 2012 年至 2016 年全球溫室效應氣體排放之規範。這是全球各國政府不得不面對之難題。

國際能源總署認為 2030 年，地球氣溫不上升超過攝氏 3 度，則低碳能源（含水力、風力等再生能源與可儲存碳的新發電技術）佔全球能源比率必須提高至 26%，這代表全球將投入 4 兆 1 仟億美元在低碳能源和替代能源技術之發展。

美國總統歐巴馬最重要政策之一係其能源政策，即是代表未來將全力發展替代能源。從歐巴馬任命朱棣文（諾貝爾獎得主）擔任能源部長，與賀準（全球研究能源與氣候變遷首屈一指的科學家）擔任總統科技助理、白宮科技政策辦公室主任、美國總統科技顧問會議共同主席等。兩項人事安排，便可推估未來數年內美國政府將投入龐大的資源在綠能技術的發展。

相對來說，過去由於世界主要產油國及石油公司的作法，加上美國石油政策，使得突破性能源技術相對少見，未來若在美國等先進國家之帶領下，突破性能源的產生應是可能的。

6. **貿易保護主義是否再度興起？**

由於各國出口一再受挫，日本在 2009 年 1 月之出口降至近年來新低。其實各國為了國內的經濟問題，均提出相類似的貿易保護作法，例如美國總統歐巴馬曾在經濟振興方案中要求投資者購買美國國貨，而歐盟報告中直指美國已有 30 個州制定「購買美國貨」法案；在目前經濟困境與牽涉各國內政（如就業等）問題時，要求各國政府放棄貿易保護，而持續維護全球貿易自由化是一項高難度的作為。

貿易自由化雖是近年來全球力推的工作，從 GATT 到 WTO 的作為可看出，但是由於各國複雜的內政問題下，再加上金融風暴所引發的經濟衰退，更造成各國政府的退縮，所以未來幾年最可能的趨勢是一步一步推動，而且是緩慢的。

7. **大政府時代是否再度出現？**

此波金融風暴及經濟衰退，影響各國人民的生計，故各國政府幾乎無不盡全力投入挽救該國金融制度與運作，甚至受傷嚴重的產業也由政府直接介入接收。以美國為例，例如AIG被美國收購80%的股權，而花旗銀行亦已逐步由美國政府介入其中，甚至美國股市曾一再疑慮花旗銀行可能國有化而重挫。美國三大車廠因涉及就業人數達到 200 萬人以上，亦由美國政府予以資金之援助；另外包括大多數的先進國家與新興工業國家均全力以赴，以各種貨幣政策（如降低利率及匯率貶值）與財政政策（如擴大政府公共建設支出及減稅等），設法降低此次衰退的衝擊。

未來大政府時代是否真的會全面來臨呢？可能短期之內，由於民眾想要過較好的生活，可能會容許各國政府所謂大政府的作為存在，但是經濟回復至一定程度後，民主制度的國家中，又會有一股勢力要求政府不應過度干預市場機制。甚至原有國有化之企業也會在營運績效的要求下，再度走向民營化的方向，這可能因各國國情不同而會有不同的影

響。不過政府加強對金融業與企業的管理可能會更趨於嚴格，例如衍生性金融商品的出售可能會受較嚴格的規範；另外如公司治理的部分，各國政府亦將更為重視，也就是相對要求企業在經營上重視社會責任與經營道德，以減少因企業不當營運作為而損及民眾的權益。

8.私營企業是否大量成為國營化？

1980 年代以來，全球各國陸續推動國營事業民營化，然而 2008 年之金融海嘯下，許多大型金融機構及企業出現重大經營危機，尤其美國一些世界著名的金融機構在大量負債下，為防止金融業風險持續上升，並重建民眾對金融體制之信心，美國政府不得不介入其中，而成為企業的大股東，甚至將該企業國營化。未來這些資金之退場機制為何？其營運是否由國家主導？此項趨勢將持續多久？對國際金融市場又有哪些影響，均待進一步觀察。

9.政府是否更進一步介入自由市場經濟？

在金融海嘯來襲時，各國政府採取各種違背自由市場經濟的作法，例如禁止股市放空、停止股市交易等。而匯率、利率等政策亦非依市場機制在運作，而常為達成某種政策目的而加以控制，例如各國利率幾乎已處於流動性陷阱的狀況下，各國政府仍企圖調降利率以達到促進投資或促使存款戶加大對股市、房市等投資之目的；此皆不符合人性，最終最大受害者仍是一般民眾；甚至各國政府大量印製紙鈔，以購買發行過多之公債。各國皆出現各種不利於資本市場、金融市場的作法，未來可能必須花費更多的時間修正這段時間所造成之錯誤。

10.各國是否加強管制金融業及企業？

由於此波金融海嘯確實是源自美國政府對金融體制之管制過於鬆散，以致「華爾街」在貪婪與缺乏紀律下，運用高度財務槓桿操作，使得全球金融市場頻臨破產的狀況。因此各國都希望全球金融業者應發展

出一套全球統一的規範與管制。不過此種違反自由市場及資本主義的作法是否應適當的節制？否則反不利於自由市場經濟的發展。當然公司治理及金融道德與規範亦必須加強，以修正過去 20 年偏失的作為。

11.公平分配之重要性是否應高於成長？

美國總統歐巴馬提出富人增稅，窮人減稅之政策；另歐巴馬亦提案終止 2010 年撤銷遺產稅的法律，及對列舉扣除額加以設限，如房貸利息、投資支出的扣抵比率、慈善捐贈等，也就是一場財富重分配將正式展開。同時各國政府開始嚴格查緝避稅天堂，甚至美國政府迫使瑞士銀行在 2009 年 2 月與美國達成延遲訴訟協議，並支付 7 億 8 仟萬美元罰金，且披露約 250 個帳戶的客戶資料。

2009 年 4 月 2 日 G20 會議中，亦將提出「避稅天堂」黑名單問題，而法國、德國等國也主張懲罰避稅天堂。從這些國家之作法，可看出許多國家在思索資本主義之弊端，進而注意社會公平；即是未來有一段期間在各國將會呈現出社會公平所具之重要性，將在全球各國超越經濟成長。

12.難以預測之年代？

雷曼兄弟投資銀行倒閉，而房利美（Fannie Mae）、房地美（Freddie Mac）、美林、花旗、AIG 等公司受到重大危機；這些企業在過去從來沒有人認為它們在經營上會面臨可能倒閉的危機，而今卻被民眾擔心存款或保單不保，均須依賴政府出面協助解決債務問題。

美國經濟衰退，為何美元卻升值？從 2002 年起美元持續貶值，至 2008 年 3 月初，美元與各主要貨幣之匯率已創下 35 年來新低。外界認為美元會持續探底，但 2008 年 3 月中卻開始反彈，至 2008 年 11 月 7 日美元兌換各主要貨幣之加權匯價指數已創下 2006 年 4 月以來之最高水準，8 個月升值 15%。其因主要為美國發行許多政府公債，為中國大陸、日本等國家持有；再加上外匯存底高的國家如中國大陸、日本、臺灣等

大都以美元型態持有,因此一旦美元持續重挫,這些國家受傷將更為嚴重,甚至會影響其國內經濟發展。包括上述因素在內的複雜世界政經局勢,使得美元在美國經濟惡化之下,竟會止跌回升,甚至短期間達到15%。

黑天鵝效應(The Black Swan)由塔雷伯(Nassin Nicholas Taleb)提出:即是過去人們認為天鵝只有白色,不可能出現黑天鵝,但現實中卻突然冒出一隻黑天鵝。此效應係指人們經常會依照過去經驗,對於影響力大但卻極少見的事件視而不見;因其發生機率很低,因此通常人們常認為不可能發生。而黑天鵝效應之存在,則充分顛覆人們習慣性的思維模式。因為人們只會以過去發生多次之事件,認為某事件確實存在;而未發生事件,則是不可能產生。例如2008年油價走勢上下變化極大,就像一隻黑天鵝,幾乎全面否定專家依據過去經驗(白天鶴)推測未來現象的方法或作法。

黑天鵝重大事件之來臨,事前幾乎無人可以查覺到。因此塔雷伯認為既然黑天鵝事件無法預測,我們則必須適應這事件的存在,而無須過度天真運用各種手法企圖進行相關預測。而且他認為世界既然無法預測,一般人的作法應是不要受到過去慣性思考模式的限制,而是採取開放心胸的方式去看待各種其他可能性。從鐵達尼號沉沒、金融海嘯、油價漲跌、歐巴馬的勝選、美元升貶等許多的事件看出黑天鵝效應普遍存在於世界上。

個案 3-1　2003 年金融業業務之爭奪戰

自從金控公司陸續成立後,臺灣金融業進入激烈的肉搏戰,不論是外商銀行或本國銀行均上緊發條應戰。花旗銀行在 2003 年初因臺灣區總裁陳聖德離職,引發一連串的重要幹部的離職風潮,包括財務部、企業金融、總台作業等、風險控管等部門近二十位一、二級主管。雖然短期之內花旗銀行受到衝擊,但是由於銀行具有豐富的經驗,且在全球市

場上具優先領導地位（包括完整的通路系統、創新產品不斷推出、具國際經驗人才等），因此它仍可能維持臺灣外商銀的領導地位。

臺灣銀行是臺灣本土金融業之龍頭，但是近年來的金融環境變化很大，利率又不斷下滑，以致於臺銀的業績下滑衰退。這不僅只是對政府的放款業務（臺銀最大業務來源之一），同時包括外匯業務。因此臺銀總經理為保持龍頭銀行的地位，要求臺銀員工應發揮三項處事原則、四大業務發展策略。李勝彥認為臺灣金融市場面臨兩大挑戰：第一，是金控公司的成立，造成金融市場版圖的重新劃分；第二，是金融專業人才的不足，造成專業人才的爭奪，如何培育金融專業人才是關鍵工作。李勝彥要求其同仁應做到三個原則：第一，對臺銀多付出一份心；第二，應堅守崗位，完成份內工作；第三，應具創新精神。另外其四大業務發展策略，包括加強消費金融與企業金融、推展外匯業務、加強財務投資操作、提升電子金融的競爭力。臺銀在上述的策略與組織文化再造的推動下，是否能重振昔日地位，這恐仍須進一步觀察。

由於開發、復華、日盛等以直接金融為起家的金控公司受到 2000 年以來的經濟衰退，以致於在 2003 年第一季的獲利情形不佳，其程度遠超過銀行或壽險公司起家的金控公司。上述這類以工銀、證券起家的金控公司紛紛調整其策略，包括分散獲利來源與風險、拓展資本利得、存放利差、手續費與佣金收入等。日盛金控因股市表現不佳，故獲利大幅縮水，因此該公司希望朝向資產理財、資產證券化等方向轉型。例如，日盛金控公司以日盛證券為客戶研發量身訂做的金融商品，強調組合性、高附加價值；並透過銀行通路廣的特性，設法強化銷售基金與保險代理功能，以提高銀行手續功能。而復華金控則將重點業務重點定位在「法人財務規劃」與「個人理財服務」。

問題：

1.臺灣銀行是臺灣最大銀行，且又是公營金融機構，其許多服務對

象本就是政府機構，所以未來欲發展企業金融與消費金融，提振其經營績效；同時欲改變其企業文化，以加強對客戶之服務。請問以個案中臺銀總經理所提出的三項處事原則與四大業務發展策略而言，其有效推動的可能性有多大？其理由為何？另外以臺灣的組織環境，是否真的能有效進行企業文化再造？若您是一位管理顧問師，將會提出哪些建議？

2. 2004 年 6 月花旗銀行與富邦金控終止雙方的合作關係，造成富邦金控股價當日跌停板作收，請您以一位顧問的角色來看，富邦金控在與花旗銀行終止合作是否真得像股市反應的情形悲觀？請提出理由。同時您會建議富邦金控採取哪些因應措施以彌補所產生的危機？

資料來源： 1. 游育蓁，〈主帥落跑亂陣腳、花旗步步為營〉，工商時報，2003年 3 月 16 日。

2. 張明暉，〈寶座鬆動臉面掛不住、臺銀上緊發條應戰〉，工商時報，2003 年 3 月 16 日。

3. 劉佩修、王相和，〈鬥不過對手、想辦法突圍而出〉，工商時報，2003 年 5 月 11 日。

個案 3-2　拒絕躋身金控的金融機構

金控公司至今已成立十四家，才短短的一、兩年期間已不斷傳出併購案，此時卻有部分的金融機構採取不同的作法，反而採取產業控股的作法，這些包括臺壽保、遠東商銀、安泰銀行。

安泰銀行因自認目前關係企業各自經營狀況穩定，且彼此之間也有合作，再加上財政部也針對非金控公司的交叉銷售辦法已正式推出；因此，基於不組成金控亦能有交叉銷售的好處，何必一定要組成金控公司，反而將問題更加複雜。尤其董事長林堉璘認為金控公司設立的目的主要在於交叉銷售，而安泰銀行與宏泰人壽的合作便可達到目的。目前

整個關係企業集團的高層已認為宏泰集團已有虛擬的產業控股雛型，集團內的共同合作若能順利進行，則其成效不見得低於金控公司的運作。

亞東集團產業體系綿密，橫跨水泥、百貨、電信、紡織、金融等專業領域，以金融事業而言，已包括遠東銀行、大中票券、亞東證券。目前從其集團的發展策略，應是偏向以產業控股為方向。其集團總裁徐旭東係將遠東銀行定位為「亞東集團金融業以遠東銀行為重心」，同時提供集團周邊廠商所需金融服務的角色，即是產業控股模式的建構。遠東銀行發言人陳國聯表示，遠東銀行為兩岸三地集團周邊廠商所需之金融服務。徐旭東以遠東 New Century 信用卡為例，即是集團資源整合的最佳例證。尤其遠東集團中下游周邊廠商甚多，透過遠東銀行的金融服務，將可達成更高的金融服務效率，例如，遠東銀行投入 C 計畫（電子化金融系統），即是在提供更廣大的服務。

另外臺灣人壽亦是走向產業控股的型態，包括金融、營造、科技產業。可見上述三家業者在金控公司趨勢之下，開闢另一種經營型態。

問題：

1. 在未轉型成為金控公司的企業集團中，最大特色均是以轉型為產業控股公司為發展方向，然而集團內的企業之依存性相對加大。請您以一位財務長的身分提出，產業控股公司之推動時，企業集團應注意哪些風險存在？在風險管理上除了金融業應注意的風險管理外，亦須注意集團內產業間的風險管理，請問您會提醒企業集團的 CEO 注意哪些問題？

2. 遠東集團以遠東銀行作為其上中下游周邊業者為服務對象，而不以遠東集團內部的其他企業為服務主軸；同時只在信用卡之服務上與企業集團的其他成員有更多的合作而已。請問您認為遠東集團之產業控股公司的成功可能性如何？請說明其理由。

資料來源：張慧雯、彭禎伶，〈拒絕躋身金控的金融機構〉，工商時報，2003
　　　年 12 月 6 日。

個案 3-3　金控發展保險，合作取代併購

　　玉山金控董事長黃永仁在 2004 年 2 月指出，玉山金控將與英商保
誠集團共同研發投資型保單，作為雙方第一階段的銀行保險合作品項。
同時，玉山金控已籌組團隊至英國學習網路銀行、衍生性金融商品的專
業知識，以搶攻財富管理龐大的商機。

　　臺灣地區金控公司陸續成立後，銀行、保險、證券儼然成為各金控
公司欲備齊的業務板塊，玉山金控則以銀行為主體，在相對弱勢的保險
領域上則與外商保險集團聯盟，以取代自組保險公司的可能風險，兆豐
金控亦採此模式。玉山金控未來亦可能透過投資銀行，與外商知名證券
集團接觸，著手選擇權、受益憑券等面向的證券研發。黃永仁指出，玉
山與保誠為長期合作關係，第一階段將以拓展國內銀行保險業務為主，
第二階段則攜手佈局大陸市場。

　　玉山金控與英商保誠集團締結策略聯盟，在引進保誠資金的同時，
因部分持股來自 ECB 與 EB 的轉換，連帶化解玉山子母公司交叉持股嚴
重的問題。由於玉山股權結構相當分散，面對國內的金融整併風潮，玉
山金控成為被敵意併購的對象，尤其是國泰金控對玉山金控的持股比例
相當高，不過國泰金控在玉山金控不斷表示反對被併購的情形下，也表
示將逐步釋出玉山金控股權。但最大原因可能是玉山金控的經理人、員
工、眷屬握有二至三成的股票，成為最穩定而踏實的力量。

　　兆豐金控其實與玉山金控的作法有雷同之處，兆豐金控總經理林宗
勇指出，兆豐金控不會輕易併購壽險公司，未來會透過保代公司，提供
銀行的通路，擴大與保險業者的合作。兆豐金控目前旗下有中銀保代與
國際通家保代公司，單單在 2003 年，透過保代公司銷售保險公司設計
之保單，高達一億二千萬元，例如，旗下的中國商銀與統一安聯人壽的

合作。

　　林宗勇表示，保險公司獲利的關鍵是在於是否能有效運用所吸收的資金，得到比較高的效益；因此只是併購一家規模較小的保險公司，但無法培養經營專業，併購壽險公司仍有風險存在。

問題：

1. 兆豐金控與玉山金控均以合作方式來發展其保險業務，在這兩家公司的想法中，認為直接併購保險公司所可能帶來之風險可能遠大於其所獲得之利益。請您以一位財務顧問的立場，針對此項決策之選擇，予以評論，並請詳述您的理由。

2. 國泰金控、富邦金控均以保險業為主軸向外擴充的發展模式，與兆豐金控以銀行為主的發展策略，在未來競爭策略可能產生哪些不同的作法，請您以一位顧問的角度予以評論。另外兆豐金控旗下的中國商銀與交通銀行均是百年老店，未來予以合併是否一定能獲得更大經營績效？（尤其在交銀正導入日本新生銀行的制度與系統之際）請試論之。

資料來源：陳怡燕、張慧雯，〈金控發展保險；合作取代併購〉，工商時報，
　　　　　2004 年 2 月 14 日。

個案 3-4　金融併購，大象不見得會跳舞

　　金融時報 2004 年 1 月 6 日報導，金融業成立「金融服務超級市場」，提供金融商品一次購足的經營模式，不保證一定成功，目前金融業的併購趨勢是堅守自己專長的領域。

　　二十一世紀初，美國通過金融服務現代化法案，為業者成立「金融服務超級市場」掃除障礙，然而短短數年期間，銀行併購的情形雖仍不斷發生，但是金融業者卻在想跨入的領域中擴大規模，而放棄表現不佳的業務，也力拒多角化。

　　2003 年全球金融業者併購的情形明顯增加，但業者卻只跨足本身專長的領域，例如，保險界的宏利（Manalife）與恆康（John Hancock）合併、旅行家保險與聖保險（St Paul）結盟。稱霸信用卡和次級貸款的花旗集團買下施樂百百貨的信用卡部門和華盛頓互惠銀行的消費金融部門。美國銀行跨洋併購英國巴克萊公司似已胎死腹中，董事長兼執行長路易斯表示，美國銀行併購券商和投資銀行沒興趣。

　　為何金融業多角化逐漸退潮，首先是「數大就是美」的立論未必成立。而且摩根史坦利公司分析研究發現，銀行業者的資產規模和報酬率之間並不存在統計上的關聯。其次，1990 年代盛行的多角化策略並未為投資人帶來太多的效益。尤其，許多狀況下，多種產品的交叉行銷成果並不令人滿意。在歐洲，多角化的結果，產生更多的問題，尤其是跨足保險領域的銀行業者，例如，英國勞伊士保險組織 2000 年收購壽險業者 Scottish-Widows，投資基金的損失和該組織 2001 年、2002 年的呆帳損失大致相同。最令人注意的是，首先脫離金融業多角化經營路線的案例，正是最容易讓人與「金融超市」概念產生聯想的花旗集團（Citigroup）。促成 1998 年旅行家集團（Travelers）和花旗銀行（Citicorp）合併成花旗集團的最大原因是更容易進行交叉行銷。但至 2003 年，花旗讓旅行家產險公司自立門戶，花旗董事長魏爾（Sandy Weill）在當時表示，合在一起的表現並不理想。

　　撤回既定策略已成為一種風潮，美林公司在 2001 年決定縮小在日本等國建立證券公司網的計畫，震驚華爾街。收購別家公司意味著自己必須為交易負起全責，但契約卻委託別人談判，在恩龍（Enron）案發生後，更使得華爾街的公司更為謹慎。

問題：

1. 全球著名的金融集團已放棄過去數年推動的「金融超市」的政策，而逐步走向堅守專長領域的作法，請問臺灣目前金控公司的

多角化併購是否在未來數年內面臨失敗的挑戰？請說明您的看法。

2.在金融超市策略逐步褪去的情形下，臺灣地區之金控公司為避免過去數年中國際知名金融業者所面臨的問題，您認為應採取哪些策略，以克服未來之障礙？

資料來源：官如玉、湯淑君編譯，〈金融併購、大象不見得會跳舞〉，經濟日報，2004 年 1 月 7 日。

個案 3-5　中信金率先構築風險管理系統

2004 年 6 月新巴塞爾協定正式通過，且國際上將於 2006 年實施。中信金控公司在董事長辜仲諒領軍下，早已在 2002 年設立風險管理委員會，投入大量資金與人力，建置風險管理機制，這是臺灣金融業者因應國際標準最快的一家金融業者。

中信金控在 2002 年下半年起，決定採用最高階的內部評等法（IRB）計算信用風險，成立信用風險小組。中信金控執行副總兼授信長許建基是此項工作的主導者，他表示這是風險衡量與管理，衡量風險後，最重要是如何運用到業務，包括產品定價、內部績效考核等。

許建基表示中信銀在舊巴塞爾協定以來，就一直放進風險管理中，根據 Risk 雜誌的調查，銀行在新協定中投入 IRB 的成本，每一千億元資產就需要五十億的投入成本，而且這還是在初期。而中信銀過去已有內部評等法的作法，只是程度上差異，未形成符合新巴塞爾協定的規範，這次只是將過去作法模型化。新協定精神並不在客戶風險評等，而是希望在經營上扮演更積極的角色，如在四、五年前，公司已利用資料倉儲，將客戶資料進行分析，以了解哪些交易行為是賺錢，哪些是不賺錢。

許建基針對組織在回應新巴塞爾協定的看法，表示風險管理單位及業務製造等風險產生單位間須獨立，而中信金控已有風險管理委員會，

因此在組織上不需要重新調整。

中信金控認為資訊技術主要的目的在資料蒐集、產生報表,因目前已有儲存架構,未來如何走向模型化的風險評估,則是中信金控所不足的。未來第一線同仁運用到業務時,如何適用系統、評分評等方法,則須透過教育訓練達成;例如,設定一些可能遇到的問題及如何解決問題的方法。

許建基表示,IT 系統建置一開始便必須全盤考量,不僅可節省費用,而且在管理客戶時因有完整資料,將更有助於找到最賺錢的客戶來源,因此未來這是內部重要的管理工具。

問題:

1. 中信金控在臺灣地區最先設置風險管理委員會,以作為未來能符合 2006 年新巴塞爾協定之協定,您認為該公司所提到資訊技術之導入在最初便必須全盤考量,以求系統建置完整的作法是否正確?請評論。

2. 新巴塞爾協定主要只是針對金融業之風險管理,做出最基本的規範,然而更重要的是風險管理並不只是運用內部評等法即可,請簡單說明金融業之整合性風險管理的基本概念。

資料來源:邱金蘭,〈中信金率先構築金控防火牆〉,經濟日報,2003 年 11月 24 日。

個案 3-6　國泰金控雙核心發展

國泰金控決定朝銀行、壽險雙核心的金控發展。國泰金控策略長李長庚指出,國泰金控雙核心發展模式是臺灣其他十三家金控無法模仿的優勢;甚至未來在大陸的發展策略也將以雙核心發展。李長庚指出,國泰金控採取雙核心策略是考量目前內外在環境後,認為此策略最適合國泰金控,原因是國泰人壽擁有二萬八千名壽險業務員,再加上世華銀行

及國泰銀行，使國泰金控擁有龐大的行銷通路。例如，信用卡發卡量中除六十餘萬者為聯名卡外，其餘一百八十餘萬張均為業務員貢獻。而國泰世華銀行也將協助國泰人壽保單貸款及相關保險商品。國外大型金控係以銀行為核心業務，而國內金融市場與國外有所不同，例如，國外保險業務以保險經紀人、代理人公司為主，因此國外不可能發展銀行與壽險雙核心的策略。

在 2003 年，世華與國泰銀行之整合行銷是國泰金控的重點工作，例如，第二代信用卡所牽涉之 IT 資訊平台整合，另外 ATM 自動提款機，可以提供國泰人壽保單貸款業務。

國泰金控的組織體系非常龐大，必須作到下情上達，上意下傳；因此內部極力塑造一個容易溝通環境，在非正式溝通管道包括董事長信箱、網路員工討論區、董事長座談會等，而正式溝通管道則有業務策進會、工作會報、CSN 衛星頻道等。一切作為都在於設法使上下之間的管道暢通。

國泰金控董事長蔡宏圖指出，國泰金控未來四大願景是整合在臺領導地位、提供整合性金融服務、跨足大陸市場及成為亞洲金融業界領導者。

問題：

1. 國泰金控自認為其銀行、保險雙核心發展策略對其本身之發展有極大助益，您是否同意其說法？請說明您的理由。

2. 近年來，國際上的金控發展走向金融百貨化的作法似有逐步衰退的趨勢，國泰金控認為銀行、保險在國外雙方整合發展並不具條件，原因是國外保險業的制度。請您評估上述說明，並述明理由。

資料來源：1. 邵朝賢，〈要讓國泰金控凌波曼舞〉，工商時報，2003 年 1 月 5 日。

2. 彭慧蕙、邵朝賢，〈整合世華銀與國泰銀、國泰金控元年第一
要務〉，工商時報，2003 年 2 月 7 日。

3. 彭禎伶，〈雙核心發展、國泰金獨家優勢〉，工商時報，2003
年 5 月 10 日。

個案 3-7　富邦金加速內部整合

　　富邦金控在 2002 年收購臺北銀行後，已成為臺灣最具競爭力的金
融集團之一。由於為加強內部整合，故雙方已成立執行委員會，協調跨
售及整合業務，除尊重客戶選擇外，也以客戶作為業績計算基礎。尤其
臺北銀行與富邦銀行係採雙品牌，但行銷策略及金融商品即將逐步整
合，金融商品一齊賣。然而富邦金控的子公司間仍不斷出傳出爭取同一
客戶的現象，不過，人們試圖透過制度建立，規避或減少互挖客戶的情
形。事實是，除富邦金控有上述情形外，其他金控多少也傳出銀行與證
券、銀行與保險互搶客戶或搶做同一業務的情形。

　　富邦金控為加速整合內部的作業，雙方已在整合執行委員會上共同
討論，並達成共識；未來富邦證券或富邦銀行的營業員，如果銷售其他
銀行產品給北銀轉介過去的客戶，業績將掛在臺北銀行名下，反之亦
然。不過有關旗下人員對轉介名單以外的客戶進行行銷，基於臺灣民眾
普遍都和多家銀行往來的情形，有時很難認定是子公司之間互挖客戶，
應否禁止仍待商討；若有必要，未來才會進一步討論研商。例如，未來
信用卡之發行，雙方都會先行協商，由其中一家銀行主導即可。

　　事實上，在 2002 年 8 月，富邦金控與臺北銀行談論合併時，決定
雙方共同組成執行委員會，下轄七個營運委員會，進行各項整合規劃，
例如，富邦銀行與臺北銀共同推出指數型信用貸款，而且也將共同販售
結合保險及信託的「小富翁理財套餐 II」。對於子公司間因跨售發生的
業績計算方式，都由子公司將問題提報到上層委員會，以協調方式解
決。

　　臺北銀行總經理丁予康表示，臺北銀行與富邦銀的客戶層免不了有重複的部分，目前兩家銀行最重要的工作是在同一作業平台之下，各自集中火力好好衝刺業務；對於重疊的客戶群，並不傾向過度銷售，但將提供更完整的金融服務。

問題：

1. 富邦金控旗下的各子公司基於業務拓展的需要，可能會相互爭奪對方客戶，因此成立一個執行委員會作為協調平台，然而實務上仍不易全部劃分清楚。請您就此問題提出一個更佳的解決方案。

2. 金控公司旗下子公司互搶客戶的情形，若是發生在旗下兩家銀行間，請問您是否會主張儘速將兩家合併為一家銀行（例如，兆豐金控下之交銀與中國商銀）？請詳述理由（討論層面應採各方位觀點）。

3. 富邦金控時在併購上有所成果，但它與外商花旗銀行則採策略聯盟方式，除了增加國際能見度、培訓國際化人才、引進風險管理外，其實也在避免增加金控內部整合的問題，然而 2004 年 6 月雙方卻又因理念不同而宣告分家。請您就此事件之發展予以評論。

資料來源：1. 李玉玲，〈金控子公司等搶客戶挖牆角〉，工商時報，2003 年 1 月 13 日。

2. 彭禎伶、洪川詠，〈雙品牌行銷出擊、交叉營運創新機〉，工商時報，2003 年 1 月 13 日。

3. 彭禎伶，〈富邦金融發展成最健全的金控〉，工商時報，2003 年 2 月 13 日。

個案 3-8　台新金創造綜效

　　台新金控是臺灣首家銀行合併的金控，其合併績效如何呢？台新金控在 2003 年 3 月 4 首次針對此問題提出說明，台新銀行合併大安銀行後，合併綜效在 2002 年有七億多元，目標達成率為 97%，台新金營運

長謝壽夫預估 2003 年之合併綜效至少在十五億元以上。謝壽夫表示兩家銀行合併後，對成本降低控制得宜，幾乎 100%達成目標。

謝壽夫指出，台新金控發展策略包括由產品導向轉為客戶導向、交叉銷售及平台資源共享創造綜效。該公司根據發展策略，列出營運管理重點，包括落實資訊管理系統制度、建立以業務為導向的銷售系統、以高報酬制度鼓勵交叉銷售、建置銷售管理系統及依據客戶風險差別定價。五大營運管理重點中，尤其以依據客戶風險差別定價為 2003 年最重要的議題。謝壽夫認為金融業未來都將面臨價格競爭與風險控管二大挑戰，以現金卡為例，雖然市場上可能會有同業採取價格戰，但台新銀行絕對會依據成本加計風險來定價，即是參考風險度的大小來計價。

台新金控 2003 年在台新票、台證證券加入金控組織後，將在財富管理、個人金融、法人金融等三大業務市場全力衝刺；而且旗下子公司對金控盈餘貢獻比重將明顯轉變。

問題：

1. 請您就台新金所提出之三大發展策略與五大營運管理重點予以評論。

2. 台新金控是臺灣十四家金控中規模較小的一家，它在營運上遭遇大型金控的夾擊，請您以策略的角度評估該金控繼續併購以擴大金控規模的有效性。若不採取併購方式，則應在策略上有哪些可操作之處？請說明之。

資料來源：*1.* 張慧雯、彭慧蕙，〈台新金創造綜效、集中火力主攻三策略〉，工商時報，2003 年 3 月 5 日。

　　　　　2. 張慧雯、彭慧蕙，〈台新銀今年合併綜效將逾 15 億元〉，工商時報，2003 年 3 月 5 日。

個案 3-9　花旗銀行與旅行家集團之合併

　　1998年10月8日花旗銀行（Citicorp）與旅行家集團（Travelers Group）完成美金七百億元的合併案，使得此合併案成為史上至今最大的公司合併案；合併後的花旗集團客戶超過一億且遍佈世界各地。1998年聯邦理事會對此合併給予兩年試用期，讓此合併案有了合法的依據。而1999年11月15日美國柯林頓總統簽署了Grammo-Leach-Bliley Act，廢除Glass-Steagall and Bank holding Acts對銀行跨業經營之限制並允許設立金融控股公司。

　　花旗集團在合併後將朝三大方向進行整合，第一，是產品互補、交叉銷售。兩者之合併最大目的在於截長補短擴大利基，因為兩家公司市場重疊性不高，合併後將會發揮產品多樣化、跨業交叉的綜效，滿足客戶一次購足的需求。由於資本額的增加，可大幅提高集團的風險可承受度，而能提供滿足更多客戶需求的金融商品。基本上花旗銀行與旅行家在未合併前所專注的發展方向是不同的，花旗銀行主要為商業銀行的業務型態，例如，企業放款或消費性金融的發展（如信用卡、房貸、車貸等）；而旅行家集團則是發展壽險、產險及透過旗下子公司所羅門美邦進行投資銀行的工作。兩家整合後，將發展出一套專為客戶量身定做的理財規劃，以產生金控公司的綜效。第二，是通路擴大。未合併前，花旗的顧客多，但商品不足；而旅行家集團具產品多樣化特色，但缺乏銷售通路。合併後，兩者整合後發揮綜效即可得到通路及產品的擴大多樣化。第三，3C效益的發揮。3C係指交叉銷售（Cross Selling）、降低成本（Cost saving）、資本運用效率化（Capital efficiency）。交叉銷售係以共同行銷的方式增加銷售通路及產品附加價值；降低成本即是整合人力及裁減不必要的成本；資本運用效率化則是藉合併行為產生經濟規模，以大幅降低資訊單位成本。

　　雖然兩者合併有上述之效益，但是亦出現不少缺點，主要是企業文

化背景不同,產生公司文化無法整合,因此造成衝突不斷。

問題:

1. 請說明花旗銀行與旅行家集團之合併,初步的整合方向為何?

2. 2004 年的報載花旗集團進行了四、五年的整合所產生之綜效並不如預期,甚至發生業績降低的狀況,請予以分析。

資料來源:彭嘉君,〈金融控股公司範例研究——花旗集團(Citi Group)〉,國泰產險,2003 年 12 月。

個案 3-10　兩岸未來將簽署金融備忘錄

由於兩岸在 2008 年展開大幅度的開放政策談判,預計第三次「江陳會」將簽署兩岸金融合作協議後,兩岸各業別金融監理機關將據以洽簽兩岸金融監管 MOU,主要包括雙方市場的准入及優惠措施、資訊交換及保護、平時聯繫、協助請求及雙方舉行會議等實質約定。

若以銀行業 MOU 來看,其項目包括進入模式多元化(含獨資、合資、子銀行、分行)、業務範圍全面開放(包括經營人民幣等業務及放寬營業據點)、大陸開放「銀聯卡」在臺使用。保險業 MOU 則包括有限合資對象與合資比例、參股對象不限上市公司、資產總額的計算應比照其他先例,可以產險和壽險集團總公司並計資產。證券及期貨等MOU則包括放寬赴陸投資不超過淨值 20%的限制、大陸方面開放全資全照、合資對象不限、合資比例不限、參股不限上市公司。業務範圍包括經紀、融資融券、自營、資產管理、財務顧問。

問題:

1. 若在此兩岸金融市場即將大幅開放的時刻,您認為臺灣金融業者在現有資源下,如何採取行銷策略?

2. 在分支機關開放政策下,您認為臺灣金融業者是否應立即考量進入大陸市場?另其行銷對象係以臺商為主,或是不限對象?

3. 在此兩岸金融開放之際，雖然外界均認為 MOU 將帶動臺灣金融新商機，但是否真的有那麼龐大的商機存在呢？大陸金融市場風險又在哪裡？身為臺灣金融業者的您，如何看待此事？請評論。

資料來源：康彰榮，〈兩岸 MOU 我方訴求超越 CEPA〉，工商時報，2009 年 4 月 15 日。

個案 3-11　臺灣各銀行爭先登陸

　　兩岸金融 MOU 的簽定，將使得臺灣金融業者早已等待多時的赴大陸設立分行的夢想即將成立。兆豐金甚至利用入股華一銀行的作法，提前展開登陸的攻勢。華一銀行原有臺資背景，主要經營團隊都來自臺灣，其業務亦以服務臺商業務為主；尤其目前的經營班底如行長謝泓源、副行長林大毅均來自兆豐體系。目前最新消息是華一銀行將以增資方式，使得最有可能的兆豐金一次取得經營主導權。原本上海華一銀行結束永豐金旗下子公司遠東國民銀行代管契約關係後，爭取入股的公司相當多，如國泰金、永豐金、中信金、富邦金均表達意願，但因華一銀行的最大股東寶成集團較偏向由兆豐金入股，所以目前是兆豐金入股之希望最大。

　　永豐金除有意投資華一銀行外，亦已鎖定寧波、揚州兩地的城市銀行。法人機構目前相對看好永豐金登陸潛力，主要是永豐金的登陸策略已相當明顯，且結合永豐餘集團整體布局前進，效果應較佳。兆豐金一方面利用集團對當地工商業的了解，避免踩到「地雷」，另一方面又經由集團與其上中下游衛星廠商往來，直接掌握客源。

　　上海商銀近年來積極擴展海外據點，搶占臺商商機，繼香港、越南後，董事會已通過於蘇州設立據點。

　　中信銀個人金融總經理尚瑞強表示將請顧問公司評估未來中信金直接在中國大陸設立據點、參股或合作的可能性。目前是鎖定在大陸的個人金融、零售業務較高的大型銀行。目前中信金的海外布局將是整頓

期,與土地開發、建築融資相關的企金保守以對,而三角貿易的企金業務則朝多元化發展。

問題:

1. 臺灣各金融業在兩岸簽訂金融 MOU 之際,已紛紛展開各種登陸之布局,有的採取入股方式,有的則採合作方式,在此時刻,若您是一位顧問,您會對這些金融機構在此風潮下,提出哪些注意事項?

2. 您認為兆豐金的入股模式,或是永豐金運用集團力量較易成功呢?請予以評論。

3. 臺灣金融業者進入大陸金融市場,是否應採取目標市場方式呢?(如採區域考量、是否以臺商為主的策略),試予以評量。

資料來源: 1. 朱漢崙、陳碧芬,〈兆豐金入股華一,好事近〉,工商時報,2009 年 4 月 8 日。

2. 朱漢崙,〈永豐金參股陸股,鎖定寧波揚州〉,工商時報,2009 年 4 月 6 日。

3. 盧麗玉,〈上海商銀,蘇州設點〉,工商時報,2009 年 4 月 6 日。

4. 孫彬訓,〈中信金西進布局,5 月啟動〉,工商時報,2009 年 3 月 20 日。

個案 3-12　住宅違約升高　行庫拉警報

由於最近臺灣住宅違約率不斷升高,金管會全面發函各銀行,要求嚴控房貸風險,而房貸龍頭土地銀行更是下令全面停辦潛在高風險案件,尤其是套房部分更被注意,甚至提出包括位處偏遠地區、主建物面積低於 15 平方公尺以下、餘屋較多地區等具體指標。

土地銀行在利率連續調降下,使得房貸利率下降且營運成本增加,已要求全臺灣 130 多家分行停辦行之多年的「優利遞減型房貸專案」。

在 98 年 2 月 24 日的全行業務會議中，要求今年逾放比應維持在 1.15 之內，且應在年底前完成 30 億元的催收目標。

其中不只是土地銀行，包括臺銀、合庫等主要的行庫均放慢房屋貸款，尤是對分行經理調整授信權限的「停權復權」措施及抑制新增逾放的「覆審制度」。

問題：

1. 在國內房貸違約比例大幅增加時刻，您認為業者應如何因應，避免如美國房貸業務產生之後遺症？
2. 金融業之風險管理工作中，如何以風險管理的作法，對房貸違約的風險事項加以檢討。

資料來源：朱漢崙，〈住宅違約升高　行庫拉警報〉，工商時報，2009 年 2 月 25 日。

個案 3-13　信用卡舉債比急降　花旗逆向賺飽飽

目前經濟不景氣、卡債風暴陰影仍在，截至 2008 年 12 月底，預借現金，動用循環信用總餘額，佔刷卡簽帳總餘額之 24%，創 10 年來新低。隨著銀行信用嚴格控管，信用卡重回「支付工具」的本質。過去此項數據曾達到 58%，已是成為「借款工具」，這是信用危機的高風險現象。

2008 年 12 月份信用卡市場預借現金單月總額 39 億餘元，其中花旗銀行市占率達 30%，位居第一名，其次分別為中國信託、玉山銀行。另外信用卡循環信用餘額更是遠大於其他銀行。

在面對放款違約風險升高，花旗信用卡如何能大舉放款，維持高獲利呢？該行消費金融臺灣區總經理吳國霖表示，這是過去花旗打下的基礎，因為其風險有良好的控制，對於持卡人的風險行為有完整系統地評估。他認為今年要搶「市占率」，因為這是花旗臺灣能持續成長的主要

動力。

問題：

1. 花旗銀行在此次全球金融海嘯中，受損極為嚴重，但臺灣花旗為何卻與其母公司的營運狀況有截然不同的命運？您認為理由何在？

2. 臺灣花旗在臺灣外商銀行中，常是獲利常勝軍，您認為除注意其風險管控外，是否有其他值得學習之處？

資料來源：李國煌，〈信用卡舉債比急降　花旗逆向賺飽飽〉，工商時報，
　　　2009 年 3 月 19 日。

Chapter 4

金融行銷

第一節　金融業行銷策略

金融業行銷策略包括產品策略、價格策略、通路策略、促銷策略、公共關係策略、政府政策處理策略、交叉行銷策略、服務策略等。

一、產品策略

金融業之產品策略規劃時，須注意商品種類、品質、形象、服務、名稱、信用條件、庫存現金及第二準備金等方面的基本考慮原則。

1. 商品種類方面

金融業對個人或企業體應設計不同商品，以符合不同顧客的需要；尤其現今環境變遷激烈，更應不斷推出新商品，以達到服務顧客之目的。

2. 品質方面

不論業者之服務對象為何，顧客所最直接感受到的是商品品質。如果一項產品品質不良，則失敗之可能性較高。例如，信用卡的發行，如該卡可使用的特約店太少或有太多條件限制，則不易引起客戶之興趣，甚至破壞業者的聲譽。

3. 形象方面

金融業者如何創造一個良好形象，對本身而言相當重要，良好形象常可扭轉經營劣勢，例如，日本 Tomato 銀行經日本一位形象設計大師重新設計「企業識別」（corporate identity），而使其衰退的業績大幅提升。形象的塑造最好採市場定位或產品定位的方式，使消費者了解公司與其他業者之間的差異，以達到突顯公司形象的目的，進而提高經營業績。例如，上述的 Tomato 銀行以親和力為代表，吸引許多新顧客，大

幅改善營業狀況。

4.服務方面

服務不應拘限於被動，更應主動進行。除事前服務外，另需進行事後服務。金融業係為服務業的一環，可見服務功能在銀行業中占相當重的份量。事前服務包括塑造營業場所之微笑及友善的氣氛、傳送正確、有效的訊息，為顧客提供理財、投資建議等；事後服務包含各種抱怨處理，更多且有益於顧客的服務。

5.名稱方面

產品名稱若不能有效引起顧客之興趣，則不易讓顧客成為公司的真正客戶；因此業者在商品名稱決定時須多加注意，以免因商品名稱不當或不吸引人而喪失大好機會。

6.信用條件方面

金融業之徵信工作大都運用所謂的四C（資本、品德、能力、擔保品），目前國內業者以擔保品為最主要徵信標準，因此難免過於保守，致影響業務的推展；而且擔保品在經濟不景氣時，可能增加銀行債務。若能對企業界（尤其中小企業）重視其經營能力及品德，或對一般消費者重視其品德，以期真正建立徵信的目的，進而利於業務之推展。

7.庫存現金及第二準備金方面

這項因素影響業者之安全性及獲利性，所以應針對客戶的產業特性、經營的業務、存放款的性質、經濟狀況……等，決定庫存現金及第二準備金，以免發生損失或危機。

金融業商品策略可包括商品定位策略、商品重定策略、品牌擴張策略、多品牌策略、商品設計策略、商品淘汰策略、新商品策略等。

1. 金融商品設計策略

金融商品設計策略為因應環境快速變遷，需依狀況採取不同的選擇策略。包括個人化商品策略、標準化商品策略、局部修正產品策略。

⑴個人化商品策略

金融商品採個人化商品策略者逐漸受到重視，在社會多元化強烈的需求下，此策略成為金融業重要的作法，例如，財富管理的服務。

⑵標準化金融商品策略

因為金融商品須為社會大眾所共同接受，以使其成為貨幣或貨幣代用品，故標準化可行性最高，而且最易流通。例如，定期存款、代銷公債、基金等，此策略在商品促銷方面（廣告、宣傳、人員銷售、銷售促進等）相當簡單且容易使用，因此金融商品早已廣為採用，惟在環境變遷之下，此策略須依商品需要，在適當時機加以調整。

⑶修正的標準化商品策略

修正的標準化金融商品其優點是標準化金融商品早已為人所熟知及接受，業務推展較為容易，而且在適度修正後之商品對競爭者而言，又能產生差異化的功效，故修正的標準化商品策略應值得業者多方採用。例如，房屋貸款每一期付款可與信用卡合併使用，或房屋貸款可先繳利息後繳本息的方式辦理或附贈火災保險等。

2. 金融商品定位策略

金融商品定位應是市場區隔化分析及目標市場選擇之後所須推動的工作。欲了解商品定位最佳的方式，須徹底了解各競爭品牌的定位分析，然後選擇其差異化的空間，使該金融商品能定位於最具競爭力及市

場潛力的市場區隔。例如,銀行推出房屋貸款業務,業者對房貸應如何定位始具競爭力;或許業者能定位於貸款利息較低、貸款成數較高的市場區隔,以提高競爭力。

3. 金融商品重定位策略

金融商品重定位策略可用於原有顧客,亦可用於新顧客,因原顧客可能由於商品缺乏新鮮感而逐漸喪失興趣,經商品重定位後,可讓原顧客重拾意願;至於新顧客也可能因商品重新定位而提高購買或使用的興趣。這項策略通常是出現在目標市場發生較大變化時,顧客的需求或偏好因而改變,致使公司不能不配合進行此商品的重定位,以使該金融商品能重新恢復原有市場占有率或銷售量。例如,消費性信用貸款,原先係以具有一定所得以上者為對象,商品定位於風險性較低的市場區隔內;若能將消費性信用貸款擴大至年青人階層,雖風險性加大,但卻能使此貸款業務市場空間擴大,或許有益於公司經營。

4. 金融商品品牌擴張策略

金融業者可能在某一商品或金融商品之商品線在市場具競爭力,若為擴展其公司市場占有率等目的,可將此品牌擴張策略,以現有在市場上具競爭力的商品品牌推出其延伸性商品,利用原有聲譽促使總銷售量擴大,且可節省促銷支出,惟此策略有一缺點,當延伸推出之商品在市場上反應不佳,可能影響現在商品的聲譽。例如,定期存款可從現有的商品線延伸具綜合存款性質的存款。

5. 金融商品多品牌策略

多品牌策略係利用推出相類似產品,使原有公司在此商品線之總銷售額大於現有銷售額;雖然原有金融商品可能因另一品牌產品而減少其銷售額,但因總銷售額增加,公司利潤提高,將有益於公司。例如,業者可推出一種附帶條款之定期存款,即顧客以此定期存單可辦理短期性

無息抵押貸款，如一年期定期存單可辦理兩次半個月無息貸款。

6. 新金融商品策略

金融商品由於商品特性的緣故，其推出速度遠不及工業性產品，但因世界經濟變化迅速，觀念更不斷更迭，故先進國家不斷推出衍生性金融商品。國內金融業者在外商銀行衝擊下，也不斷配合推出金融商品。

一般所謂新金融商品係指創新性、模仿其他公司的新金融商品、改良型的新金融商品等。對於大多數金融業而言，模仿性及改良型商品較容易達到，風險性較低，利潤亦較少。最好的方式，應依公司本身資源（研發人才的素質、公司財務資金調度、各部門配合可行性等）及市場現況、未來展望等因素考量，將三種新金融商品交互運用，使其利益達到公司預期目標。

二、價格策略

金融商品價格策略的基本原則包括定價方式、貸款期間、折扣問題、信用條件等。不過因其行業特性不同，亦有所差異，說明如下：

1. 定價方面

金融業之定價包括存放款利率、匯率、各種手續費等。目前臺灣金融市場已大致走向自由化，中央銀行對業者之存放款利率、匯率及各項手續費已不再嚴格管制，故業者可依市場行情的變動，自行制定價格。雖然處於一個總體環境中，單一業者不易完全影響市場價格（利率、匯率）的波動，但有限度的操作或運用，仍會有助於公司營運空間的擴大或利潤的增加。至於如何善加運用，仍值得金融業者企劃人員及業務人員之努力。

金融商品定價（即手續費、存放款利率等）之決定因素包括較廣，其中以成本因素、市場競爭因素、需求因素為三大主軸。正確金融商品定價方式係先估算公司內部經營該項商品的各項成本及合理利潤，並參

考現存市場競爭狀況及顧客需求強度，作為最後金融商品的定價。雖然成本因素的考量完全性並不容易，但畢竟屬於內部控制範圍的因素，遠較市場競爭及顧客需求強度兩項因素單純。當市場競爭者以低價格等策略進行攻擊時，此時定價策略之考量偏重於市場競爭因素。而顧客對該商品需求殷切時，則可以顧客需求強度為主要考慮因素。

2.貸款期間

一般說來，金融業者對顧客貸放期間須依顧客的信用、擔保品的性質或價值、業者資金運用狀況、個人交情、市場資金供需等因素決定。目前臺灣之金融業者仍相當保守，若不突破現狀，業務不易擴張，因此金融業唯有更積極的進行徵信工作，始能突破此項瓶頸。

3.折扣方面

金融業者經常對顧客採用折扣策略，例如，在資金緊縮時之大額存款者，往來關係良好的借款者或匯款者等均給予折扣。雖然此項策略受成本因素影響而有所限制，但如能適度的運用，對不同對象採取差異性折扣，仍會有頗佳之效果。

4.信用條件

金融業徵信工作目前大多應用資本、品德、能力、擔保品等為考量因素，但不可過於保守，若僅以擔保品或資本決定其信用程度，將不利於業務之推動。金融業者對企業界等組織團體應重視經營者之經營能力及品德；對於個人顧客則應重視其品德。如此始能達到徵信目的，進而推展公司業務。

金融業價格策略可包括新金融商品定價策略、差異性價格策略、提高市場占有率策略、價格領導者策略、商品價格調整策略等。

1. 新金融商品定價策略

新金融商品定價策略係指金融商品在第一次上市時所採用之定價策略。由於金融商品之價格、種類甚多，例如，手續費、利率、匯率等，而其影響因素包括市場狀況、銀行的企圖等。

⑴市場滲透策略

業者企圖以低價格方式迅速進入目標市場，俟逐漸擴大其市場占有率時，再以調整價格賺取公司利潤。例如，代理經銷某一基金，可以較低廉手續費快速發行而進入市場。

⑵吸脂定價策略

吸脂定價策略係在市場上缺乏此項商品，且能具有相當程度吸引力時採用。當該商品在市場短期間獲得足夠利潤後，業者即退出此競爭市場或迅速降低價格，以減少競爭者進入市場。

由於金融商品與社會大眾關係密切，而且其價格是人們日常生活必須之事物（除部分衍生性金融商品外），故其價格策略的效果對顧客反應甚為明顯，一旦業者能有效推動其定價策略，通常能得到甚大利益，尤其金融商品的品質及服務差異不大的情形下，顧客為本身的利益，對金融商品價格敏感性甚高。業者若能提高相關價格資訊給顧客，相信能在定價策略上獲得更多效益。

2. 提高市場占有率策略

金融業者提高市場占有率的最佳方法是以低價格方式進入或降低價格方式達到目的。由於價格低，使得競爭者因入不敷出或缺乏利潤而放棄該市場，使得業者無形擴大該商品之市場占有率。例如，房屋貸款可依銀行法規定採三十年貸款，使本息因償還時間拉長，無形中可減輕負擔，表面上具有降價的意味；或者減少貸款利率，使顧客明瞭業者的貸款利率遠低於競爭者，促使潛在顧客的貸款對象移轉至公司，以提高公

司在房屋貸款之市場占有率。不過業者在採用此策略時,應考慮本身資源、策略採用期間長短、競爭者反應等因素,以期策略之實施更為周延。

3.金融商品價格調整策略

金融商品價格在受到相關條件改變時,可能面臨調整的狀況,為提高或保有市場占有率,則以降價方式為之;為調節成本因素或增加利潤,則採調高價格策略。例如,為增加外匯業務的營業量,業者則以降低服務手續費吸引顧客;又如代銷公債、基金,亦可降低管理費的收取。

4.價格領導策略

價格領導策略為市場領導者所採用之策略,供其他競爭者依循,此情形常見於金融業,最大利益是避免業者間衝突之提高。例如,臺灣在存放款利率的調降常以臺銀或三商銀為參考指標,採取方式務必不可違反公平交易法。不過業者無須完全模仿之,以免無法與其他競爭者產生差異化,也就不利於其市場發展機會。

5.差異性價格策略

差異性價格策略對金融商品而言,由於顧客個別性較大,故可充分利用。其差異化的依據條件可包括時間、地點、行業別、與顧客關係、對象等因素。例如,年終資金緊縮時間,貸款利率可採高標準;鄉村地區民風純樸,可採較低貸款利率;與關係良好之顧客給予優惠貸款利率;對組織團體則採低利率。這項差異化策略普遍存在金融業,如何能巧妙運用,則有賴業者就實際市場狀況適度發揮。

三、通路策略

金融業者通路策略的基本原則包括區域問題、位置問題、運輸問題、資訊傳遞問題等,說明如下:

1. 區域方面

應考慮通路對象以何者為主，例如，加工出口區的銀行以區內業者或附近工商業者及員工為主，其他如商業區、農業區，亦有不同的對象。由於不同區域或區位的資金供需情況有所差異，甚至存在季節性變化，故通路規劃時，應注意此類情形。

2. 位置方面

位置的選擇關係客戶的方便性、選擇性，位置選擇不當，不利於業務之擴展。選擇位置時，須考慮成本因素，以免造成過於沈重的租金或資金積壓的情形。

3. 運輸方面

係指現金的輸送應多注意，避免發生搶案，這不僅造成公司損失，亦破壞公司形象。

4. 資訊傳遞方面

金融業者如何將公司商品之相關訊息，有效傳遞至顧客，係屬重要政策之一。其方式係透過廣告媒體或口頭通路等，須視金融商品性質差異性而定。若訊息不能有效到達目標顧客，一切規劃努力實等於零。

通路策略包括通路結構策略、通路調整策略等。

1. 通路結構策略

金融業通路結構係指金融業將金融商品傳遞至消費者過程，所歷經的中間商數量。由於金融業之商品特性、成本、通路控制的程度等因素，其通路結構為零階通路，即業者之營業人員直接面對顧客，並將金融商品交至顧客。金融業者除上述影響因素外，業者亦須在技術因素、社會文化因素、地理規模、人口型態、內部員工態度等進一步考量，以

使通路結構在業者的掌握下，順利推動業務。例如，目前臺灣中小型壽險公司的通路策略係與保險經紀代理公司合作；而大型壽險公司則與銀行共同開發銀行保險業務，這兩者趨勢均是近來臺灣金融業在通路結構上的改變。

2.通路調整策略

金融業在面臨內外環境改變時，為維持市場競爭力，有必要調整其通路系統，以使通路系統之效益能進一步改善。例如，在鄉村地區增設分支機構，促使通路系統普及化，並透過銷售據點的增加擴充市場競爭力。

四、促銷策略

金融業者在促銷規劃方面與一般企業所使用之策略相同，惟其運用的技巧有所差異。其包括廣告、人員銷售、推廣及宣傳。

1.廣告方面

國內目前金融業者利用廣告策略逐漸增加，除建立形象外，亦增強對新金融商品之介紹。一般而言，廣告可傳達訊息、提高公司聲譽、建立良好形象等，若能適度運用，必有所收穫。惟制定廣告策略時，需考慮廣告成本，以免產生成本大於效益的情形。

2.人員銷售方面

此項策略在金融業已受到重視，業者若能重視人員銷售的力量，尤其透過口頭通路的作用，將產生不小的效果，例如，理財專員大幅的培訓，即是欲透過人員銷售達到行銷的目的。

3.銷售促進方面

金融業者不妨參考企業界的銷售促進方式，例如，採取贈獎、抽獎等，以使業務擴展趨於多角化，同時有助於吸引顧客對業者的興趣。

4.宣傳方面

透過大眾傳播媒體力量，協助業者擴展業務或建立良好形象，例如，定期召開記者會，發布業者營業狀況，增加顧客的信心及滿足，另此作法亦有傳遞訊息的功能。此種低成本的策略，業者應善加利用。

金融業之促銷策略包括促銷組合配置策略、廣告策略、人員銷售策略、銷售促進策略。

1. 促銷組合配置策略

所謂金融業促銷組合配置策略係指業者在進行促銷策略時，如何配置廣告、人員銷售、宣傳、銷售促進等四項重要工具，使其組合之效率能達到公司所預期目的。通常影響四項工具搭配使用的考慮因素包括商品因素（含產品性質、認知風險、購買數量等）、市場因素（含產品生命週期、市場占有率、競爭情況、需求強度、產業結構）、預算因素（含公司財務結構、財務能力）、顧客因素（含顧客型態、顧客數量）、環境因素等。理論上，以周全考量上述因素為最妥當方式；但實務上，限於人、時、地、物，可依經驗擇其重要者為之。例如，經銷公債或基金，以廣告及人員銷售為主，再搭配銷售促進及宣傳。

2. 廣告策略

金融業者採取廣告策略者日益增多，其作法包括增加品牌信心，商品知名度之建立等，例如，部分業者亦以較正式的 CIS 系統推出吉祥物等方式增加顧客和社會大眾的認知性。對於個別金融商品的推展也在增加中，例如，現金卡之推廣，即是一個著名的例子，若是業者能以差異化產品加上此差異化促銷方式，將對市場競爭力能有所助益。

由於廣告費用常是業者管銷費用的一大項目，為能充分了解廣告是否能達到公司的廣告目的，推出廣告之前，有必要針對廣告目標、廣告

目的、廣告訴求、廣告預算等問題多所分析、並須評估其效果。另外因廣告費用龐大，故在編列預算須審慎為之，一般分為銷售百分比法、量能支出法、投資報酬法、市場競爭法等四種，各有其優缺點，在使用時，可根據公司狀況選擇之。

3.人員銷售策略

金融業所謂的銷售人員，因行業別而有所差異，例如，銀行之部分營業人員事實上即是另一種形式的銷售人員，例如，銷售信用卡、現金美元、美金旅行支票、公債、基金等人員均可屬之。不論是專職或兼職，重要的是，其工作性質具銷售人員性質，所以金融業在人員銷售策略方面亦相當重要。此工具在銷售上具有靈活性、立即回饋、親切性等優點，但亦有高成本的缺點。

人員銷售策略在運用上的最大考量，在於如何留住原有顧客及吸引新顧客。除日常接觸和善、熱忱的服務態度外，利用電子通訊設備以節省時間、成本的電話行銷亦值得參考。金融業進行人員銷售策略時，應依顧客特性分別有不相同的作法，例如，對組織顧客可能較偏重理性訴求，而對個人顧客則強調感性訴求。

由於金融業在人員銷售方面不同於其他行業，無法以佣金制作為銷售人員之管理，但似可參考佣金制的優點，例如，對於業績達一定比例者，可提撥多少獎勵金等方式，另亦可以考績、升遷作為鼓勵。

4.銷售促進策略

金融業者現常輔以銷售促進策略作為業務推廣之外。其實顧客心理除希望從其理財方式獲利外，意外之財或獎品提供的誘因仍具相當大誘惑力。所以，業者不妨多加運用，以使市場開拓更為順暢。例如，購買一定數額之旅行支票者，給予旅遊折扣券等。

5. 宣傳策略

金融業者與社會大眾生活最為密切，所以宣傳策略之運用除一般常使用的方式（與傳播媒體合作）外，事實上亦可透過口頭通路來達成宣傳的目的，而且其效果更是較媒體力量來得有效。不過，業者平日有必要與傳播媒體建立通暢的溝通管道，並可藉事件行銷達到業者之宣傳效果。

五、公共關係策略

公共關係與促銷策略中之宣傳有所不同，兩者之間有相互性關聯，但卻又不完全相同。金融業者在現今多元化顧客至上的環境下，公共關係策略之運作對公司業務發展有極重要的意義；一方面可促進公司與顧客之間的互動性、友誼性關係的增長，進而透過口頭通路，加速業務之推動；另一方面，可使公司所面臨之危機轉化為轉機，即當公司在業務上發生重大事故時，可在誠信原則下經由正確的公共關係策略的推動，將使損失降低至最低點，甚至建立起更佳的優良形象。

業者在進行公共關係的工作時，必須先行決定公共關係目標，其餘依序為決定執行者、公關預算確定、選擇公關方式、選擇宣傳媒體、決定推動時機、評估效果。

金融業者在推動公共關係策略時，須注意與內在公共關係相關人員（如員工、股東）及外在公共關係相關人員（顧客、傳播媒體、其他金融機構、社會大眾）建立一關係密切、互動、互信的關係與溝通管道。例如，發生公司危機事件時，以誠意迅速解決問題，使大眾傷害、損失達最小，並公開透過媒體向社會大眾說明事件真象。除此之外，業者應主動成立一個專責的危機處理小組，以求儘速解決問題。

金融業者在公關策略上常須運用促銷組合策略，協助建立與顧客、社會大眾、其他相關單位之良好人際關係，以使公共關係效果更能發揮到最大。

六、政府政策處理策略

　　金融業的生產總值占國民總產值有相當大的份量，而且與社會大眾生活、企業運作密切相關，故各國政府對金融業均有相當程度的管制，所以任何影響有關金融運作的金融政策，將對金融業的發展產生巨大影響。另外政治、治安、外交等政策的推動均有可能對銀行造成刺激或抑制。

　　業者對政府政策反應的策略應是先行預測各項政策對業者可能的衝擊程度、接著是分析哪些政策可以施行，公司本身如何因應及採行策略。不過業者在態度上應化被動為主動，以集團力量支援某政策；但亦可反制某政策，以使政策能更為妥適，以利全民之需。不過務必避免違反法律，以免反不利於公司經營。

七、交叉行銷策略

　　交叉行銷的作法在近幾年金控公司成立後，才出現的一種作法。原則上它是金控公司對旗下子公司資源交叉運用的重要策略，但對於非金控公司的金融業者亦可透過策略聯盟的方式達到某種程度的效果。

1. 作法

　　交叉行銷除可共用專業人員、營業設備場所外，亦可共用集團內客戶資料，促使各子公司資訊相互流通，達到降低共同作業成本的目的，大致可區分三種作法：

⑴客戶資料交互運用

　　金控業者應在金控法的規範下，充分運用客戶資料；並透過客戶關係管理系統，提供客製化的專屬服務。

(2)共同業務推廣作業

金控公司可結合銀行、保險、證券等多樣化的金融業務,架構一個功能完整的經營平台,藉由所有經營據點與專業銷售人員,發展共同行銷策略,提供客戶「一站購足」的服務。

(3)共同營業設備或場所

利用共同營業設備或場所可大幅降低營運成本,同時也可達到一次服務到家的目的。例如,國泰金控在 2003 年 1 月起,將基隆等六家壽險分公司轉型為金融服務共同營業據點;另利用國泰世華銀行的自動櫃員機作為金流通路(例如,壽險保戶辦理保單貸款可經由 ATM 的通路領款)。

2.交叉行銷績效評估

在國際上,交叉行銷的績效評估最常使用的指標包括跨售比率與雙重槓桿比率等。

(1)跨售比率

係指每一客戶購買金控公司產品數目,比率愈高代表金控公司交叉行銷之績效愈佳。

(2)雙重槓桿比率

係指金控公司的子公司股權投資除以淨值,若數值過大,則反映舉債經營情況偏高;例如,數值超過 120%,則代表舉債經營偏高。

(3)加入金控前後之成本收入比率

係指比較加入金控前與納入金控後,成本收入比率是否下降;比率下降愈大,則績效愈高。

根據上述分析,可將金融業行銷策略歸納如圖 4-1 所示:

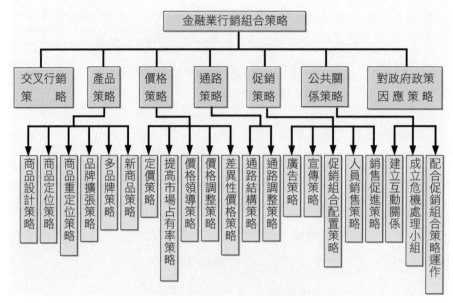

圖 4-1 金融業行銷策略架構圖

第二節 金融業目標行銷策略

　　金融業目標行銷係業者將所面對之市場，依市場特性與區隔變數達到區隔的目的，並選擇其中一個或多個市場區隔，最後依選出之目標市場，設計及推出最符合公司利益的商品與行銷組合。金融業者進行目標行銷的步驟分別如下，第一個步驟，應先進行市場區隔化，包括確認金融業市場區隔化的區隔變數，並描述及說明金融業市場之概況與特性。第二個步驟，選擇金融業者之目標市場，包括先行衡量不同銀行市場區隔之潛力，接著挑選銀行業者真正之目標市場。第三個步驟，發展產品定位，包括為公司每一個目標市場設計其特有之銀行產品定位，進而發展符合業者目標市場之行銷組合。其步驟詳如圖 4-2。

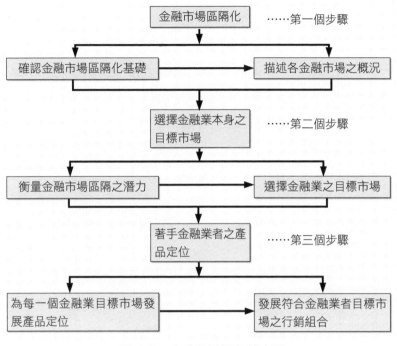

圖 4-2　金融業目標行銷步驟

一、金融業之市場區隔化

1. 個人市場區隔化

對個人市場而言，金融業者市場區隔化變數與行銷理論中消費者市場之區隔變數相仿，分述如後：

(1)地理變數

金融業者在個人顧客方面之地理變數包括地理位置、人口密度等。例如，因城鄉之間有不同特性，故可依鄉村及都市劃分為不同之市場區；城市的大額存提款者，可提供派人到戶辦理存提款業務之服務；另外人口密度高之商業區更可提供無人銀行服務客戶或存款時間延長等

作法。

(2)人口變數

人口變數為金融業者最常使用之區隔變數，包括性別、年齡、所得、職業、教育、社會階層、家庭生命週期等。例如，所得高且存款多者，對其存放款提供較優惠之條件，所得低且存款少者，則適用一般的條件。另外，如職業為公教人員者，因其收入較穩定且不易發生違約事件，在消費性貸款可給予較佳之優惠條件，尤其是透過單位辦理之集體大量簽約方式更應接受。年齡為中壯年者，其所得較高且穩定，其放款條件可採優惠條件。教育條件高者，可多提供多樣化的衍生性金融商品供其選擇。

(3)心理變數

包括生活型態、人格特質等。金融業者可以人格特質為區隔變數。例如，針對愛冒險、刺激的人士，提供期貨外匯、選擇權等衍生性金融商品作為其理財工具；而為個性保守的客戶提供公債、基金、定期存款等理財工具。

(4)行為變數

包括購買時機、利益追求、購買率、忠誠性、對購買金融商品之態度、購買金融產品之準備階段等。例如，為追求高利潤的客戶提供風險性高、利潤高的期貨、交換權、選擇權的金融商品；對購買金融商品頻率高且忠誠度高之客戶，提供較優惠條件，如較低手續費等。

2.組織市場區隔化

組織市場區隔化的對象包括一般企業、財團法人及其他相關金融機構等。其區隔變數與行銷理論中組織市場之區隔變數相似。

(1)人口變數

包括組織規模、地理位置、組織特性等。以地理位置為區隔變數的目的，在於金融業者雖分支機構甚多，但仍有一定的服務範圍，不可能無限擴大；例如，對較偏遠地區無任何金融機構，而當地又有其服務空間，則設立辦事處，是可考慮的方式之一。組織規模對金融業者是最佳之區隔變數之一，例如，業者對規模大之企業或財團法人，提供更多理財資訊及較優惠條件。以組織特性為例，如財團法人之理財應以穩健為原則，故推銷之金融商品以公債、績優股票、可轉讓定期存單等為主。

(2)作業性變數

包括購買者狀況、購買者能力。金融業者對於經常透過該公司購買或出售股票、公債、定期存單等之組織，應給予較低費率或較多理財資訊或更簡便手續，尤其購買能力強大者，更應如此；這種方式極有利於金融業者營運管理及作業人力之調度。企業財務狀況優良者，給予更大信度之優惠條件或較大額度之放款。

(3)購買方式

包括購買部門、購買決策權、整體投資策略、購買金融商品之標準等。金融業者應了解其顧客組織在理財上之運作單位，並針對具決策權之人士進行遊說工作；例如，可將擁有決策權的人士分為穩健型及冒險型，根據其行為型態分別與對方建立良好關係，進而成為業者之忠誠顧客。又如業者之目標顧客的整體投資策略影響該企業或財團法人的運作方式，故可以正確方式提供適當理財資訊，例如，整體投資策略以公司資金調度為主者，應以穩健的方式為之；若整體投資策略以賺取利潤為主，則以高風險高利潤之商品為推銷主體。

(4)組織文化特性

包括組織風險態度、組織忠誠性。經常與業者往來之組織，係表示

其忠誠度較高，對其申請貸款，可給予更簡便的申請手續及更低之手續費。又如部分企業組織之風險態度偏向高風險金融商品，則金融業者得多提供相關資訊，但亦應注意其操作狀況，以免屆時發生違約交割或違法交易情形，甚至連帶嚴重破壞公司經營能力。

⑸**購買情境**

包括購買金融商品之種類、購買金融商品之次數、購買金額等。金融業者對購買不同金融商品之組織可採不同的方式處理，例如，專買高風險、高利潤之衍生性金融商品組織，應多提供資訊，服務更為迅速，但亦須注意其是否能依約的完成交易。另購買金融商品次數多、購買金額龐大者，則給予具便利性、高優惠條件、低手續費。

金融業者在進行市場區隔化時，首先應充分了解各區隔變數之意義及相關性；實務上，區隔化過程，在人力、物力、時間上之考量，業者只須選擇少數幾個適合業者本身需求之區隔變數。其次，因不同區隔變數區隔出之市場區隔可能是相同的對象，選擇上，應綜合性考慮，以免造成重複，反而浪費公司資源；同時業者應依環境改變而適度修正其區隔變數。最後，業者在進行市場區隔化時，應以公司穩健經營為最高指導原則，切勿急於追求高利潤，而造成顧客及業者本身的損失，或本身運作錯誤而迫使公司結束營業，甚至嚴重損失社會大眾權益。

二、金融業目標市場選擇

金融業者著手目標市場選擇時，首先須依據市場區隔化後之市場區隔進行評估；再根據評估結果選擇市場區隔。金融業者在評估市場區隔時，須分析銀行市場大小及成長可行性、銀行市場區隔結構性吸引力、公司營運目標及資源等。

1. 市場大小及成長可行性

金融業區隔市場之經營空間不夠大，由於不敷成本，不值得投入；

然而可能初期具足夠的市場空間，但區隔市場不易成長，則評估的結果顯示市場經營空間頗大卻不值得投入。

2.市場區隔結構性吸引力

金融業市場區隔結構性係表示市場區隔中之構成分子是否擁有足夠的經營空間。例如，當業者欲針對高風險群建立一個區隔市場，則此區隔市場中成員所欲購買金融商品是否能符合業者的效益；若此區隔市場之外匯買賣人數較多，但卻不足支撐公司之需要，則此市場結構仍不具吸引力。

3.公司營運目標及資源

上述兩項重要因素均能符合業者之條件，但因限於公司營運目標，可能仍須放棄，例如，高風險區隔市場雖伴隨高利潤，但公司營運目標可能以穩健為原則，而放棄此一市場。另公司資源是否足以推動此區隔市場之業務，更是業者最後考慮的因素。例如，高風險之衍生性金融商品操作，可能帶給公司高利潤，但是若缺乏此方面人才，則業者勢必放棄此市場區隔。當業者評估各不同金融區隔市場後，可能發現適合投入之區隔市場甚多，但因公司資源有限，故須依實際能力，以單一區隔市場集中化等策略為主，並視環境改變情形及公司資源增加速度，逐步加以擴充。

三、金融業之產品定位

金融業之產品定位是業者欲找出一個符合消費者心中特有地位的商品，所採用商品設計及行銷組合之活動。整個活動係從確認各種可行的競爭優勢所在點開始，從中選擇最適合業者的實際狀況，最後向市場傳達定位形象。

1. 確認各種可行的競爭優勢所在點

金融業者在進行產品定位時,應就各種不同方案,尋求其競爭優勢。例如,財團法人對公債買賣需求較大,其競爭優勢可能以公債等穩定性及兌現性高的商品為主,此為目標市場之競爭優勢。

2. 選擇最適合公司之實際狀況

可符合業者進行產品設計的商品種類及行銷組合可能不止一種,但須依公司的人力、資金等實際狀況選擇最適合的商品及其行銷組合。

3. 向目標市場傳遞公司產品定位之形象

當業者選出最適合公司發展之商品及其行銷組合時,業者應將其相關訊息告知目標市場,使目標顧客能因了解產品設計,進而塑造其定位形象。例如,金融業者可利用高服務品質作為競爭優勢,配合公司資源考量,並以各種促銷方法逐步建立其產品定位。

第三節　金融業競爭策略

一、競爭策略原則

Micheal Poter 教授曾提過三個基本競爭策略原則:

1. 全面性成本原則、獨特性原則及集中原則

全面性成本係強調成本降低的考量在於全面性進行;獨特性原則在於強調產品應具獨特性;集中原則在於認為業者應投入公司全部資源進攻或占取某一特定市場。

2. 透過低價、大量銷售、高市場占有率,創造大量利潤

此原則係建議業者應以市場滲透策略方式,快速攻擊競爭者,藉以

提高市場占有率，俟競爭者逐漸退出市場後，即可獲得較大利潤。

3.結合低成本與某些差異特質，集中火力向特定市場利基訴求

此原則係要求業者能降低成本同時加入某些產品或服務之差異特質，並集中公司資源，針對某特定利基市場發動攻擊，藉以占有更多市場經營空間。

依據上述三項原則，得知金融業可利用降低成本、強化服務、或降低成本及提升服務兩者兼具等方式提高其競爭力。

1.降低成本策略

(1)尋找低成本的顧客

由於業者對不同顧客均須提供相同服務，因此當對顧客提供同一種服務時，可獲得較大利潤，則此種顧客係屬於低成本顧客。例如，對於貸款額度大之客戶給予較低利率；對於信用良好顧客因節省徵信及調查成本，可給予較優惠放款利率；對於外匯來往較大數額之客戶，給予較低手續費。

(2)服務方式的標準化

服務方式的標準化係指業者對顧客所提供之服務以標準化方式降低成本，因為標準化服務方式，可減少業者人力資源使用，進而節省公司經營成本。例如，業者應利用各種通路方式，如宣傳品、電話行銷、網路行銷、布告欄等，將公司對顧客的服務內容事先告知並使其了解，當顧客能事先知曉業者所提供之服務，業者將可降低人力成本。

(3)減少服務作業中之人力

業者可利用語音或網路方式提供顧客對金融業相關問題之詢問，以減少作業人力；又如金融業者派遣專業人員前往企業說明有關業務申請

手續或處理方式，使企業組織能不必事事向金融業查詢，進而減少許多服務作業人力。

2.強化服務策略

⑴將金融商品由無形轉為有形

金融業者當利用視覺識別系統提高外界對業者的認識，使公司所提供之商品在業者信譽保證下，成為有形的事物。

⑵以標準化作業來迎合顧客需要

顧客至金融機構辦事時，希望能簡單迅速達成其目的，故將各種表格填寫以標準化模式為之，可節省顧客時間，相形之下，也就是提升公司的服務品質。例如，外匯部門在 L/C 通知時，應採隨到隨辦方式處理，使顧客儘速將 L/C 轉換成所需之資金。

⑶加強員工訓練，以提高產品附加價值

員工服務品質高低除決定在服務態度外，服務能力強弱亦是另一個重要因素。不論服務態度、服務能力之提升，均有賴對員工訓練，故提高服務品質後，將使金融商品在銷售上更為容易，也就是相對提高了產品附加價值，有利於業者競爭能力之提升。

⑷控制工作品質

欲維護良好服務品質，須將工作品質控制在容許範圍內，例如，櫃台前服務，若無法以一元化服務方式為之，不易控制工作品質，可能使顧客對業者服務品質信心的降低。

⑸影響顧客對品質的期望

通常顧客在購買產品時，常有購後失調現象，金融商品亦難免有此情形產生；尤其對高風險、高利潤之衍生性金融商品，顧客容易只看高利潤之利益，卻忽略它屬於高風險性質；所以，業者為顧客提供服務

時，若能事先告知衍生性金融商品之高風險性質，將降低顧客對業者服務品質之高期望，以避顧客對業者服務的高標準；相對而言，這是提高服務的方法。

3.降低成本及提升服務之策略

⑴金融業內部作業之標準化

利用金融業內部作業之標準化，達成控制品質之目標，以使金融業者因服務品質之提升，改善其經營績效及增加公司利潤。

⑵降低作業過程中個人判斷的現象

許多金融作業在標準化後，服務單純化，效率因而提高；但仍無法使所有作業達成標準化之目的，此時降低作業過程中個人判斷機會，將可避免業者提供服務時因個人判斷所產生之錯誤。錯誤產生除增加營運成本外，亦降低服務品質；若能降低個人判斷的次數，也可相對減少錯誤發生；所以降低金融作業（例如，外匯買賣操作、授信審查等）過程中個人判斷機會，相對可降低業者成本及提升服務品質。

⑶充分了解供給與需求

供需法則是市場上不變之定律，若金融業者能充分了解市場需求，並適時、適當地提供顧客所需之金融商品，則在供需相符之情形下，公司可達到最大利潤的目的。例如，某企業對公債或可轉讓存單有所需求時，業者能迅速提供適當的商品；在供需均衡下，服務品質不僅能達到顧客要求，亦相形降低尋找客戶的成本。

⑷適當搭配設備及人力資源

金融電子化係透過電腦與通訊技術的發展，為節省人力成本，晶片卡將可逐步增加更多功能，例如，安全功能等，如此不但節省成本，又可將多餘人力投入更多服務的項目之提供，進而提升其服務品質。

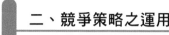

二、競爭策略之運用

前述所提競爭策略之原則，僅是供金融業者在競爭激烈的市場中占有一席之地；但仍有所不足，因業者本身資源、所能提供之服務、市場中的影響力等方面均有所不同，業者有必要依所扮演角色，採取不同的競爭策略。一般可區分為市場領導者策略、市場挑戰者策略、市場跟隨者策略及市場利基者策略，分述如後。

1. 金融市場領導者競爭策略

市場領導者在保持領導地位的過程甚為不易，隨時可能受到競爭者（尤其是市場挑戰者）攻擊，稍有疏忽，即失去其市場領導地位。保持領先地位的方向有三，第一，擴大整個金融市場需求；第二，以良好的防禦或攻擊策略保有目前金融市場占有率；第三，擴大本身之市場占有率。

臺灣銀行在臺灣銀行界具領導地位，除政府中央銀行外，其政策的改變常會影響其他業者之動向。金融業者若擬擴大整個金融市場需求，大致可透過下列方法進行。第一，吸引潛在顧客，使其透過銀行等通路從事買賣或消費活動；例如，擴大推廣晶片卡的使用，透過更多特約店的參加，將使此項多功能的晶片卡遍行臺灣地區。第二，利用金融商品的特性，提供新用途，例如，可轉讓定期存單，除供儲蓄及投資外，亦有資金周轉的功能；衍生性金融商品以避險為原先之目的，但可擴大為投資或投機目的。第三，可嘗試說服有能力、有意願者增加購買金融商品；例如，鼓勵企業購買績優股票、遠期外匯、利息交換權，以避免市場風險之發生；又可鼓勵個人將儲蓄分置於存款，及購買基金、公債等。

保有市場占有率的方法有防守型及攻擊型，但欲求真正能掌握市場動態，最佳防禦方法是攻擊性或反擊性策略。一般而言，保有市場占有

率的方法包括陣地防禦、側翼防禦、先發制人防禦、縮減防禦、機動性防禦、反擊防禦等。

(1)陣地防禦策略係以金融商品促銷手法企圖保有目前市場占有率。

(2)側翼防禦策略係領導者能對其主要市場挑戰者未注意的市場空間或金融商品，採取進攻策略，以試圖占有該金融區隔市場。

(3)先發制人防禦策略則在競爭者未推出新金融商品或未開發之新市場區隔，先行提供改良式或創新性金融商品，或占有新市場區隔。

(4)機動性防禦策略則由領導者降低其行銷經費之支出，以成本節省來降低價格，作為避免競爭者攻擊，尤其競爭者突然迅速降低價格時，更應如此。

(5)縮減防禦策略係由領導者縮減市場空間，而全力防禦金融商品線較強的區隔市場。

(6)反擊策略則是領導者面臨挑戰者正面攻擊時所須採取攻擊策略，例如，降低手續費、提供較高貸款成數等。

市場領導者欲在金融市場中擴充其市場占有率，其方法包括推出品質較優良的金融商品（例如，貸款契約簡單、貸款申請手續簡便之貸款）；加強訓練員工，使行員在作業上有高水準的服務能力及服務態度；建立流暢的溝通管道及售後服務（例如，貸款利率調整及通知、外匯業務之通知等）；完整的金融商品線（例如，各種存款種類、各種外匯業務等），以增加顧客的選擇性。

2.金融市場挑戰者競爭策略

臺灣金融界的市場挑戰者，如國泰金控、中信金控等均是，其實力相當堅強，已足以對臺銀形成壓力；雖說臺銀受政府政策之保障，但上述業者仍對市場具有影響力。

金融市場挑戰者的競爭策略包括前線正面攻擊、側翼攻擊、包圍攻

擊、迂迴攻擊、游擊戰等,這些策略之採用須視市場狀況、公司資源等,適度運用,不可拘泥行事,以符合攻擊的原則。

(1)正面攻擊策略

市場挑戰者為正面挑戰該金融商品市場領導者,可以高促銷、低價格(低手續費、低貸款利率等)的市場滲透方式,迅速進入市場,並使市場領導者受到打擊。不過採用此策略須注意該金融商品之普及性及知名度、公司促銷成本、公司價格容忍度等相關條件,否則可能因遭致領導者的強力反擊,反不利於挑戰者,故此為高風險、高機會之策略。

(2)側翼攻擊策略

市場挑戰者可針對主要競爭者較弱或缺乏的產品線,以迅雷不及掩耳之手法占有該區隔市場。

(3)包圍攻擊策略

市場挑戰者針對主要競爭者銷售點或產品線採取包圍策略,例如,當市場領導者在某地區僅有一銷售據點,挑戰者則可在四周地區設立數個據點,以減弱領導者在此地區的影響力,不過此策略應考慮該區隔市場是否具備值得開發的條件,否則將得不償失。

(4)迂迴攻擊策略

挑戰者除具相當程度的把握,否則少以直接攻擊挑戰市場領導者;此時可以另一種較和緩、較不受注意的方式設法達到目標。迂迴攻擊策略即是以不受領導者注意的方式,推出領導者不重視的金融商品或設立一些銷售據點,以漸進方式達到攻擊目的。

(5)游擊戰

游擊戰顧名思義可知是一種非常機動的攻擊策略,即挑戰者在充分了解市場動態後,以快速方式攻擊主要競爭對手,在賺取利潤後,迅速

退出新金融商品市場；例如，以促銷手法推出低貸款利率的房貸（例如，規定參加貸款的貸款戶可參加抽獎活動，抽中者享有此優惠）。

若深入一層探討，可知金融業之市場挑戰者包括折扣策略、低手續費策略、金融商品多品牌策略（推出各種差異性不大的銀行商品，以供顧客有更多選擇機會，例如，更多種類的房屋貸款等）、金融新商品策略（推出目前市場上尚缺乏的金融商品）、優良的服務品質、降低勞務成本、降低促銷支出等。

3.金融市場跟隨者競爭策略

市場跟隨者在競爭策略上並非只是跟在領導者或挑戰者之後而已，其實本身仍有遵行的策略，包括完全模仿策略、適度距離的模仿策略、選擇性模仿策略。

(1)完全模仿策略

市場跟隨者在金融領導者推出新商品或採低手續費率或較多服務時，完全遵循並採行之。這是一種緊跟在後的作法，若是處理不妥當，可能遭到領導者反擊。

(2)適度距離的模仿策略

與上述策略雷同，但以不影響領導者為最高原則，即不要造成領導者以為跟隨者想攻擊的錯誤觀念。此策略以保有原有顧客為最主要目的，其安全性甚高，但不易獲得額外利益。

(3)選擇性模仿策略

為顧及安全性及更多營運空間，金融市場跟隨者可針對普及性較高的金融商品與市場領導者採一致的步調，但亦可選擇推出部分具創新性之金融商品。

4.金融市場利基者競爭策略

金融市場中存在不少的市場利基者，例如，大多數的農會信用部、部分信用合作社等，由於其市場營運空間受法令之限制，無法以百貨方式或零售方式推展業務，但多年來仍能繼續維持，可見存在市場利基。一個市場利基者通常因具備下列五個特性始能合理運作，第一，市場區隔具足夠利潤規模及購買力；第二，市場區隔具成長潛力；第三，主要競爭者對某市場區隔不感興趣；第四、公司應具足夠技術及資源可充分有效提供此利基市場；第五，可利用已建立之商譽保衛本身利益。

從實務作業來看，市場利基化在於專業化。最終使用專家是針對某一種金融商品提供服務。地理區域專家，僅對某一地區提供銀行商品。產品或產品線專家，只對某特定金融商品提供服務。根據未來金融業的趨勢，金融業已逐步走向百貨或零售運作方式，故以利基市場發展已逐漸失去其利益。金融業者若仍以市場利基者觀念發展，可能帶來經營上更多的困難，除非採多重利基的策略，以避免單一利基喪失後，公司即無法經營，例如，臺灣土地開發公司應注意此項趨勢。

綜上所述，可將金融業之競爭策略歸納成一個架構圖，詳如圖4-3，另金融業市場領導者競爭策略以圖4-4表示之，茲說明如下：

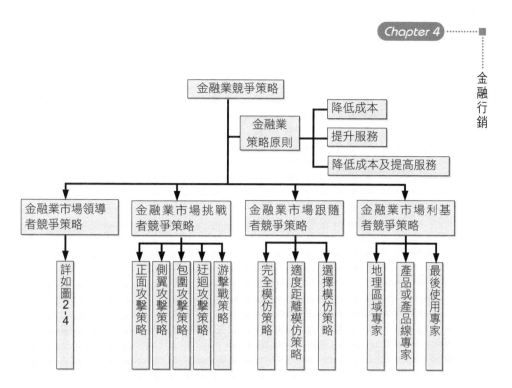

圖 4-3　金融業競爭策略架構圖

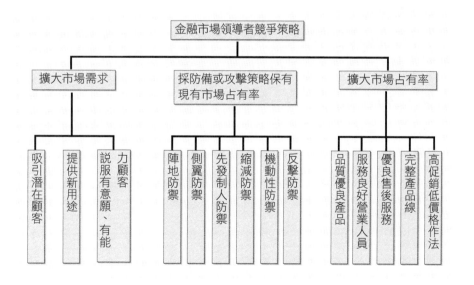

圖 4-4　金融業市場領導者競爭策略

第四節　金融業成長策略

金融業隨著金控公司的設立，其成長策略之運用逐漸受業者之重視。但運用的範圍，則視各公司之實際需要而定。

一般而言，金融業成長策略分為密集成長、整合成長及多角化成長策略。密集成長策略係指金融業者在現有經營事業的範圍發展其成長機會，分為市場滲透、市場發展、產品發展等策略。整合成長策略係指金融業者在現有相關事業（如證券業、投資信託業、期貨業、票券業等等）尋求成長機會，又分為後向整合、前向整合、水平整合成長。多角化成長策略則指金融業者試圖與現有事業無相關聯之業務中尋求其成長機會。分述如後：

一、密集成長策略

1. 市場滲透

金融業市場滲透策略係指業者在現有市場、現有產品的情形下，為增加公司的市場占有率所使用之策略。此策略又可分三種方法。

(1)鼓勵顧客使用公司銀行商品

業者可利用各種方法促使顧客在能力許可範圍內，增加使用或購買業者的金融商品。例如，以會員制方式吸引大額存款者或房屋貸款者，並給予較優惠條件；實施外匯或存放款等業務量累積制度，當該金融商品業務量達一定金額時（依組織及個人分別訂定不同標準與不同優惠），則給予贈品或優惠條件等。

(2)傳遞不利競爭者之訊息（係指真實事件而非捏造事情）

金融業者可將不利於競爭者之訊息及有利於公司的訊息告知顧客，

以設法扭轉非公司顧客對競爭者的忠誠性，使消費者對競爭者產生不良印象，並改變其品牌偏好，業者可在宣傳策略或口頭通路達成部分效果。但此方式的動作不可過於明顯，以免樹立對手，並成為他人日後攻擊的目標。

(3)說服潛在顧客，使之成為公司真正顧客

金融業者可以各種方式說服對金融商品有興趣之潛在顧客，使之成為公司的顧客。例如，舉辦演講會，以理財為主題，進一步介紹各種金融投資管道，使有興趣的潛在消費者能透過資訊之取得，而增加使用或購買金融商品之意願。

2.市場發展策略

金融業市場發展策略係指業者以公司現有產品吸引新市場區隔潛在顧客的作法。

(1)吸收現有銷售區域之潛在顧客

金融業者在既有的銷售區域中存在部分非公司的潛在顧客，業者可利用促銷等相關手法，促使未購買業者金融商品之顧客購買或使用意願。例如，金融業者可與公教機構合作，推動消費性信用貸款；與企業集團合作，以整批貸款方式推動員工房貸；與相關業者合作（例如，信用卡發卡公司、旅行社），增加更多顧客。

(2)在目前市場建立新據點或通路系統

金融業因直接面對顧客，因此有必要隨業務增加逐步擴大據點及通路系統。尤其為增加公司營運量，可在目前市場中增加新的銷售據點或通路系統。例如，金融業者可以功能較強之自動櫃員機提供顧客使用各種目的，包括提款、轉帳等，甚至以無人銀行提供多種服務。

(3)在現有銷售區域外建立新銷售據點

　　金融業者為爭取更多業務，可在現有銷售區域之外，擴展其新銷售據點。例如，新設商業銀行之分支機構大多設於都市商業區，為增加業績應考慮在次都會區建立據點，例如，高雄的鳳山、岡山商業區，以吸收具潛力的中小企業、一般百姓成為公司之顧客，並增加公司的市場占有率。

3.產品發展策略

　　產品發展策略係指金融業者為吸引顧客，可提供改良式金融商品（包括用途、特性之改良等）或創新性商品。由於創新性金融商品的發展並不容易，在業者人才資源限制的情況下，不妨引進國外較新且功能不錯之金融商品加以改良。不論業者欲發展創新商品或推出改良式新商品均須考慮各相關因素，包括市場對金融商品需求、公司資源、競爭者預期反應、公司內部人力資源培育。產品發展策略雖存在高風險，卻是業者不能不走的一條路，而且金融商品本身可能為公司帶來更多的利益。

二、整合性成長策略

1.向後整合成長策略

　　向後整合成長策略係指金融業者為增加其金融商品供應者之控制權。由於金融業與社會大眾關係太密切，故各國政府對於金融業的業務經營均有所限制；加上金融商品大多來自業者所創造，故金融業者在此方面可發揮的餘地不多；但亦非完全不能採用，例如，轉投資設立票券公司或投資證券公司，以對顧客提供票據貼現或發行各類基金，而這些金融商品又都是業者可提供的金融商品之一。

2.向前整合成長策略

向前整合成長策略係指金融業者為增加對其通路系統之控制權所採用之策略。因為金融業者對顧客之服務係以營業人員直接面對客戶，為直接行銷方式，所以金融業者表面上似無須對其通路系統增加控制之必要。但是從金控公司成立後，業者對通路之爭取更是激烈。所以不論是合併或策略聯盟方式，此策略已成為重要工具。

3.水平整合成長策略

水平整合成長策略係金融業者為增加對市場控制力，以購併方式將競爭者收歸為己有的一種成長策略。由於水平整合成長策略可能牽涉公平交易法之規定，故業者在採行時，務必注意不可違反法令，以免觸法而造成商譽及利益之損失。水平整合成長策略雖涉及法令問題，但在合法情形下，仍可為之。此策略能使業者在市場中迅速透過購併的公司而進入新區隔市場，除減少原有市場的競爭之外，亦可將原競爭者的市場影響力化為己有，事實上是一個相當有效的策略。但執行水平整合成長策略時，須考慮被購併公司的聲譽、經營狀況、員工反應、市場反應、適法性等，當上述各項條件均能符合公司需要，金融業者推動水平整合成長策略有其利益。

三、多角化成長策略

所謂多角化成長策略係金融業以各種方式投資與目前金融業務毫無相關的行業，以獲得公司利益。不過，一切均須依法辦理，以免觸法。多角化成長包括集中式多角化成長、水平多角化成長、複合式多角化成長。

1.集中式多角化成長策略

金融業者可綜合現有人力、技術發展多方面的綜合性商品，它可能進入新市場，並銷售給新顧客。例如，金融業者投資顧問公司。

2.水平多角化成長策略

金融業者可尋找吸引現有顧客的新金融商品，但其技術與現有業者之技術不相同。例如，金融業者可投資其往來客戶所需要的原材料或零組件，供其顧客使用，如投資製造印刷電路板供其電子行業的往來客戶生產之用。

3.複合式多角化成長策略

業者可在發展與現有技術、產品、市場無關之產業。例如，投資製造業的高科技產業。

綜合上述說明，可將金融業之成長策略歸納為成長策略架構圖，詳如圖 4-5。

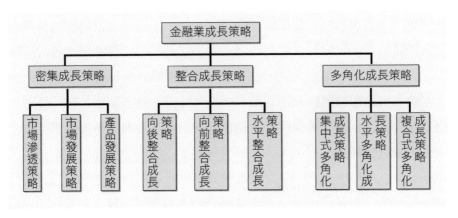

圖 4-5 金融業成長策略

第五節 金融業產品生命週期策略

金融業產品生命週期係指金融商品或其產品線具有一生命週期，有起有落，而商品所處之生命週期位置的確認，可協助金融業者對金融商

品取捨及行使各相關策略之參考。企業界早已大量使用此策略，不過金融業者因金融商品之特性及決策管理者未加重視，少有業者使用此策略。

一般說來，產品生命週期理論因行銷活動會影響產品生命週期的發展、產品所處生命週期位置之確定不易、生命週期型態不明確、生命週期階段劃分不易等缺點，故受學術界批判，並提出市場演進理論補充之。不過由於產品生命週期易懂易使用，且市場演進理論實務上並不易提供企業界更多實際運作之參考；同時業者若能向了解該產業或產品現況及發展方向的專家徵詢意見，似仍有利於企業界在策略規劃時之參考。

金融業產品生命週期之定義為金融商品在銷售中，可依其銷售狀況、顧客特性、利潤高低等因素，將生命週期劃分為導入期、成長期、成熟期、衰退期等四個明確階段，每一個階段能顯示確定的行銷機會及問題、可使用之行銷策略。產品生命週期非一定為標準形式之 S 型或鐘型，已在實證研究中獲得證實，部分產品出現階梯式，部分出現循環式，可能因產品特性而異，不能一概而論。不過金融商品似未見相關研究，故實務上仍可以標準型為參考依據，並以金融商品特性為輔，自行推演該金融商品可能的位置為何？例如，定期存款係為金融商品之一，但因其產品特性為簡單易懂、穩健、風險低、兌現速度高，雖其存在時間甚為久遠，但仍可視為處於成熟期之後段，這也就是金融業者無須百分之百確定產品所處位置，只須依實際狀況及其特性進行推演，即可得到概略之資訊，進而利用相關之行銷策略，以協助業者進行營運活動。就金融商品之生命週期不同階段所可採用之策略說明如後：

一、導入期行銷策略

不論任何產品在導入初期，常不為人所知；使用者被稱為市場創新者（有意願、有能力採用新產品者），此時使用或購買者人數甚少，而

業者之銷售量亦甚少。金融業者在導入期最主要的目的，在於建立新金融商品的知名度，藉以吸收具購買潛力顧客的注意及興趣。導入期之行銷策略可分為四種，說明如下：

1. 產品單純化

由於產品之功能或特性過於複雜，易使顧客產生排斥心態，故金融業者應設計一個單純、簡單明瞭的金融商品，降低其專業化，以符合一般社會大眾之需求。例如，衍生性金融商品推出時，若能以簡單方式使顧客不覺得專業性太高，較易吸引一般顧客投入購買行列。

2. 定價策略以成本加成為依據

由於初期成本來源的項目包括範圍較廣，而且初期銷售量不大，若投入太多心力於定價決策，可能反延誤其他策略之推動，故以成本加成定價法最為簡單快速，節省其他相關成本，故不但不會影響公司營運，甚至還有利於公司的運作。

3. 採用選擇性配銷通路策略

在業者有限人力下無法完全推動新導入的金融商品，故導入期選擇特定之配銷通路更可發揮其效果，例如，透過理財專家之口頭通路（演講會等），將有利於吸引金融商品創新者使用此商品（如某型態的海外或國內基金）。

4. 利用高促銷策略

業者利用大規模的銷售促進及廣告方式，以達到提高顧客對金融商品的認知，並進一步增加知名度。例如，先以大量廣告使潛在顧客認識此新型金融商品，再輔以說明會中贈獎活動相互配合，如此對顧客更能產生興趣及購買意願。

不過當業者為簡化作業，可利用促銷及價格兩個主要指標進行策略選擇。第一，快速掠奪策略，即在高價格、高促銷水準下推出新金融商

品。第二,緩慢掠奪策略,即在高價格、低促銷水準下推出新金融商品。第三,快速滲透策略,即在低價格、高促銷水準下推出新金融商品。第四,緩慢滲透策略,即以低價格、低促銷方式推出新金融商品。上述四個策略各有其存在的條件,業者在使用時應多加注意。例如,最為業者所使用的快速滲透策略,須在下列五個條件下始能有效運用,第一,市場大;第二,市場不熟悉此金融商品;第三,大多數購買者重視價格取向;第四,激烈的潛在競爭情勢;第五,單位成本出現遞減狀態。金融商品亦是如此。

二、成長期行銷策略

當金融商品出現銷售量迅速上升、商品利潤增加、購買金融商品人數逐漸增加等多重現象時,代表該金融商品可能處於生命週期中之成長階段。業者在成長階段最主要的目標在獲得最大的市場占有率。金融商品在生命週期成長階段可採用之策略,包括下列數點。

1. 提高金融商品的品質及服務

其品質應包括兌現性高、投資報酬率高、風險較低等;服務則包括作業所產生之服務品質及營業人員的服務態度。金融商品在成長期以此品質差異化、服務差異化來攻占市場占有率。

2. 設法進入新的市場區隔

業者可在現有銷售地區以外之區域擴展其業務,或是吸引原先未重視該金融商品之顧客。這種進入新市場區隔的策略可為成長期產品擴展另一個經營空間。

3. 進入新的配銷系統

此策略即採密集性配銷,業者可利用公司更多的銷售通路或銷售據點,增加業者與顧客接觸的機會,並使其有更多選擇的據點。

4.價格策略上應採低手續費，以求市場滲透的目的

此策略可協助業者追求最大市場占有率的目標；同時低價格策略可抑制競爭者提前進入此金融商品市場的空間。尤其此策略有助於業者吸引重視價格的顧客。

5.廣告策略應將認知性廣告移轉至說服性廣告

說服性廣告將促使更多潛在顧客進入市場購買金融商品，例如，新基金或新公債等。

三、成熟期行銷策略

金融商品在市場上銷售一段時間後，可能因顧客對該金融商品產生疲乏效果，其銷售量達一定數量後而漸趨平穩，成長率則出現下降現象；若金融業者發現此現象時，可能代表該金融商品已處於成熟階段。業者面對此情形，應先確定其最大目標在於獲得公司最大的利潤及保護該商品之市場占有率。在策略原則方面，金融商品種類應增多，以多樣化方式供顧客有更多選擇機會，進而吸引顧客繼續使用該商品，例如，增加定期存款種類。價格策略方面，應以較優惠條件攻擊競爭對手，例如，代售公債時，收取較低手續費。廣告策略則重視產品品牌差異化，以差別與競爭之不同，增強對顧客的吸引力，例如，發售基金時，可使顧客能清晰了解該基金所具備之優點有別於其他競爭者。除上述觀念外，業者可更深入分析，包括市場修正、產品改良、行銷組合改良。

1.市場修正

⑴增加與市場接觸機會

業者可利用廣播訪問節目、新聞訪問、意見領袖訊息之傳遞等方式，增加與潛在顧客接觸的機會，使得潛在市場中之顧客有興趣於該金融商品，例如，房屋貸款。

⑵主動赴團體機關舉辦說明會、講演會

以理財為主題，將適當的成熟金融商品再次透過正確的理財方式，引發潛在顧客的興趣及意願。例如，對股票的購買。

⑶設法掠奪市場競爭者原有之顧客

業者可以高促銷、低手續費方式奪取證券市場顧客；亦可以較優惠條件爭取外匯買賣的顧客；或以競爭者本身不利事件作為攻擊目標或以訊息告知顧客（但須合法）。

2. 產品改良

金融商品改良包括品質改良、服務的改良、特性改良等。

⑴品質改良

金融商品品質改良可從產品的內涵改良著手，例如，房貸方面之申請貸款手續的簡化、貸款條件更為合理化、貸款契約簡易化。

⑵服務之改良

金融服務之改善範圍很廣，營業人員對顧客的服務態度若能加以改善，則直接與營業人員接觸之顧客將建立對公司良好的印象，尤其對該營業人員所買賣的金融商品將有所助益。例如，買賣現金美鈔、美金旅行支票，若能主動協助顧客填寫申請單，則可為公司爭取不少利益。

⑶特性改良

金融商品特性改良係指將特性加以改良，以符合顧客需要。例如，一般定期存單加以改良為不記名的可轉讓定期存單，將之視為現金一般而迅速流通。

3. 行銷組合改良

業者在行銷組合改良方面可發揮之空間甚大，例如，推出具吸引力

的廣告、降低手續費、增加宣傳及銷售促進活動、增加通路系統或銷售據點、提高服務水準、提供專業性技術諮詢服務、增加一般諮詢管道、提高金融自動化服務、提高營業人員服務態度及服務品質等均可視為行銷組合改良的推動項目。

金融商品位處於成熟階段末端時，可能因行銷策略的執行而重新恢復生機，甚至為業者帶來更多利潤。企業界得以下列方法為其商品帶來第二春，金融業者值得部分採用。

第一，擴展市場行銷機會方面，可提供金融商品新用途（如外匯買賣成為投資性商品）、新使用者（如中小企業購買遠期外匯）、創新性產品差異化（如金融債券）、增加新產品線（如某些衍生性金融商品）、刺激非使用者、經常使用者（如鼓勵企業購買部分績優股）、提高購買量（如鼓勵組織團體等增加購買基金等）。

第二，增加服務市場的機會方面，可增加新的產品要素（如增強消費性信用放款）、擴展配銷層面（如增設分支機構、自動櫃員機、無人銀行）、擴展展露者（如增加廣告、宣傳）。

第三，改善市場占有率方面，如滲透替代品市場（如鼓勵購買公債、基金代替定期存款）、滲透入競爭者市場（如提高更多的投資諮詢服務，以掠奪競爭者原有顧客）、防禦公司現有市場空間（如降低手續費，避免顧客流失）。

 四、衰退期行銷策略

產品銷售一段期間以後，可能會進入衰退階段；然而金融商品是否亦然？目前尚無明確說法，不過穩健性高、保值性高、兌現性快等之金融商品（如存款），或許在政治巨變之下可能被視為廢紙，但若在正常情形下，金融商品成為衰退性商品的機會不高；即使出現此狀況，將以基金、公債或部分衍生性金融商品可能性為最大。由於可能出現此機會，仍稍作說明。

衰退期間的產品，其顧客人數將減少、公司利潤下降，銷售額降低。通常此階段的產品應儘量減少行銷支出，以期獲取更多之利益。其策略包括：

1. 產品策略

應減少推出之金融商品種類，確認衰退中的產品，試圖將之刪除。

2. 價格策略

降低手續費、利息等方式，以使部分金融商品可收回基本營運成本；甚至為公司獲取最後的利潤。例如，出售基金。

3. 配銷策略

將已完全無利潤的銷售據點逐步放棄，例如，可放棄基金委託代銷的據點。

4. 促銷策略

廣告上係以維持品牌忠誠者的標準；銷售促進則儘量減少到最低標準。

業者應了解衰退期行銷策略的基本原則是儘量賺取最後的利潤，對毫無利潤的金融商品應斷然刪除，以免反增加公司營運成本，減少公司利潤。不過業者可先進行衰弱產品之確認、擬訂行銷策略，最後執行放棄決策，依此步驟將可避免業者誤刪尚稱良好的銀行商品，反不利公司利益。

綜合上述分析，將金融業產品生命週期策略歸納為一架構圖，詳如圖 4-6 所示。

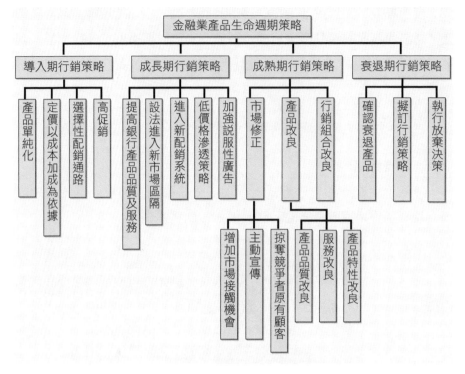

圖 4-6　金融業產品生命週期策略架構圖

第六節　金融業國際行銷策略

　　由於國際貿易愈來愈頻繁，國際性區域組織逐漸擴大；金融業在未來從事國際行銷的機會相對增加，業者若僅限於國內市場，在有限的狹小市場空間內，可能無擴大經營的範圍。然而進行國際行銷活動因牽涉投資所在國的相關因素，業者須更加謹慎。

　　業者從事國際行銷活動時，應先行確定公司經營方向與策略；當公司確有此意願及企圖時，才須展開第一個步驟，國際行銷環境的評估工作，其考量範圍包括國際貿易及金融環境、經濟環境、政治與法律環

境、社會與文化環境、商業環境；若深入了解，業者須調查之項目細分為：

第一，投資國的政經及社會狀況（含政治穩定性、社會安定性、物價與匯率安定性、經濟政策一致性、財政及貿易赤字或盈餘變化、外匯累積及管理品質、外資政策）。

第二，目標市場的規模及消費特性。包括市場成長潛力、消費需求動向、相關金融商品市場占有率狀況、競爭者活動、行銷法規、金融法規等，另進入鄰近國家市場的便利性及競爭能力均應加以考慮。

第三，基本公共設施。包括水、電、電訊、郵政等設施，尤其電力、電訊對銀行業務推動影響最大。

第四，當地人員供需與薪資。包括一般行員及管理人員、專業人員之供需狀況和薪資標準，另外各類人員之資格、素質、供應穩定性、勞工法規、工會影響力、居留規定等。

第五，稅賦規定。當地對設立銀行業是否給予租稅優惠，包括營利事業所得稅、營業稅、駐外人員的所得稅、公司股利及利息匯出時之扣繳稅等。

第六，資金調度和金融制度。當地金融制度、資本市場、銀行之特色、外匯管理、外匯市場動向等均須了解。

第七，審查外資的規定。是否將外資給予國民待遇，另外如投資計畫的法規依據、實際作業手續、符合獎勵優惠的條件、申請至核准的所需時間等。

第八，其他事項，包括合資人的各影響因素、公司設立手續、人員簽證及居留方便性、子女教育設施、生活環境等。

金融業實施國際行銷策略的第二個步驟是進入國外市場決策。在真正探討進入國外市場可行性分析之前，可先對當地環境進行 SWOT 分析，以協助業者之判斷更為準確。業者決定是否進入海外市場必須考慮包括市場可行性、技術可行性、經濟可行性、政治可行性、財務可行性

及管理可行性等。第三個步驟是市場挑選決策，即從數個目標市場中擇一或數個目標。第四個步驟，進入國外市場決策。一般金融商品進入國外市場的方式包括間接出口（委託當地業者代理）、直接出口（直接赴當地將銀行產品出售至組織團體）、技術授權、合資、直接投資等方式。第五個步驟，業者應執行國際行銷規劃決策，包括產品策略、價格策略、促銷策略、通路策略。第六個步驟，選擇行銷組織決策，即業者應由何種組織方式進入海外市場，包括設出口部門、國際分公司、多國籍企業等。

一、國際行銷環境之評估

業者可根據下列資料進行調查與評估；說明如下：

1. 政治安定性

包括安定程度、政治動向（企業活動的自由範圍；對外資基本態度）、對外關係。

2. 經濟情勢

包括國民所得、個人所得、經濟成長率、國際收支、對外負債狀況、產業結構、就業結構、財政收支狀況、經濟預測等。

3. 社會情勢

包括語言、教育水準。

4. 對外資的法規、制度、政策

包括投資範圍、出資比率限制、當地調度資金比率限制、融資的限制、不動產取得的限制、獲利匯出的限制、當地人就業保障問題、居留簽證問題。

5.對外資優惠政策

包括投資額補助、教育訓練費補助、法人稅及其他稅之減免、本金獲利利息、專案獲利等匯出之保證、不動產的優先供給使用等。

6.經濟、產業及貿易政策

包括重點輔導產業、國家在產業發展之政策。

7.企業活動相關法令規定

包括公司法、商事法、工資法、各種稅制及稅法、證券交易法等。

8.市場問題

包括市場成長性、市場特性、商業習慣、市場行銷法規與制度、競爭狀況等。

9.人力資源

包括勞動力素質、供需狀況、中階及技術人員僱用難易度、勞動管理（工會法令、工會運作、勞動習慣、罷工發生可能性、福利、教育訓練等）。

10.資金調度與金融制度

包括調度可能性、資本市場發達程度、民間資金儲蓄狀況、外匯等金融資訊情報的提供。

11.其他事項

包括公司設立手續、當地對外人態度、氣候、派遣人員的簽證、生活環境及子女教育等。

二、進入國外市場決策

當業者經評估海外市場認為可行，接著必須衡量公司本身進入該海

外市場的可能性，包括公司資源、公司企圖心等，若詳細進行可行性分析時，須包括市場可行性（市場潛力、市場成長性、進入市場容易性等）、技術可行性（設分支機構的能力、操作能力等）、經濟可行性（成本效益分析、經濟發展潛力）、政治可行性（政治安定性、政府態度）、財務可行性（資金來源、資金調度）、管理可行性（管理人才及能力、員工工作態度）等。經由上述可行性分析後，再進入市場選擇決策。

三、市場挑選決策

金融業者經評估後，可獲得部分目標市場，而這些市場可能不止一個；由於業者基於風險考量、公司資源、人才尋覓等因素，無法同時設立許多海外據點，因此便會面臨選擇的狀況。

業者可根據可能地點的不同方案考量公司在資金融通、業務拓展風險性大小、利潤高低等方面的情況加以分析，以挑選最適合業者進行海外業務的拓展，尤其是初次前往海外投資者。不過即使非第一次進行國際行銷活動，上述之選擇仍是業者可能面臨的狀況。

四、進入國外市場決策

進入國外市場的方式包括間接出口（委託當地金融機構代銷金融產品）、直接出口（直接尋求客戶）、技術授權、合資、直接投資。此五種方式對業者各有其優缺點，對於業者而言，可從投資金額、風險程度、獲利狀況、控制程度等四項指標作為選擇基準。間接出口是一種投資金額最小、風險最輕、控制程度最少、獲利最低的決策，隨著四項指標程度的加重，直接投資則是投資金額最大、風險程度最高、獲利狀況最佳、控制程度最大的決策。所以，不論採用哪種進入國外市場決策，業者應先確認本身的企圖心及目標為何？如此將更有利於決策選擇。

五、國際行銷規劃決策

此階段可說是國際行銷活動中最直接與行銷策略有關的部分。事實上，在基本策略上的運用與在國內使用時並無不同，不過因市場特性的差異，在規劃及執行時，應配合當地環境，以使策略能因地制宜，進而達到公司業務拓展的目標。由於它仍包括產品策略、價格策略、促銷策略、通路策略等行銷組合配置的運作，故仍須依據上述四種策略的相關作法搭配運用。

當產品策略與促銷策略搭配考量時，可產生五種不同運作方式，包括直接溝通、產品調整、促銷調整、雙重調整及產品創新等，對金融業者而言，促銷方式因地區、社會、人文環境不同，故促銷策略須加以調整。金融商品在世界上有許多共通性，故產品調整、促銷調整或雙重調整均可採用。至於產品創新則須視市場接受性決定是否執行，對於在國際行銷經驗不豐富的業者，似乎可不必急於採行。

若將價格與促銷策略合併使用時，可視其進入市場目的、當地競爭者反應等採取不同方式，例如，業者欲迅速進入國外市場，則以低價格（低手續費、低貸款利息等）、高促銷（大量廣告、銷售促進活動）方式快速滲透入該地市場，但切勿違反當地法令規定或金融業商業習慣，以免不利於公司經營。

六、行銷組織決策

當金融業者在上述各項決策確定後，必須考量公司係以何種組織型態在該海外市場進行營運活動，一般可包括設立出口部門、國際分支機構、各國籍企業。以金融業者作法，除非本身提供之金融商品已建立良好信譽，否則單只設立出口部門對業者經營來說，助益不大。以臺灣金融業之規模及能力，因為多國籍企業的需求條件更高，業者無須急於達到此境界，而單設立出口部門又顯得不足，故以設立國際分支機構（包

括分公司或子公司）最為恰當。

金融業之國際行銷策略經歸納後，可以下列架構表示之；詳如圖4-7所示。

第七節　金融行銷之基本原則

具現代型態之金融業已有數百年歷史，然而近數十年隨著科技進步、國際貿易的發達，已使得商品的類型，服務層面擴大。臺灣金融業正期朝向成為區域金融營運中心發展之時，業者若無法以正確的行銷管理觀念規劃本身經營策略，可能將受市場競爭激烈的影響而被逐出金融市場。

以往金融業經營上因受政府嚴密保護，雖有業者逐漸重視行銷觀念，然而一般可能偏重在銷售面的管理，策略性規劃層面少為高層決策者使用，未來為因應環境變遷，業者不可再忽略行銷策略的規劃及此方面專業人員的訓練。

金融業在實施行銷管理時，除應重視上述所提競爭策略、成長策略、行銷策略，仍須考慮某些重要原則，說明如下：

第一、供需法則之遵守與運用

市場上任何因素的改變，最終將影響供需變化，再進而改變市場價格、市場數量。因此供需法則可告訴業者何時應進入市場？何時退出市場，藉以確保公司正常營運，雖然此時供需狀況之預測並不容易，但概估式的預測仍不可缺乏；順應其勢發展，始不致因忽略市場供需狀況而不利於公司經營；順勢經營並非盲目追隨，而是掌握在最佳時機進入或退出市場，這有賴公司成立專案小組隨時注意市場動態，進而獲得較準確的預估，使公司不僅能保有原有顧客外，又能開發新的顧客。

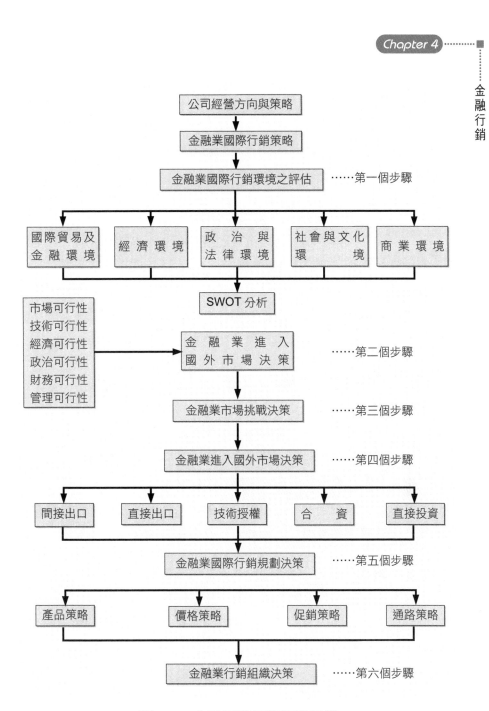

圖 4-7　金融國際行銷策略架構

第二，公司內部應著手內部行銷的建立

內部行銷的觀念在於公司內部必須先行建立互信的觀念，進而以顧客導向為指導方針；當內部能建立此種顧客導向的理念，不但能保有舊有顧客，同時亦可開發更多新顧客。

第三，公司對外應建立互動性行銷觀念

所謂互動性行銷係指金融業者與顧客間在業務來往應存著一種互動性、互助性的觀念，使公司業務推動時不論遭遇危機事件或正常營運均可維繫雙方良好關係。此種互動行銷觀念不僅只是出於表面作業而已，更重要的是，業者應在誠意原則下推動，始能達到真正企業社會責任的目的。

第四，風險管理的重現

金融業的往來對象包括範圍幾無限制，再加上近年來全球金融界之金融性商品（尤其是衍生性金融商品）發展速度快；管理規範不足，更加深業者在經營上之困難度。若墨守成規或過於激進，均將為公司營運上帶來壓力。除各種行銷管理的策略外，風險管理已成為目前業者不可或缺的經營重要因素之一。近年來，不少國內外金融業者常忽略風險管理的操作，致使公司遭遇空前危機，甚至引起全球金融界的風暴。

第五，提供差異性服務觀念

金融業是商品同質性頗高的產業，故如何將商品差異化，其關鍵因素在於差異性服務觀念的推動。為使公司與其競爭者有所不同，除商品創新外，創新性服務的建立，更有助於業者在市場中的競爭力。

第六，提升服務品質

服務品質在服務業而言，已是市場上競爭的必備條件而非影響要素。所以金融業者在提高競爭力之時，除有效地推動各種行銷管理策略

外，更應重視顧客需求及顧客服務。缺乏水準的服務，將受顧客排斥，甚至抵制，故提升服務品質為業者最基本的工作。

第七，行銷策略執行之控制與監督

金融業者任何行銷策略的推動均須依賴執行始能真正落實於公司的經營，所以執行過程必須能有效的加以控制，使之不致有所疏忽，同時為確保運作過程的正確性，亦不能不重視監督的工作。業者如何建立一套合理的執行監控系統並非易事，最重要除須在專責的監控單位外，亦須依環境變遷適時提出調整計畫，以使公司的營運能在滿足消費者需求及社會公平正義原則之餘，達到公司獲取利潤的目標。

第八，策略運用的彈性化

任何行銷策略的運用不能拘泥形式，必須能符合適應內外在條件改變而能迅速調整，這種彈性化的作法已逐漸成為企業競爭的趨勢。當公司推出某一個行銷策略時，可能與各個策略均有所牽連，故如何合理掌控及注意其互動性，以使策略上之運用能具彈性化，並達公司策略施行的真正目的。

個案 4-1　金融業虛擬行銷個案㈠

A 銀行是一家具經驗的公營銀行，資本額達七百五十億元，員工計三千餘人，分支機構遍佈全臺，共八十餘家分行；另在海外重要華人經商、投資的地點亦設有分支機構，近二十餘家。

A 銀行因是公營機構，在人事、會計、預算等受制於政府各相關部門的情形下，許多政策的推動常有緩不濟急之感；而且行員在公家機關保障的想法下，普遍存在缺乏積極爭取業績的心態。但幸好該銀行為一家具聲譽良好、信用保障的銀行，而且分支機構亦相當普遍，所以雖有許多新設銀行的競爭，尚可維持適度的業績。不過銀行內部高層主管從近年來的金融市場變化及銀行內部各項分析報表，已查覺該行若無法全

面性改變各種行銷方面的策略，遲早會遭遇到其他公營生產事業所面臨的相同危機。

問題 1

A 銀行係為具有國際行銷經驗的公營行庫，在目前正積極推動成為區域金融營運中心的政策下，如何掌握此時機，而成為此一國際金融市場之市場領導者？試從國際行銷的角度加以探討。請從國際合作、海外分行業務等方面思考此項問題。

問題 2

A 銀行的金融商品仍以過去金融不發達時期的商品為主，未來該行如何運用多品牌策略、新產品策略，推廣其新金融商品？是以模仿現有市場之金融商品較佳？亦或從國外引進新金融商品？或者自創新金融商品？試從內部資源、設計金融商品之人才、所冒風險高低等方面探討之。

問題 3

A 銀行雖有相當穩定的客源，但面對國內外競爭者的壓力，是否可考慮運用市場滲透策略（低價格、高促銷）？其考慮因素為何？當競爭者對該行的市場滲透策略有所反應時，A 銀行將採用原有市場滲透策略，亦或加以改變呢？試說明您的想法。

問題 4

公營銀行因有國家保障，在民眾較有信心的前提下，A 銀行對於促銷策略之運用從未加以考慮，只是偶而出現少量的宣傳品，而未見強有力的廣告或宣傳手法。試問如果新設民營銀行大力促銷，而對該行之存放款、外匯業務均逐漸產生衝突的情形下，您認為 A 銀行是否應打破以往慣例，而採取有效之促銷策略？亦或無須太浪費資源，而維持小量促銷活動？試問您認為如何做更有利於該行之利益？

問題 5

A 銀行以前無須太多推銷行為，即可掌握穩定客戶，但是因市場競爭激烈，總行開始對各分行下達動員令，要求上至經理下至營業員皆須進行拜訪客戶，但是各分行缺乏此項經驗，您認為總行採取何種作法，始能有效推動此政策，進而爭取更多客戶及保有原有顧客？試從鼓勵、訓練等方面思考。

問題 6

A 銀行之分行在臺已相當普遍，但由於部分地區營運成效不彰，未來其通路系統是否須加以重新調整？試說明您對調整或不調整的理由，如果您認為無須調整，則這些分行如何運用相關行銷方面的策略提高其營運（可從促銷策略方面思考）？

問題 7

A 銀行經營規模已達到相當大的程度，未來因競爭者增加，原有市場在經營上已漸感困難，若試圖採用多角化成長策略，其成功機會如何？如果您是該銀行之決策者或規劃人員，您認為應考量哪些因素？試從外在環境、人才取得、營運資金等角度思考（假設政府在預算、人事上已事先同意）。

個案 4-2　金融業虛擬行銷個案㈡

B 銀行是一家民營銀行，主要的投資人一部分為大企業集團；其資本額一百億元，分支機構二十餘家，尚無海外分行，員工約為七百多人，因為該行的重要幹部大多來自公營銀行，所以許多公司政策的思考邏輯仍無法脫離原有模式。

問題 1

B 銀行基於分支機構不夠多，對業務拓展有所不利，試圖增加分行

或辦事處，但它們面臨應以開發都市地區客戶為優先對象，亦或目標市場定位在鄉村？請說明之。同時決定增加分支機構的多寡時，應考慮哪些因素？

問題 2

B銀行既是一家新銀行，其市場定位應為何？成為一家專業銀行較佳？亦或成為零售式、百貨店式的商業銀行較佳？其考慮因素應為何？

問題 3

B銀行若欲採用新金融商品策略，其風險性較公營行庫為高，但基於新產品能對客戶產生吸引力，又不得不多加推廣。此時您認為該銀行應採用何種策略始能達到目的。

問題 4

B銀行利用高存款利率吸收存款，並以較低的放款利率吸引貸款戶，自然能使客戶增加不少，但是其利潤也相對減少，試問此種價格策略能否長期運用？如果目的只在於爭取市場占有率，則長期應配合哪些策略，始不致造成客戶逐漸流失？

問題 5

B銀行可以利用高促銷策略提高知名度，建立其品牌忠誠性，但是畢竟銀行業為服務業之一，因此服務策略成為重要的一項經營成功的條件。您認為這家銀行可推動哪些服務策略，以提高該行與客戶間的關係，進而增進營運的空間？

問題 6

正值金融市場大幅開放之際，B銀行在銀行成立數年後，是否應迅速掌握時機，而進軍票券業等行業？此種成長策略對該行可能產生何種衝擊？其考量層面為何？

問題 7

金融國際化的趨勢愈來愈明顯，Ｂ銀行應否在政府逐漸開放金融管制之際，儘早加入國際金融市場之列？此項國際行銷策略推動前，應考慮哪些因素？以使該行提前達到國際化的目的。

個案 4-3　金融業虛擬行銷個案(三)

Ａ公司為一家規模龐大的產險公司，在產險市場居舉足輕重的地位，其產險的經營種類以汽車險、火險等為主，員工人數為二百餘人，資本額是三十億元，分公司分布於全臺各主要都市。

問題 1

由於臺灣近年來進出口貿易額大幅成長，而臺灣又正朝向全球運籌中心發展。請問您認為該公司此時之產品策略應為何？請從新產險產品之設計與推出方面思考。

問題 2

近年來地震頻傳，甚多傳言認為未來數年間將出現大規模地震。請問此時Ａ公司可否推出各式地震險？該公司應從哪些因素加以考量？

問題 3

Ａ公司在面臨環境快速的變遷，應否發展國際性業務？試請從公司內部資源、外在條件（如國際貿易狀況、與國際性關係……）等角度加以判斷。

問題 4

Ａ公司在面臨新競爭者的挑戰，在保險費率方面是否可採取市場滲透策略，以阻擋市場占有率受到吞食？請從新競爭者對市場價格的反應，消費者對價格的敏感度等方面思考。

問題 5

產險銷售人員所具備之條件較壽險銷售人員為高,因此A公司在未來除設法提高人員素質外,如何建立公司銷售人員的專業化?以使消費者能願意購買該公司的保單。請從個人消費者及團體消費者分別考量。

問題 6

服務良窳已是未來服務業致勝的條件之一,產險業既為服務業之一,您認為A公司應如何提高其服務品質?請從理賠、退保等方面加以說明。

 個案 4-4　金融業虛擬行銷個案㈣

B公司為一家新進入產險市場的產險公司,其主力產品係各式陸、海、空運貨物。該公司為一家大企業集團的關係企業,其資本額為五億元,員工一百多人。由於公司為新成立公司,許多銷售人員為新進銷售人員,尚缺乏實戰經驗,但卻有良好的工作能力與態度。

問題 1

由於臺灣企圖成為全球運籌中心,B公司如何在此機會中,迅速有效的提高市場占有率?請從價格策略加以探討。低保費的滲透策略是否有可能達到目的?如果您認為該策略有效,您認為其理由何在?

問題 2

B公司雖然打算將市場經營空間定位在水險方面,但是此種單一產品線的產品策略是否容易給該公司帶來風險?如果不是,您的理由為何?如果是,您的理由又是什麼?

問題 3

B公司銷售人員具有良好的基本條件,但缺乏實戰經驗。請問您認

為該公司如何在較短的時間內，可提高銷售人員的經驗，以達到面臨市場挑戰的目的？請從學徒制度、沙盤演練等方面著手。

問題 4

B 公司之市場知名度相當不夠，因此減弱其市場競爭力。您認為該公司應如何利用廣告策略或宣傳策略提高其知名度？請從其目標市場、產品特性、廣告預算等方面思考。另外您認為該公司利用企業集團的聲譽是否有助於其知名度的提高？其理由為何？

問題 5

B 公司既然企圖以水險作為主力產品，是否有必要加入國際化的行銷？請從公司的經驗、財力資源、企業集團的對外關係等方面思考。

問題 6

B 公司為剛進入產險市場的公司，它是否適合在策略上直接進攻或挑戰水險部分的市場領導者？請從市場領導者及市場競爭者的反應、消費者的反應、策略工具等加以思考。

 ## 個案 4-5　金融業虛擬行銷個案㈤

A 公司是一家中型規模的專業經紀商，其總公司設於高雄市、且在臺南設有一分公司，其資本額為一億元，員工約百餘人。由於市場競爭激烈、綜合證券商逐漸的增加及較理性投資者的人數漸漸增多，故經營上日漸面臨困境。

問題 1

A 公司為能順應證券業的環境趨勢，打算擴大其投資額（透過吸收其他股東，如高南地區之中小企業），以改組成為綜合證券商。你認為該公司成為綜合證券商後應是形成規模較大或較小的綜合證券公司較佳？其市場定位及市場區隔的考量因素為何？

問題 2

A公司在通路系統上應迅速擴充其各地的分支機構，亦或先穩定現有的通路據點？其考量的因素應為何？你的理由何在？

問題 3

A公司既要成為綜合證券公司，因此必須推出各種新金融商品，而且須增加召募專業人員。然而許多新金融商品具高風險性高利潤性，您認為該公司應以推出風險性及利潤較穩定的金融商品，亦或直接攻擊高風險性市場？您的理由何在？

問題 4

A公司為增加競爭力，除對客戶提供許多市場分析外，亦打算每週推薦所謂的潛力股，您認為此種競爭策略是否妥當？您的理由為何？

問題 5

A公司為增加其營運空間，且考量未來金融市場狀況，有意轉投資設立期貨公司及海外子公司，假設其經營資金容許的話，則該公司應同時進行多角化成長策略及國際行銷策略，或者擇一進行？您的理由何在？

問題 6

A公司將增加其通路據點，但自行設立或採水平成長策略併購（吸收）現有競爭者會產生不同的利弊，如果您是該公司的決策人員，您認為採取哪一種策略較為有利？其理由何在？

個案 4-6　五大金控整合資源，進行交叉行銷

中信金控在 2003 年之獲利創下金控成立以來的新高，最主要是金控整合效益之發揮，尤其中國信託保險經紀人公司在銀行銷售平台支援

下，發揮交叉銷售的綜效。在金控成立前，設有綜合企劃部，負責擴展客戶，布置通路與擬訂整體經營策略方向；而金控成立後，則區分為個人金融與法人金融，建立以客戶為導向的組織架構。對中信而言，信用卡客戶也成為房貸客戶時，則代表交叉銷售成功，往來產品愈多，則成效愈佳。中信銀進行交叉銷售的立場，則是視客戶需不需要此項產品，因為信用卡客戶可能需要房貸、信貸、保險等產品；在同時成為薪資扣款戶、信用卡戶、房貸戶後，客戶可以集合管理相關帳戶，對銀行可節省成本。因此，中信金強調的是一個開放式的平台。

兆豐金控在 2003 年達到信用卡交叉行銷，使發卡量達百萬張，預約綜效將從 2003 年的 5%提升至 2004 年的 10%。中銀信用卡的 30%係來自兆豐金控旗下五家子公司的共同行銷貢獻，另外共同基金的 25%、證券股款交割帳戶的 69.8%、公司債承銷的 42%、票券承銷的 72.8%均來自集團子公司的共同行銷貢獻。從 2004 年 2 年開始，兆豐金控已啟動資料倉儲系統，進行深度的交叉分析，以了解客戶屬性和需求。預計兆豐金在 2004 年，每個客戶在兆豐金控擁有之產品，可達兩個以上不同種類商品。

國泰金控旗下各子公司的跨業行銷其實在金控成立前早已開始，尤其產險、壽險互動最頻繁，2002 年、2003 年國泰產險透過金控跨業行銷的業績，高達於公司的 66%，而國泰二萬六千名的業務保險員是跨業行銷的主力。壽險商品是近兩年才開始跨業行銷，跨售占總業績比重的 3%（2002 年）、80%（2003 年）。銀行信用卡、現金卡商品也是金控成立後才開始跨業行銷，主要仍是透過國泰業務員銷售，在 2003 年，信用卡與現金卡的跨售比重高達 60%與 85%。2002 年 1 月 1 日起，國泰人壽旗下業務員賣信用卡、房貸、基金、產險等非壽險保單商品，其銷售成績全部列入壽險業績計算，其後許多壽險公司也紛紛跟進。

台新金在各子公司交叉銷售方向，仍以提供客戶更完整的綜合金融服務為主軸；一方面加強客制化服務，另一方面，則利用資料倉儲與資

料採礦將資料整合分析，讓資料共享且可有效利用。台新金控發言人賴昭吟表示台新金是國內所有金控公司中第一家打破子公司界限，採取功能性組織（專業群）運作的金控，而且已有明顯績效。

富邦金控財務長龔天行表示，依據該公司的經驗，銀行通路擁有最佳的跨售效果，約占所有跨售業績的六成以上，所以未來新金控的布局，仍以增加銀行通路為主軸，富邦金控旗下可分為出口商（即是製造商品，例如，產險、壽險、投信，以提供保險商品、投資型保險、基金等），進口商（限定利用擴大通路銷售金融商品，例如，銀行、證券），當然進口商也會銷售商品，例如，銀行的信用卡、信用貸款等。以各子公司來看，壽險與投信兩家跨售的比重最高，在 2003 年已分別達到 55.3%與 65%。但產險商品因複雜度高，目前又以個人險為主，近兩年跨售比重由 6.1%提高至 12.8%。每年年初富邦集團會召開會議，討論當年度跨售目標（即是跨售業績占總營業額的比重及獲利如何分攤），目標確定後，每個月都要開一次評估會議，了解實際執行成果如何，作為未來改善之參考。

問題：

1. 目前金控規模較大的中信金、兆豐金、國泰金、富邦金、台新金五家規模較大，請簡單說明上述五家在交叉行銷上有何相同處？又有何不同處？

2. 國泰金的交叉行銷有其特殊的條件，它們利用其龐大的業務人員作為其根本；但富邦金卻認為銀行的通路才是其交叉行銷的發展主軸，請問您如何看待這兩項策略。相互交換作法是否會成功，請予以評論。

3. 中信金係以個人金融為主的金控，而兆豐金卻是以法人金融為主，兩家金控均利用資源整合進行交叉行銷，您認為兩家金控在試圖跨入另外一個金融領域時，其作法是否有可相互參考之處？

如果沒有，您的理由又為何？請說明。

資料來源：黃又怡等，〈五大金控整合資源，交叉行銷各有撇步〉，經濟日報，2004 年 1 月 27 日。

個案 4-7　花旗銀行重返臺灣財富管理市場

　　私人銀行（private banking）係指講究個人化、私人化、秘密性的金融服務，近年來已由財富管理（wealth management）逐漸取代私人銀行的名稱。臺灣的金融機構近兩年搶攻財富管理業務，開戶門檻約為新臺幣三百萬元。

　　花旗銀行私人銀行是在 1998 年撤出臺灣，這次重返臺灣此財富金字塔頂端的高所得財富管理的市場，其門檻設在三百萬美元，過去因臺灣尚未開放設立私人銀行，因此大都限訂在臺填表，海外開戶，銀行能夠發展的空間有限，故許多外商銀行縮編或擬出在臺業務。不過 2002 年正式開放出來，再加上市場上有更多客戶需要此協助，故臺灣此塊財富管理市場逐漸受到重視。

　　花旗銀行私人銀行董事總經理吳港生表示，臺灣私人銀行是以新臺幣資產為主，正可與海外資產搭配，讓客戶整體資產配置更為周全。吳港生表示花旗銀行在 2004 年，將其私人銀行業務的盈餘達到成 25%的目標。目前服務團隊約為四十多人，較臺灣最大私人銀行業務的瑞士銀行（六十多人的服務團隊）少，因此他表示瑞銀將是花旗銀行在此領域的可敬之競爭對手。

　　至於臺灣私人銀行中，哪些人是主要客戶群呢？吳港生表示，四十至五十歲、企業人士，是私人銀行中的中堅主力，不過三十歲以下的年輕人亦不乏其人。

問題：

　1.臺灣財富管理市場近年來成為金融業者兵家必爭之地，然而這群

金字塔頂端的高所得者畢竟只是極少數人，金融業者是否在市場區隔化時，有其他考量，否則各金融業者都在爭取此區隔市場呢？您可否進一步加以說明。

2.在金融業者進行市場區隔化時，所得是必要的區隔變數，假設想要開發另一塊區隔市場（您可以自行假設），您將會選擇哪些區隔變數，請提出理由。

資料來源：李惟平、白富美，〈花旗銀重返財富管理市場〉，經濟日報，2004年2月2日。

個案 4-8　金融商品分眾化出擊

針對特定族群量身訂做的金融商品，已成為新趨勢。例如，近年來，臺灣保險業者常分別針對定存族、上班族、粉領族、創業族或社會新鮮人設計不同的保險商品，使不同特定族群的投資人既能保險保障，又能同時進行理財與節稅的規劃。不過由於業者大都只在保單的設計上翻新花樣，所以市面上常出現大同小異的保險商品。

除保險商品外，其實包括基金在內的金融商品也常提出其特色，以期能符合大眾在投資理財上的不同需求。不過正如中國商銀投資理財示範分行經理李碧齡表示，投資人在按照本身的需求，要求理財專員量身訂做一套專屬的投資組合，可能更能符合自己的期望。例如，連動債基金並不一定符合所有大眾的需要，但金融業者卻常在推出一樣新商品時，卻不依客戶的需要，只要能銷售出去便達到其目的。

牌告利率也將走向多元化，台新銀行已向中央銀行提出申請，針對特定對象給予不同的牌告利率。中央銀行原則上係支持此利率自由化的作法，只要非牽涉性別、婚姻等歧視性的因素作為差別性利率的條件，應該都會過關。例如，國外銀行常以提領次數作為依據，如果客戶一個月提領次數不超過二次者，可享有較高利率。另外，如臨櫃交易成本最高，若銀行與客戶約定「不得使用臨櫃或使用臨櫃需收費」，此時，將

回饋客戶，給予較高存款利率。

問題：

1. 金融業者在依據市場區隔化設計金融商品時，已有走火入魔的現象發生；請問您認為如何有效運用市場區隔化與產品設計兩項工具，才能真正推出符合社會大眾的金融商品呢？

2. 在協助客戶理財規劃時，理財專員是否只是考量客戶的所得、職業等區隔變數而已，還是應該深入了解個別客戶的特性再進行理財規劃呢？您的理由何在？從協助客戶理財規劃過程中，是否可發現公司內部可能面臨金融商品不足的問題？您的看法如何？

資料來源：莊文菁等，〈金融商品分眾化出擊〉，工商時報，2004 年 3 月 28 日。

個案 4-9　2003 年臺灣金融業之年度風雲商品

國泰人壽在一天之內便銷售新臺幣六十一億五千萬元的投資型保單，這是發生在 2003 年 4 月，它是國泰人壽的第一張投資型保單。這張投資型保單是以澳幣計價，六年期保本率 28%，由德意志銀行發行的連動債。其實此保單並未特別超出同業設計的投資型保單，利率及保本率也非業界產品中最優惠者。其成功的原因主要是設計自己的投資型保單，以滿足其客戶的需求，同時能充分在推出前，對整個業務體系進行有效的教育訓練。

2003 年臺灣的消費金融市場，除頂級卡、白金卡大戰持續上漲外，VISA mini card（比一般信用卡縮小 43%），吸引不少年輕族群的眼光，成為二十至三十歲年輕世代的最愛。中信銀在 2003 年 9 月 17 日率先完成全臺迷你信用卡的第一筆刷卡交易，至 2003 年底，短短四個月已發行九萬多張。此迷你卡除一般信用卡功能外，並結合年利率僅 3.65% 的低利代償計畫，且申辦者可獲得造型項鍊等 mini 套裝組合，還有機會成

為 mini 汽車得主。此卡除上述優惠外，更藉由 mini card 方便攜帶的特性，享受更愜意自在的消費體驗。

兆豐金控推出兆豐企業基金，創下國內首度為中小企業在海外籌資，發行共同債券。由於規模在一百億以下的廠商，若單獨發行 ECB（海外可轉換公司債）成本太高，而且內外部手續複雜，且必須冒募集失敗的風險。因此兆豐金控推出兆豐企業基金（MBF），將資金設計為三部分，第一部分發行浮動利率債券（占 80%），其次是由行政院兩兆雙星計畫補助的優先股（占 9%），最終才是選擇權部分（占 11%），2003 年一年內發行兩梯次，為中國商銀賺入數億元，管理資產達一百億元。

建華銀與IBM研究中心合作，共同開發只要一組密碼，便可在各處營運據點，透過網際網路，直接在線上調度各子公司不同帳戶間的資金，且因有聯盟支援，跨區域匯款入帳時間，可從二至三天縮短為當日即可到位。建華銀行此項金融商品稱為CPA洲際管理帳戶，它不僅提供客戶可利用一地存款或應收帳款設質，即可作為另一地資金融通的基礎，兼具方便的彈性。

問題：

1. 由 2003 年年度風雲商品中可看出，這些成功的金融商品都有其特色，除國泰人壽的投資型保單與其通路有密切關係外，其餘三項金融商品均有其獨特性。可否請您提出在設計一個良好的金融商品時，應注意哪些問題？（可從市場面多加思考）
2. 在本個案中四種金融商品，您認為哪一種金融商品最具特色，其理由為何？（可從客戶的需求著手說明）

資料來源：彭禎伶等，〈金融商品求變〉，工商時報，2004 年 1 月 21 日。

個案 4-10　銀行邁入併購產品線時代

　　中信金控總經理羅聯福表示，未來除了銀行之間的併購外，也將可能看到銀行併購產品線，預估信用卡將會是最早發生的案例。

　　雖然市場上傳出中信金控將併購萬泰銀行現金卡業務，不過羅聯福指出，目前的確有投資銀行在撮合現金卡、信用卡業務，但是家數不多，選擇性不大，因此大家都只是在考量而已。他進一步表示，一家銀行所擁有的產品線若非為該行的核心競爭產品，就不一定要放在自己銀行，分開來出售可能會比整個出售來得更好，價格也可能比較高。羅福聯表示，目前中國信託銀行雖擁有 500 萬張流通信用卡，似乎穩坐發卡量第一的龍頭寶座，但並不代表中信銀不會購買其他銀行的信用卡；因為若能併購他行的信用卡業務能達到「排除他人追上的力量」，這也是值得購買。

　　雖然臺灣較少見到銀行併購其他銀行單一產品線，但也不是沒有，例如，花旗銀行便在 2003 年初，將中南部地區的房貸案件予以出售，而金融資產證券化也是另一種出售銀行產品線的方式。羅福聯認為由於財政部對信用卡業務的管理愈來愈重視，發卡行除須設獨立帳戶、提存備抵呆帳外，還要求虧損達一程度必須關門，因此未來一定會出現銀行出售信用卡業務的情形。中信銀未來會依據三項指標決定是否予以購買，這三項包括賣方如何？競爭對象如何？出售之產品業務為何？

問題：

1. 金融業者如何擴展其產品線之規模，似乎已成為競爭上的考量目標，請您就中信銀併購信用卡業務的想法予以評論。

2. 現金卡已成為許多年輕人生活上的必備工具，然而其相對性的風險卻相當的大，若您是一位銀行業者，是否可能考量併購萬泰銀行的現金卡呢？其理由何在？併購後又應注意哪些問題呢？

資料來源：張慧雯，〈銀行邁入併購產品線時代〉，工商時報，2004 年 1 月
　　　　　1 日。

個案 4-11　富達與怡富在基金平台之競爭

　　富達基金平台在 2002 年 3 月 6 日正式在臺灣成立，開啟證券公司
受託買賣海外基金的先例，而且也是臺灣唯一以海外基金 BZB 經營模
式的交易平台。至 2003 年 1 月為止，已有二十五家銀行、保險、證券
等通路透過此基金平台下單買賣於平台上四家基金公司的八十三支海外
基金。2003 年上半年，將會有百利達、瑞士信貸、摩根史坦利等五家基
金公司多支海外基金加入，預計富達基金平台將超過一百五十支海外基
金。於基金平台將繼續以網路與提供各項篩選工具等方式，配合投顧的
諮詢服務，加強對銀行、證券公司與保險公司等通路的合作。

　　怡富基金平台則是以怡富近十萬名散戶投資人作為服務對象，它是
提供共同基金的 BZC 投資組合服務。初期先由鼓勵有興趣的客戶，轉
移到證券公司下單。投資人可以直接在基金平台上買到怡富投信發行與
怡富投顧核備的四十支基金。為擴大其產品線，怡富基金平台將會根據
績效與評等，與怡富產品互補性等標準，篩選出其他兩家公司的基金產
品（可能包括大聯、ING 等）。摩根富林明證券的總經理黃碩麟表示，
怡富基金平台未來要做是基金的精品店而非百貨公司。

問題：

1. 富達基金平台係除 BZB 的作業方式，而怡富基金平台則持 BZC
   的方式，請您從市場、消費者等角度，評估兩基金平台的優缺
   點。
2. 若您的公司是基金通路的金融業者，您將如何因應怡富基金平台
   BZC 的作業模式？

資料來源：洪川詠，〈基金平台競艷，富達怡富互別苗頭〉，工商時報，2003

年 1 月 22 日。

個案 4-12　現金卡新潮流

現金卡發行的成功使得萬泰銀行的經營起死回生，然而現金卡的廣告卻也引起社會大眾的批評。然而在此情勢下，各現金卡發卡銀行均表示現金卡是社會常見的支付工具，且核貸額度不高，未來將以滿足「嚴加控管發卡對象，不對在學學生發卡」的前提下，轉型為薪水階級救急的金融工具。

以 2002 年為例，全年現金卡動用餘額達六百五十億以上，未來更是被看好會大幅成長，不過各銀行在市場區隔上均有其看法。中信銀的透明現金卡係以二十五歲～三十五歲有固定收入的女性族群為主；萬泰銀行則以年輕上班族群及有貸款需求，而提不出扣繳憑單，但有一定收入的族群（如計程車司機、接案承接工作者等）為主；玉山銀行則以該行存款戶、房屋貸款戶、消費貸款借款戶為主；大眾銀行則以救急的紓困者為主。總之，其市場區隔均有其方式，尤其透過廣告策略的運用，更使得區隔市場有所區隔。

現金卡之所以能順利發行主要係因發行銀行觀察到消費者潛在的需求，尤其是年輕人想要的卻沒有錢購買的情境更是明顯，這使得這族群能擁有更大的生活空間與自由。不過隨著現金卡的大量廣告行銷，使得許多人認為借錢的快樂是時尚的情形愈來愈普遍，也就是現金卡的產品定位已從「日常生活急需金」被包裝成一種「消費玩樂金」。不過除急救、救窮、玩樂外，市場上的觀察，也發現不少消費者利用現金卡提前學習投資自己或規劃旅行等，讓自己不受工作時間、儲蓄的限制，使生活空間更為寬廣。

目前現金卡的廣告費用大的驚人，例如，萬泰銀行的 George & Mary 卡，在 2002 年廣告費用已高達一億二千萬元以上。

George & Mary 卡更是從功能性、告知使用的廣告移轉至陽光、青

春、活力的路線,以吸引更多年輕人的目光。

問題:

1. 請簡單敘述現金卡能順利發行的消費者潛在需求為何?

2. 臺灣現金卡第一品牌 George & Mary 卡的廣告策略如何轉變,請加以敘述。並說明為何該現金卡的廣告訴求轉換的理由。

3. 請說明您是否願意辦理現金卡?理由何在(請考量風險問題)?

4. 現金卡之發行銀行都有不同的市場定位,請舉例說明之(兩家以上)。

資料來源:1.李玉玲,張慧雯,〈現金卡成箭靶,銀行發卡策略大研法〉,
　　　　　　工商時報,2003 年 1 月 28 日。

　　　　　2.邱莉玲,〈現金卡轉動新潮流〉,工商時報,2003 年 4 月 13 日。

個案 4-13　中國商銀推出臺灣首見的企業基金

中國商銀在 2003 年推出的兆豐企業基金(MBF),以中小企業融資產品的創新特色,獲得亞洲銀行家協會(Asian Bankers Association)頒發之「2004 年亞洲銀行業務獎」。身為 MBF 核心人物的中銀協理黃森義表示,MBF 能從亞太地區十五國家、四十九間銀行的金融商品中脫穎而出,可見兆豐企業基金受到國際的重視。在獲獎之後,許多國外銀行表示高度的合作意願。

此類型的產品在亞洲地區僅有南韓有相類似的金融商品,但是韓國中小企業基金係由政府出面成立、擔保,而中銀的 MBF 則是由銀行、財務顧問公司研發設計,積極協助中小企業籌資的金融商品。

MBF 在臺灣是首見的基金商品,由中銀集合國內中小企業,透過各分公司的可轉換公司債(ECB),再到海外發債籌資的創新金融商品。中銀總經理蔡友才表示,此金融商品涉及初級市場、次級市場、間接金融、直接金融、資產管理、信託、外匯避險等領域,也是銀行端、券商

端、信託部門、投資銀行部門的整合。蔡友才進一步說明，此產品的創新，使得中銀能在市場一片割喉戰中，仍存在相當的競爭利基與利潤。

參與 MBF 成功在海外籌資三千萬美元的鈺創科技董事長盧超群表示 MBF 是國內產業繼科學園區、創投基金、上櫃等發展途徑後，邁向國際化的重要里程碑。他甚至進一步比喻說，MBF 是一種「金融業與產業的結盟」，也為臺灣中小企業提升海外的整體聲譽；而洪氏英公司也認為 MBF 在海外募資，不但能免匯兌風險，而且能以最少的成本，提升在海外的知名度。該公司發言人李博元指出，在 MBF 統一管理可轉換公司債的制度下，參與公司不需擔心單獨發行 ECB 可能隱藏的惡意併購，甚至是股權被不知名法人稀釋或認購不踴躍的問題。

問題：

1. 在各種金融商品不斷被推出的同時，吾人可發現市場的金融商品呈現大同小異的現象，若您是一家金融業者的企劃人員，如何去思考突破這種現象？（請從創新性金融商品的發展進行思考）

2. 從中銀的兆豐企業基金成功的案例中，可發現創新性金融商品才能真正在激烈競爭的市場上找到一塊具利基與優勢的區隔市場。若您是另外一家銀行，在面對此情勢，會採取哪些有效的因應措施（請詳述您的想法，而非只提供一個簡易答案）。

資料來源：莊文菁，〈中國商銀管理有方，海外籌資創新意〉，工商時報，
　　　　　2004 年 4 月 4 日。

個案 4-14　建立財務行銷單位的後勤能力

由於臺灣近年來間接金融市場利潤微薄，除轉向發展直接金融業務外，已逐漸透過財務行銷單位（TMU）的設置，出售其他金融商品與提供避險服務給客戶。

在大部分外銀除設立財務行銷單位外，亦都會設立一個「金融商品

部」或「產品經理」來支援 TMU。所謂金融商品部或產品經理單位，功能主要以設計金融商品、申請新種執照、風險控管功能為主，因此對企業所需要的各種金融服務相當了解（尤其是衍生性金融商品），同時對整個國際內的貨幣、股市等未來走勢有正確的判斷，才能設計出適當的金融商品。也就是說 TMU 是價值單位，即是業務員，除要與客戶建立良好關係外，也要充分了解客戶需求；而金融商品部是屬於製造、企劃商品單位，負責將金融商品做好，為客戶規避風險，TMU 才容易將商品賣出去。TMU 與金融商品部兩者必須相互合作，才能真正發揮績效。

兩者的合作機制是由 TMU 人員在與客戶接觸後、了解客戶需求，並轉給金融商品部；由金融商品部來設計或挑選海外適當的商品為客戶量身訂做。如此客戶一次購買多樣商品，其價格相對便宜；而銀行也因交易量提高，而增加競爭力。

臺灣金融業者競相設立 TMU，不過大部分只能扮演外銀衍生性金融商品的通路角色。花旗銀行金融交易部副總裁雷憶燕表示，所謂 TMU 在外銀也是近兩、三年，才逐漸分出來。早期外匯交易部是將一般外匯衍生性商品與其他較複雜的衍生性商品交由不同行銷人員銷售。後來為因應客戶全方位的避險與資金調度需求，才將二種商品銷售統籌交由 TMU 業務員擔任，並由外匯交易室後台的產品研發人員提供新的衍生性商品。

目前以臺灣計價或以臺股為連結標的之衍生性商品，研發後台都設在臺北；外幣計價卻分別分散世界各地，而以歐美為主，尤其歐洲因時區的關係，最容易掌握金融行銷狀況，故成為衍生性金融商品的最大來源。

目前各投資銀行的金融商品出現區隔化的情形，例如，德意志銀行與法國興業銀行就專精於利率衍生性金融商品。從實際操作面來看，花旗銀行具研發平台，且有 TMU 行銷人員拓展業務；德意志銀行則透過

與券商合作，推衍其衍生性商品；至於瑞士銀行則專注於上游商品開發，每家外銀策略各有不同。

問題：

1. 請依金融業者的實務作業，簡述 TMU 與金融商品部的互動情形。

2. 目前臺灣雖有中信、台新、建華等銀行建構 TMU 與金融商品部的組織架構，然而也都在發展初期。您是否可以給予這些業者一些有效的建議，以提升其成功率。

3. 在不同外銀中，對於金融商品行銷的作法各有不同，請問您認為其原因何在？為何有的自行發展，有的則與其他業者合作？

資料來源：1. 張慧雯等，〈國銀急追、建立TMU後勤〉，工商時報，2004 年 6 月 19 日。

2. 邵朝賢等，〈放長線釣大魚、銀行賺錢再出招〉，工商時報，2004 年 4 月 17 日。

個案 4-15　壽險業運用銀行保代通路擴展業務

銀行業從 2002 年開始，紛紛轉投資成立保險代理或保險經紀公司，介入保險商品的行銷，以增加銀行業務外的其他收入。其實以前臺灣每家銀行均租有保險代理或保險經紀公司的專業執照，只是銀行從未真正加以重視。不過 1998 年台新銀行轉投資成立保代公司，與壽險或產險公司合作，針對銀行客戶提供保險服務，即可爭取優渥的佣金收入，銀行業才真正逐步重視此趨勢。目前國內盛行銀行保險業務的主要原因是壽險業以開發銀行的存款客戶為目標，必須與銀行建立合作關係，因此保險商品的行銷通路才大量增多。

銀行保代是否會成為壽險業主要通路呢？銀行保代業預期未來銀行保代的業績，將占壽險保費收入的四成；因此造成壽險業者擔心未來保

代公司是否會如同車商保代一般，形成另一個通路寡占。保險司長魏寶生認為銀行保代因壽險商品與銀行商品類似，都與利率有關，所以在低利率環境下，客戶要求保本保息；因此銀行行員自然會向客戶推荐保單。這是商業行為，很難以法律加以管制。

新光人壽在 2003 年 4 月 16 日推出網路版的「商業夥伴關係管理（PRM）」系統，希望藉提供銀行保代直接網路查詢作業，以進一步提升其業績。目前各壽險公司利用銀行保代通路銷售新保單的比重各不相同，從 5%至 60%，本國壽險公司雖有強大的業務員體系，但為搶占定存戶市場，也是積極爭取消金業務極強的銀行通路；外商壽險業者因缺乏業務員通路，爭取銀行保代的動作更是明顯。

以投資型保單為主的富邦人壽在 2002 年的新業績的 30%是由銀行保代通路達成；台壽更是達到 50%；中國人壽則為 60%。

總之，銀行通路既深且廣，而且客戶對銀行信任感強，目前客戶大多要求配套完整的理財規劃，如資產配置、保險及各種金融商品，這些由銀行的通路來推銷最恰當。

問題：

1. 在各壽險公司爭取銀行保代此通路系統的同時，您認為產險公司是否可能也採取此模式？理由為何？請說明。

2. 銀行保代的通路被壽險公司所運用，若您是一位企劃人員，您是否可提出銀行此既廣且深的通路系統可被其他產業所運用？理由何在？應如何運用才可能成功？

資料來源：1. 彭禎伶等，〈壽險業大搶銀行保代通路〉，工商時報，2003 年 4 月 17 日。

2. 彭禎伶等，〈銀行保代、壽險業夢魘？〉，工商時報，2003 年 4 月 5 日。

個案 4-16　中國商銀與華一銀行之策略聯盟

　　華一銀行是目前唯一一家由臺海兩岸合資創辦的銀行，其兩大股東為寶成集團在香港註冊的蓮花國際公司與上海浦東發展銀行，由於目前臺灣的銀行欲至大陸設立分公司的可能性不大，目前華一銀行成為唯一一家辦理人民幣業務的臺資銀行。

　　中國商銀基於華一銀行是倍利證券的股東（中銀與倍利證券均為兆豐金控旗下的子公司），而且倍利證券在上海、北京均有合法經營的子公司，因此與華一銀行的合作，有助於提升其競爭力。中銀企劃部協理表示，中銀的核心競爭力在企業金融，要強化結構，擴大服務，有必要加速在中國大陸的布局。所以中銀與華一銀行的策略聯盟，將明顯有助於該公司對中國大陸的國際行銷工作之展開。

　　黃森義表示，許多臺商對中國大陸的銀行實務及稅法仍不了解、不信任，因此透過這項策略聯盟可先取得臺商的信賴；初期合作的項目包括外匯業務中的匯款與授信業務的信用狀部分（例如，臺灣提供擔保信用狀，作為當地授信的基礎）。同時雙方並可相互推介客戶，共享徵信資料。

問題：

1. 中銀與華一銀行的策略聯盟，您認為雙方在合作的過程中應注意哪些事項，以免影響合作的效果。

2. 請你以國際行銷策略的論點，簡單評論中銀此次的國際行銷工作。

資料來源：陳怡慈，〈華一銀行異軍突起〉，工商時報，2003 年 11 月 22 日。

個案 4-17 投信掌握通路有利於業績之提升嗎？

建弘投信加入第一金控後，其規模成長近百億元，該公司總經理蕭一芳表示，這是因為第一銀行在臺灣有一百九十餘處的通路。同時蕭一芳也認為投信經營包括產品、績效、通路三大要素，加入金控擴大版圖的作法，已對獨立經營者的生存空間構成威脅。

華南永昌投信在加入金控後發行的第一檔基金「鶴喜平衡基金」募集金額高達八十六億元，這又是一個利用銀行通路成功的案例。建弘投信的蕭一芳表示，金控廣大通路優勢，使得隸屬金控的投信，在銷售平台上明顯領先其他投信業者。同時，進一步解釋金控投信有通路優勢，外資投信在發行全球性商品具有優勢，但獨立投信唯一生存空間，只能以績效取勝，不然必須設法進行策略聯盟，否則恐怕市場空間愈來愈小。

雖然金控投信的業者對掌握通路的優勢有十足的信心，但是匯豐中華投信副總經理林志明表示，投信大都有銀行、證券或保險公司的背景。目前加入金控，不代表是投信的唯一選擇。他認為加入金控有其利益，尤其在債券基金的推廣上；不過投信不加入金控，亦可採取策略聯盟策略的方式，拓展其行銷通路。更重要的還是在發展全方位的產品線，另外寶源投顧總經理巫慧燕也指出，在國外，基金公司不一定需要加入銀行或金控，例如，富蘭克林、富達等基金公司便不隸屬於任何金控，這更可凸顯其資產配置的超然專業。也有一些投信業者表示，握有通路的金控雖對自家的基金相對較為重視，但多數金控還是以基金產品是否好賣作為主要考量。林志明表示，國內投信在耕耘自身的產品與品牌優勢，發展債券型基金以外的商品，否則很難與國際大型基金公司競爭。

問題：

1. 請您針對國內投信對於加入金控之不同看法予以評論。也就是說加入金控是否會影響投信的經營發展空間？

2. 您認為投信公司在發展本身哪些核心能力，才能真正與國際業者競爭？

資料來源：邱明賢等，〈掌握通路、金控旗下投信業績暴衝〉，工商時報，2003 年 11 月 22 日。

個案 4-18　保險行銷網路化

財政部在 2002 年 4 月電子簽章法通過時，發函各保險公司排除適用，至 2004 年 3 月始取消禁令，也就是臺灣保險行銷可正式走向網路化。

東森購物電視台已正式推出保險商品的銷售服務，國內多家壽險公司與產險公司競相爭取與其合作，以增加銷售業績。

近年來，壽險公司的經營管理策略致力於創造新的行銷通路，尤其金控公司的成立，使得未加入金控的保險業者積極開發新的行銷通路。網路行銷是繼銀行保險業務之後所新增的行銷通路，利用網路銷售保險商品是否能創造佳績受到關注。壽險業者表示，目前除依賴壽險業務員的傳統行銷管道外，1994 年以後陸續所開發出來的行銷模式，如電話直效行銷，與信用卡公司合作行銷，與保險經銷代理公司合作的委外銷售模式似乎成效仍不如預期；只有金控成立後，銀行保代的通路系統才真正受到重視。

問題：

1. 保險業行銷通路系統之發展者各有其背景因素，至今仍以傳統的保險業務員的行銷通路為主力，請問未來的銀行保代、網路是否能替代傳統的通路系統呢？理由何在。

2.保險行銷網路化是未來保險業的一種趨勢,但是作法上是否只是
在於銷售功能呢?請予以評論。

3.若欲使保險公司行銷網路化的策略能夠成功,可否請您提出有效
作法。

資料來源:張明暉等,〈保險行銷、步入網路紀元〉,工商時報,2004 年 3
月 6 日。

個案 4-19　壽險業搶房貸客戶的價格策略

　　由於市場資金充裕,目前造成壽險公司的資金出路受到限制,所以
各保險公司也與銀行搶房貸客戶,而且在價格策略上出奇招。南山人壽
在 2004 年 1 月 6 日宣布推出金融業首創的「彈性付款區間」方案,使
房貸戶能在區間,自行選擇還款的金額,最高每月可還十萬元,以縮短
付息期間,節省利息。

　　由於市場利率低迷,所以壽險公司的房貸利率也出現空前的低價
位,例如,ING 安泰 2.25%、國泰人壽的 2.5%與保誠人壽的 2.3%;國
泰人壽甚至將前二年固定利率,第三年才浮動加息,並且有業務員到府
服務,另加送保戶地震險、基本火險等。

　　從目前市場的分析,可看出一般中小型保險公司採低利率競爭法,
大型壽險公司則採業務員到府服務及多項優惠的方式。不過南山人壽認
為採低價格策略不見得是正確的,該公司放款部副總經理羅執義表示,
區間付款的設計是結合銀行所謂的理財型房貸及提前償還的優點;因此
在價格上是採中度競爭,但由於有業務員到府服務、替客戶量身訂做合
適的貸款方式,且貸款額度彈性也多出 10%、核貸速度快,相信也能爭
取到一些房貸客戶。

問題:

1.南山人壽所採房貸的價格策略並非價格滲透策略,請簡單說明其

作法，並予以評論其價格策略在臺灣房貸市場的可行性？

2.若您是壽險公司的企劃人員，在面對市場價格戰的同時，如何採取相關策略以因應房貸市場上的競爭？

資料來源：彭禎伶，〈搶房貸客戶、壽險業出奇招〉，工商時報，2004 年 1 月 17 日。

個案 4-20　金融業形象廣告

臺灣金融業近年來不斷投入廣告銷售費用，而且大部分是在強化其品牌形象。例如，中信金控在 2003 年的「董事長感謝員工篇」長達 2.3 分鐘的廣告，卻引起社會部分人士的批評，但卻也相對製造了社會話題，無意中也在推銷中信金的品牌。而 2004 年的「愛在紐約篇」更是動用二十個演員至紐約拍攝。它訴說「臺灣人在異鄉看到熟悉的中信銀招牌，就像看到自己人」的安心情境；此廣告係基於中信銀與其他本國銀行最大不同點是海外據點最多（五十多個海外據點），而且也朝著「全世界華人銀行」的角色前進。中信金控重視品牌管理，內部成立品牌管理委員會，以持續經營管理品牌形象。

尤其壽險公司更是大打形象廣告，例如，國泰人壽的「All in me」、南山人壽的「好險！有南山」、保誠人壽的「保誠都聽的到」等等。這些公司的廣告策略進一步提升市場認同度外，另外一個主要原因是吸引年輕族群的認同，以吸收更多高水準的年輕人加入此行列。

國泰人壽喊出「All in me」傳遞全方位金融理財服務，電視廣告也與二十九至三十九歲族群進行溝通，用科技感、超現實感來表現，進而讓消費者認同業務人員的專業、服務。新光人壽針對該保險商品「真心」、「誠意」，推出「真心真意在一起」的概念；還有蠟燭篇用蠟燭隱喻人生，凸顯保險的重要性；這些均在指出人們應重視風險管理。另外如ING安泰推出「世事難料」的黑色幽默廣告，更是顧及人的生命以外的價值觀，以及對人的態度。

問題：

1. 金融業者在近年來，大幅投入廣告費用進行形象廣告，並結合購買金融商品背後的含義。請問如果您是一位企劃人員，如何看待此趨勢？（請從品牌管理的角色切入分析）

2. 中信金控的「愛在紐約篇」的廣告對您產生哪些感受？（請從行銷策略與消費者間潛在需求的角度來說明）

資料來源：1. 張慧雯，〈金融業形象廣告戰〉，工商時報，2004 年 4 月 24 日。
　　　　　2. 彭禎伶等，〈壽險業邁入形象廣告元年〉，工商時報，2004 年 6 月 22 日。

個案 4-21　國際性銀行的廣告奇兵

德意志銀行是歐洲最大銀行，為進入美洲市場，其策略是強化企業品牌形象，除以三千萬美元包下美國職業高爾夫協會的球賽企業贊助權，更進一步與老虎伍茲簽下四年出賽合約。除德意志銀行外，在美國想要打開品牌知名度，常必須採用體育贊助策略，例如，摩根大通銀行是 2003 年美國網球公開賽的主要贊助商之一，瑞士銀行則是 2003 年美洲盃帆船錦標賽冠軍得主的贊助企業。

匯豐銀行在 2002 年以「環球金融，地方智慧」為主軸，採詼諧逗趣的方式呈現誤解地方習俗的後果，藉以傳達營運據點遍及全球的匯豐銀行，具有以當地消費者需求為出發的理財觀點與全球整合優勢。

荷蘭銀行不僅利用荷蘭國寶──印象畫派大師梵谷為其代言，在香港、臺灣、印度、阿拉伯聯合大公國推「梵谷資產理財中心」的服務外，並在中國大陸投入龐大經費的梵谷藝廊、藉以推動其在中國的消費金融市場，甚至聘任退休運動明星拓展業務。例如，為衝刺私人銀行業務，聘請曾獲溫布敦網球賽男單冠軍的 Ricard Krajicek，促銷該行鎖定歐洲高所得運動員族群所推出的跨國金融理財服務。

問題：

1. 請嘗試比較國內外金融業者在廣告策略上的異同，並予以評論。

2. 有關匯豐銀行的「環球金融，地方智慧」的廣告手法是否能為臺灣消費者所接受？請予以評論。

資料來源：*1.* 林園賓，〈德意志銀行贊助高球，簽下伍茲〉，工商時報，2003年 9 月 28 日。

　　　　2. 劉聖芬，〈匯豐銀行廣告放輕鬆、令人莞爾〉，工商時報，2003年 9 月 28 日。

　　　　3. 陳穎柔，〈荷銀請出梵谷代言、魅力無法擋〉，工商時報，2003年 9 月 28 日。

　　　　4. 李鏇龍，〈荷銀聘退休運動明星，拓展業務〉，工商時報，2003年 9 月 28 日。

個案 4-22　匯豐控股立志成為全球的地方銀行

　　匯豐控股在 2006 年時，其 9800 個以上的營業據點分布於 80 個國家，其市值僅次於花旗集團、美國銀行，且擁有 25 萬名員工，它能在數年前大幅擴充其規模，主要在於其大型併購案的成功，包括在 2003 年收購消費銀行 Household International，使得它在美國知名度大增。

　　該公司能夠擁抱全球化的主要推手是其董事長 Stephen Green，尤其他想將匯豐控股發展成為全球的地方銀行。也就是他想使該銀行能完全做到全球本土化的境界，確定讓其分行溶入世界各地的社會中。

　　Green 表示匯豐控股本來就致力於維持文化的多樣化，因為在商業考量下，客戶服務及與該地政府主管機關之配合，不能不本土化，其成功的作法是鼓勵多樣化；而為達此目標，企業便必須維持凝聚性的企業文化。

　　在進行併購時，主要評估的準則包括財務價值創造、客戶與產品資產協合、系統整合，與文化等，Green 認為文化衝突對於企業分享的倫

理具破壞性的力量，所以企業文化的凝聚從開始招募新人就已經開始。該公司對新人訓練甚至包括花費 7 周時間延請高層主管與新人共享晚餐，就是希望達上下互動，而將企業文化加以傳達。

Green 強調絕對專業是匯豐文化的根基，而國際化經驗是他們企業文化的粘著劑。如果員工沒有在兩個不同文化環境下的經驗，則無法升任高階主管。而且表現好的員工可以參與高層主持的特別訓練，討論匯豐的策略與未來職業選擇，其目標便希望能在初期就培育具才能的專業人士，140 多年來，該集團從未找空降部隊來領導公司營運。

問題：

1. 匯豐控股建立全球化的最大成功因素為何？請簡述。
2. 您認為金融業在兩岸開放之下，進行相關擴展政策，匯豐控股的國際化作法有何值得參考？

資料來源：蕭麗君，〈HSBC 立志成為全球的地方銀行〉，工商時報，2006 年 6 月 9 日。

個案 4-23　第一金、華南金　強打共同行銷

第一金控、華南金近期猛打「共同行銷」，希望在景氣不佳的情形下，發揮各子公司的綜效。華南金副總劉茂賢說，現在已經有 500 多個共同行銷的櫃臺，而銷售證券、產險的數量是居全部金控公司最大，而且業績仍在持續中。而第一金控則在 190 家分行中，在 2009 年底前至少三分之一必須設立證券櫃檯。

華南金成立金控後，最重要目標就是要發揮共同行銷的綜效，目前其重心在華南銀行，並要求各分行將客戶需求轉介到業務相關子公司。例如華南銀與客戶洽談設備貸款案時，可將保險業務推薦至業務相關子公司。另外如輔導上市上櫃或服務業務時，可介紹企業金融客戶購買固定收益型基金。

第一金控的作法則將旗下子公司第一英傑華人壽的人壽可運用資金，部分移交至第一金投信操作。而旗下的保險產品，也將連結或推薦連結標的，會與北美信託、英傑華系列基金整體搭配。另外如未來一銀的客戶可在一銀內完成證券買賣的各種需求。未來為加強保險銷售，將藉由第一英傑華人壽的人員，加強一銀理財專員的教育訓練，以使理專也能成為銷售保單的頂尖部隊。

問題：

1. 過去數年，臺灣金控公司均大幅運用共同行銷的概念擴大其業務規模，您認為第一金控的作法如何？請予以評論。

2. 金控公司的共同行銷已牽涉個人資料保護的問題，目前法令有所規範，試問若您是金控公司的重要人員，您認為如何突破此項法令障礙，而合法且順利取得個人資料？

3. 在華南金正大力推動共同行銷之際，卻寧可先壯大其保代業務，而暫不設立壽險子公司，您認為他們思考的重點在哪裡？請評量。

資料來源：孫彬訓，〈第一金、華南金 強打共同行銷〉，工商時報，2009
年3月3日。

個案 4-24　銀行服務差異化

由於銀行服務越來越多元化，有的著重硬體，有的著重軟體服務，硬體則重視門面的特色，也就是有的重視高科技專利服務，有些則是展現本土化。

彰化銀行車城分行、牡丹辦事處的最大特色是行員皆為部落公主與頭目。他們不僅客戶熟悉，甚至像朋友，客戶自己種的菜也會送行員分享；而鄉內辦理活動時，也會玩在一起。華銀在基隆、三重、豐原等地分行將一樓規劃為停車位，方便民眾停車。中信銀城中分行則將具專利

權的氣送文件筒，前臺收取現金或重要物件，只要經由氣送管，即可迅速送至後臺金庫處理。而國泰世華的總行，空間寬闊可舉辦時裝走秀和貴賓美容教學。新光銀民生分行一樓亦可供藝術展示或車展。

外商銀行的作法又有所不同，渣打分行則善用地形地物，將鄰近公共財產變成自己分行的延伸，例如將附近地下道、人行道美化，將之打造為渣打花園及渣打長青藝廊。花旗銀行則提供全球通用的即時資訊系統，其分行使用的是區域性系統，新客戶開戶時，只須提供個人資料及相關文件給行員鍵入，付印出來簽名確認即可。荷蘭銀行亦使用全球統一的系統，讓客戶隨時掌握即時訊息；另理財諮詢室均懸掛梵谷的圖畫。

問題：

1. 金融業的差異化服務係為目前競爭利器之一，上述許多個案中，請予以分別評論其特色。

2. 若您是一位管理顧問師，請問您會對金融機構在差異化服務上提出哪些建議？請以總行、分行（明確某分行為例）的角度，分別論述。

資料來源：1.孫彬訓、鄧若寧，〈銀行比服務也比門面，特色分行差異化出擊〉，工商時報，2006 年 11 月 26 日。

2.黃怡錦，〈打造社區、觀感舒適，外銀軟體服務百分百〉，工商時報，2006 年 11 月 26 日。

個案 4-25　國壽、富邦　重啟連動債保單

由於金融海嘯緣故，國泰人壽已重啟半年停售之連動債保單，打算推出 6 年美元保本保息率 131%及 6 年保本保息率 145%的連動債保單，這是目前臺灣金融市場中最先推出。接著富邦人壽亦即將接續推出。

國泰人壽此次將「限時限量」，針對手中已有美元、澳幣，卻找不

到更高報酬率的投資人，額滿即停止銷售。國泰表示目前是最佳的推出時點，由於投資人對目前低迷的利率有疑慮，想找到更高報酬率的商品；再加上之前的連動債也即將陸續到期，但金管會仍不准銀行推出連動債商品，這正是壽險業者最佳時刻。

問題：

1. 國泰人壽認為在此時推出連動債保單是一個好時點，請您就其看法提出評論。

2. 由於前波連動債對投資人產生了很大的心理障礙，您認為業者應如何做才能挽回投資人信心？請說明。

資料來源：彭禎伶，〈國壽、富邦　重啟連動債保單〉，工商時報，2009 年 3 月 31 日。

個案 4-26　玉山銀行將放款綁現金管理

在不景氣之時，為降低資金成本，玉山銀行仿照目前外商風行的作法，即是將放款與現金管理業務結合。玉山金控總經理黃男州表示，中小企業放款與現金管理結合，即是中小企業授信業務取得貸款時，薪資轉帳戶、營運資金、應付帳款等也一併以玉山銀行為主要往來銀行，使得銀行能清楚中小企業的營運狀況，而成為中小企業的「虛擬財務部」。此目的在於增加活存的比重，讓資金成本有效下降。由於銀行更了解企業的現金流量狀況，可協助企業找到財務問題，因為企業越透明，銀行越願意協助。

問題：

1. 玉山銀行採取放款綁現金管理的作法是否真能達到降低資金成本的目的？請說明。

2. 若您是另外一家銀行業者，是否會參採玉山銀行的作法？理由為何？

資料來源：彭禎伶，〈玉山銀新招，放款綁現金管理〉，工商時報，2009 年
2 月 28 日。

Chapter 5

電子化金融
行銷工具

　　電子化金融行銷工具在實務上最常被提及的是客戶關係管理，然而從廣義的角度來看，金融商品的電子化或金融業務的電子化，均為金融行銷的一環，故本書係以廣義角度探討電子化金融工具，其中第一節介紹電子化金融工具，第二節則提出近年來最受矚目的客戶關係管理的概念與其電子化下的解決方案。

第一節　電子化金融工具

　　在競爭日趨激烈的環境中，愈來愈多的金融機構已逐步使用網際網路來替代人工作業，其他如電話語音、自動傳真回覆系統等資訊系統均為符合客戶的要求，所以金融機構內部設立一個電子化營運平台。已是普遍的現象。

一、電子化金融營運平台之簡介

1. 功能

　　一般而言，電子化金融營運平台並沒有絕對性作法，各家電子化金融解決方案的提供者因其發展重點不同，亦不見得有相同的特性，本書僅將最常見的功能提出供讀者參考。

⑴**採用共同模組**

採用共同模組可節省投資成本，且減少人員學習成本與維護成本。

⑵**資料整合性高**

利用共同資料庫，使資料能串連在一起，且具一致性。

(3)**以 XML 國際標準作為規格**

因以 XML 國際標準作為訊息傳遞規格,可降低系統建置成本,而且具溝通一致性。

(4)**模組化設計**

模組化設計不但可依需要更換模組,以保留系統擴充的彈性;而且將模組置於不同伺服器上,可達到系統負載均衡與容錯能力,另外它具有擴充性強的功能。

2.**基本架構**

為了能達到跨平台的功能,電子化金融營運平台應採用物件導向、多層式架構,以開發核心模組。其基本架構包括下列項目:

(1)**通訊部分**

係指提供對外的通信管道,如網路銀行的 http 等通訊模組。

(2)**商業邏輯部分**

係指與業務相關的服務模組,如轉帳、查詢、安全管制等。

(3)**一般服務部分**

係指電子化金融服務中的共用服務模組,例如,信箱管理模組、訊息轉換服務、主動通知客戶服務等。

(4)**後台整合部分**

係指與後端系統(如帳務主機)連結的整合機制。

(5)**系統管理模組**

係指提供各種管理模組,讓加掛在電子化金融營運平台上的各項電子金融服務共用一套管理機制,以達到操作及維護介面一致與資料整合容易的目標。主要管理項目可能包括客戶管理(如客戶資料、客戶群

組）、權限設定（如系統角色、系統人員）、狀態追蹤（如客戶連線、操作記錄、交易查詢等）、事件管理（如事件監看、事件檢視等）、報表管理（如連線時間、交易統計等）。

二、電子化金融工具之種類

電子化金融工具之種類可依其分類方式而有不同的表達方式，本書係以功能別作為區分方式，包括個人金融電子化工具與企業金融電子化工具。且這僅能提供常見的系統，不同業者、不同公司可能會有不同的需求，企業應依實際狀況而決定採用何種解決方案。

1. 個人金融電子化工具

個人金融電子化工具可依其產品類別設計出不同的解決方案，本節僅就最常見的個人金融、信用卡服務與基金投資作為說明對象。

個人金融電子化工具（即是應用系統）是希望金融業者在安全的傳輸管道上，能夠有效及時的提供管理個人帳務與安全移轉資金等功能；同時可迅速提供最佳的資訊服務，以利客戶個人投資理財之用。一般而言，個人金融應用系統應是採取開放式的電子金融平台，且具備智慧化前端顯示、應用邏輯及資料來源多層次架構管理等優點。也就是它是以客戶導向設計的電子金融前端系統。

(1)個人金融系統

此應用系統能使金融業者在帳戶管理操作及服務更為方便，並須提供安全的資金移轉管道。也就是金融業者的客戶得透過網際網路進行帳戶總覽、存款查詢、外匯、轉帳、繳款等自我服務，可降低大量作業成本。

(2)信用卡服務系統

此應用系統能提供信用卡持有人多元化的信用卡帳務服務的網路交

易功能,以利於金融業者在管理信用卡業務時,不但能降低管理成本,更能作為行銷利器。

(3)基金投資系統

此應用系統可提供基金用戶容易的申請共同基金與了解所投資基金的各項資訊。這對業者管理與行銷基金不但很方便,且利用網路行銷的各項特色,達到基金業務開拓的目的。此應用系統可使金融業者之客戶透過網路查詢國內外基金各項資訊、基金投資買賣等自我服務。一般而言,它至少包括下列功能:投資查詢、定期定額交易、單筆交易、個人化設定、通知服務、基金理財、基金告示板等。

2.企業金融電子化工具

此項工具係能提供金融業者能在安全的多重傳輸通道的環境下,有效且及時管理內部的金融業務流程。也就是業者的內部網路、外部網路及其他數位管道均可透過此工具進行金融業務交易服務。其特色亦與個人金融電子化工具相似,應在開放式電子金融平台上運作,並且智慧化前端顯示、應用邏輯及資料來源多層次架構等優點。此項工具亦是以採客戶導向的電子化金融前端系統,常見的應用系統包括現金管理、外匯管理、企業支付管理、進出口貿易管理、供應鏈金流管理等。

(1)現金管理系統

現金管理系統係可提供企業客戶現金管理需求的電子金融方案,它應是一個客製化的應用系統,其服務項目應包括帳戶總覽、餘額查詢、轉帳等,尤其它能提供多帳戶歸戶管理服務、支票管理等。它使得金融業者能在金融業者、後端系統與客戶之間,達到更快速有效的資訊流通,以簡化現金管理過程。其功能除上述所提的服務項目外,其實亦可提供標準帳單、報表製作(如:帳戶摘要、轉帳、預約轉帳等)、金融訊息等。

(2)進出口管理系統

進出口管理系統可提供金融業者與客戶間在進出口管理上更簡便的作業模式，且透過網際網路或其他數位管道進行管理，它能幫助金融業者簡化和監控國際貿易中最關鍵的流程及融資。此應用系統常見的功能包括信用狀申請與修改、信託收據業務、擔保提單申請、進口列單付款、單據託收和光票託收、信用狀金額或部分轉讓申請、信用狀轉讓修改、信用狀通知查詢與貿易融資清償。

(3)企業支付系統

企業支付系統係金融業者為支援多種貨幣支付管理流程的工具。金融業者可利用此系統進行各種線上支付交易及查詢或下載各種支付交易結果及明細。此系統再加上多重授權服務系統合併使用，則可更完整整合企業內部的簽核作業，達到自動化整體支付流程，此系統的功能包括本國貨幣即時及預約多筆轉帳、外幣即時及預約多筆轉帳、存幣即時及預約整批轉帳、外幣整批轉帳及匯款、股票紅利發放、薪資轉帳、外勞匯款、交易結果檔案下載通知、交易結果查詢等。

(4)外匯管理系統

外匯管理系統能使金融業者對其企業客戶提供國際匯兌及各幣別現金管理的工具，它有利於對客戶隨時提供更快速、安全的幣別轉換、資金調度及規避匯率風險的服務。其功能包括歸戶管理、轉帳服務、定期存款、匯入匯出查詢、匯入款通知、線上報價交易等。

(5)供應鏈金流系統

供應鏈金流系統是金融業者提供企業供銷體系交換需求的一套電子化金融解決方案。此系統可使銀行透過供應鏈之交易資訊，提供帳務管理、代收代付、多樣化的融資商品，同時協助企業及時得到足夠的資金進出資產及交付，以金融協同合作的方式，達到交易體系多贏的局面。

尤其在目前訂單生產模式（BTO）等交易模式下，能夠對每一筆交易自動報價、自動調價，這對企業有很大助益。所以此系統是目前金融業重要的競爭工具。此系統包括交易資訊管理、全功能資融、應收帳款承貸等。

3.應用服務模組

應用服務模組主要係使金融業者在開放式電子金融平台上，發揮更大的功能。常見的系統包括多重簽核服務模組、資料彙整服務模組、安全控管服務模組、通知服務模組、共用資料服務模組及系統管理服務模組。

三、電子化金融工具之導入

電子化雖在近年來受到金融業者重視，但它不是突然之間出現的技術，其實它早已在金融業者之間運作；只是因為資訊、網路、通訊技術不夠發達，以致必須依賴太多人力運作。目前因上述三項技術不斷創新，使得電子化成為金融業者營運上的重要策略與管理工具。為使讀者更進一步了解金融工具電子化的實務作業，故特於本節說明金融業者應如何進行電子化的導入。

1. 金融業者電子化常面對之問題

金融業者推動電子化時，常會面對各種問題，茲說明如後。

⑴供需不平衡就存在於現實環境中

從古自今，政府部門或企業不斷使用各種方法解決供需不平衡的問題，但是遭遇的困難重重，因為它包括許多政治、人為因素在內。即使今日民主國家為主的世界中，仍有許多利益團體介入其中。

⑵廠商間互信之建立不易

由於推動企業電子化，必須進行許多資訊的交流，但若企業內部間

或內外部間互信度不足,則會發生抗拒心態。

(3)投資金額過於龐大,但效果不見得立即顯現

尤其對中小型金融業者而言,在不易衡量效益情形下,更不敢積極投入其中。

(4)組織內部人員的反抗

金融業者電子化的實施代表著企業流程的改造,所以內部員工因此必須面對組織分工的調整,員工反抗心態自然產生。

(5)金融業者面對過多電子化方案,常無所適從

由於資訊科技的快速發展,在經費有限、需求過多的情形下,常不知如何著手。尤其電子化的解決方案範圍很廣,在採用上本就有輕重緩急;同時又必須牽就內部現有的資訊系統的整合工作。

2.金融業者電子化之導入步驟

金融業者電子化之導入步驟可運用PDCA此項管理工具的概念,也就是可區分為規劃階段、執行階段、評估階段與持續改善階段。

(1)規劃階段

規劃階段在實際作業上仍可細分為許多步驟,本文從實務角色提出說明:

①確認電子化之願景、目標與策略

電子化之願景、目標與策略是金融業者電子化最根本的思考重點,因為電子化的推動工作勢必衝擊企業文化、組織與營運模式,而每一項內容均與企業的生存和成長有密切的關係,所以在進行電子化之導入工作時,確認其願景、目標與策略,是業者的第一項工作。

其工作項目說明如下:

(a) 擬定企業願景。

(b) 擬定達成此願景之目標及策略。

(c) 確認達成上述目標及策略之方法。

(d) 確認企業電子化之目標、執行策略及執行的順序。

②成立電子化評估專案小組

由於電子化的工作對企業影響的層面深遠，因此有必要在企業內部成立一評估專案小組，成員可包括企業內部相關主管及高階管理者，甚至亦可邀請外部的專家學者參與評估。其工作內容如下：

(a) 確認電子化專案工作的範圍與目標任務。

(b) 確認電子化專案小組的組織型態。

(c) 確認電子化專案小組成員的來源、職掌與所扮演的角色。

(d) 確認電子化專案小組之作業機制。

(e) 電子化專案小組工作內容之指定、資源之分享與作業時程表。

③實施電子化基本概念之教育訓練

由於企業內部員工對於電子化之工作不了解，自然容易產生排斥心態，所以電子化的基本概念必須在全員參與下，使全體同仁有更多的認識，如何才能使推動之阻力降至最低點。至少專案小姐成員可能必須接受更進一步的訓練。師資來源可為內部專家，亦或外部專家學者均可，依實際課程內容而定。其工作內容如下：

(a) 擬定電子化之教育訓練計畫。

(b) 執行電子化之教育訓練。

④確認企業面對之內外在環境、作業流程與績效

在建立電子化系統之前，業者必須先了解所面對之內外在環境如何、價值鏈上下游間每一項營運流程、企業內部作業流程與每項作業流程之績效。在這些工作分析後，即可了解各項作業流程的真正需要，以便在推動時能思考是否能進行改變？改變容易程度？其工作內容說明如下：

(a) 分析企業所面對之內外在環境。

(b) 分析價值鏈上下游間每一項營運流程。

(c) 分析企業內部各項作業流程。

(d) 確認各項作業流程的績效指標。

(e) 探討各項作業流程的實質需求。

⑤ **了解企業目前相關資訊條件與作業機制**

在進行電子化之前，業者目前的資訊條件與作業機制必須有所了解，才能考量如何與價值鏈上下游間的作業流程相整合，同時亦可了解每項作業間的介面關係如何。其工作內容如下：

(a) 分析業者的資訊軟硬體設備的資訊。

(b) 分析價值鏈上下游間的資訊能力與作業流程。

(c) 分析業者內部的資訊作業流程。

(d) 分析各項資訊作業的介面關係。

(e) 分析各項資訊作業流程之實質需求。

⑥ **績效比較與問題分析**

將所蒐集之績效指標與同等標準企業進行比較，了解其間之差異，並進一步分析其問題點。一般而言，業者可運用相關的管理工具進行更深入的診斷與分析，作為下一階段工作之參考。

⑦ **運用典範移轉作為參考模式**

若能自行或透過專業顧問公司蒐集到同業間最佳典範企業之相關作法，可供作企業未來實施時之參考。

⑧ **建置電子化下之營運模式**

根據前述所分析得到之資訊，擬定最符合業者未來發展所需要之營運模式。

⑨ **建立電子化之解決方案**

確定企業未來營運模式後，必須自行或藉助外部力量，建立企業電子化之解決方案。

⑩進行可行性與成本效益分析

未來營運模式和解決方案確定後，應思考內容、方法、技術等之可行性，並進一步探討本項投資之成本效益分析與風險分析。其工作內容如下：

(a) 電子化專案實施之可行性評估。

(b) 電子化專案之成本效益分析。

(c) 電子化專案之風險分析。

⑪資訊軟硬體設備與解決方案之選擇

前面的步驟均為電子化的前置作業，從此項目開始才使企業能更直接感受到導入工作正式進入推動階段，因為此項目與電子化之推動有直接互動關係。資訊軟硬體設備與解決方案之選擇將影響未來電子化推動的工作內容與工作方式。其工作內容包括：

(a) 確認資訊軟硬體設備與解決方案之選擇範圍、目的和目標。

(b)成立評選專案小姐，以篩選合適、可靠的軟硬體設備及解決方案之提供者，作為評選的對象。

(c) 確認資訊軟硬體設備與解決方案之評選流程。

(d) 確認資訊軟硬體設備與解決方案之工作計畫和時程表。

(e) 制定資訊軟硬體設備與解決方案之評選項目和權重。

(f) 最後評選出企業電子化所需之資訊軟硬體設備與解決方案。

⑫制定執行方案

前述各項步驟完成後，進入評估階段最後的一項工作，即制定執行方案，根據執行方案開始正式展開執行階段。

(2)執行階段

執行階段的工作從確認執行的工作範圍開始至電子化正式上線。

①確認電子化執行的工作範圍、目的及資源

確認電子化執行的工作範圍、目的及資源，係為了使電子化執行

過程中所有參與成員在執行上有所依據。

②成立電子化之推動小組

由於全部業者電子化的執行範圍與組織、營運、流程均有密切關係，故成立一個推動小組來負責此項任務之推動有其必要性。其組成成員主要包括相關部門主管及作業負責人。不過，為解決部門之間的紛爭或對抗（主要是流程介面或權責歸屬的問題），推動小組的召集人應是企業具有最後決策權的高階領導者。當然另外成立一個更高層次的委員會亦無不可，只要負責人具最後決策權者即可。其工作內容如下：

(a) 制定電子化推動小組之組織及其工作範圍、任務。

(b) 制定電子化推動小組之成員名單及其所扮演之角色、職掌。

(c) 確認電子化推動小組之作業機制。

(d) 電子化推動小組之工作任務之分化、資源分享與時程之安排。

③展開電子化之技術性教育訓練

在推動小組成立後，企業應由軟硬體設備與解決方案之提供者針對技術層面的問題，對所有小組成員進行技術性的教育訓練，以培育一群具有正確觀念、技能與實務操作經驗的人員，進而陸續在電子化之開展、導入與維護工作提供相關的協助。

④確認電子化作業流程之需要項目

由評估階段中作業需求項目中，進一步提出實務作業上更細部的電子化作業程序之需求項目與內容。由於這些流程項目與內容涉及流程介面的問題，因此能夠愈詳細愈佳。這項步驟除內部人員參與外，亦常借重外部專業流程管理專家的經驗進行調整。

⑤制定作業流程需求項目與層面的各項規格

根據前一步驟所獲得的需要項目，制定電子化作業流程之需要項目與介面之各項規格，並製成各項規格文件。

⑥採購並安裝軟硬體設備

在所有需求項目與介面之規格取得後，便可正式進行採購各項軟硬體設備，甚至測試其相關設備的可靠度。

⑦建構電子化之資訊系統

由上述的需要項目及介面的規格進行系統參數之設定，並導入解決方案的軟體模組及撰寫相關的介面程式。

⑧電子化之系統整合與測試

正式對電子化系統進行系統整合與測試，並依實際運用模式驗證其可靠性、準確性。

⑨系統使用者進行教育訓練

由專家透過功能說明及實際操作訓練，教導所有操作人員認識與熟悉各項流程與操作方式。

⑩進行雙線作業

在正式上線作業之前，為避免員工對系統之不熟悉，或系統作業時產生非預期原因，所有員工必須採取雙線作業。第一，使員工熟悉新系統的各項作業流程；第二，可經由測試，了解該系統是否能符合未來電子化之需求；第三，可使營運仍以正常方式運用。不過，此階段應與員工多溝通，使其了解此期間雙線作業之必要性。

⑪正式上線

完全由電子化系統取代原有系統。

(3)評估階段與持續改善階段

評估階段的工作主要包括評估檢討導入過程，所面對之問題與執行後成效的評估。

①執行過程之檢討評估

在執行階段可能面臨許多問題，這些問題若不予清楚確認，並進

一步評估檢討，則對新系統之動作不僅沒有助益，甚至可能成為阻力。這項評估檢討工作不但是為了找出問題點，並尋求解決之道，更應納入知識管理系統之內，成為企業內部的重要知識，供作未來教育訓練與系統更進一步發展之需。以下將常見之問題說明如下：

(a) 各相關配合單位基於權責產生之衝突。

(b) 因實施時程之掌控，可能影響正常作業。

(c) 在資源有限下，資源之分配亦常有不同看法。

(d) 預算分配，可能衝擊各相關部門之業務執行。

(e) 作業流程的介面問題，尤其是與上下游價值鏈之間的協同作業。

②執行成效之評估檢討

企業在導入電子化系統後（約三至六個月），必須針對在規劃階段所認定之關鍵績效指標項目蒐集相關數據資料，並逐一評估檢視是否符合原先預期的目標。若有所差異，應儘速明確找出其原因，並設法予以解決。若從中發現未來可供改善之處，亦應列入正式紀錄之內，供未來系統發展之參考依據。

③持續改善階段

根據評估階段所發現之問題，經評估檢討後牽涉影響層面較大部分，列入本階段的改善工作。本階段應是採取持續不斷的改善態度，以期達到電子化的願景與目標。

3.電子化導入時應注意事項

電子化系統導入時會面臨許多問題，但若能事前有所防範與注意，將使其衝突點降至最低。茲將應注意事項加以說明。

(1)最高領導者的全力支持

企業在進行任何重大變革時，依實際經驗，若缺乏最高領導者的全

力支持,通常都會面臨失敗的命運,推動電子化工作亦是如此。而且最高領導者不僅只是在推動之初給予口頭上的支持而已,更應該持續在推動過程中不斷予以支持與肯定,而且依實際需求給予應有的資源。

(2)**應有明確的願景、目標及策略**

推動電子化應有明確的願景、目標及策略,否則專案小組在執行此項工作時,將缺乏依據準則,最後常是無疾而終,甚至相關人員還會為失敗背負責任。

(3)**策略合作夥伴之選定**

由於電子化大都涉及外部合作夥伴,然而在那麼多的合作夥伴中選擇合適的策略合作夥伴,這是電子化推動過程中,一項極為重要的工作,也是不容易執行的任務。實務上,應邀請外部的專業顧問公司協助評估與評選合適策略合作夥伴,以免在經驗不足情形下,選擇不適當者,反而造成營運上更大的困境。

(4)**內部業務協調應取得共識**

企業在導入電子化時,內部作業流程將產生遽變,若未事先溝通協調,則各項流程介面會產生衝突,甚至影響營運,所以內部各部門業務的協調,取得一致性的看法是電子化基本的工作之一。

(5)**進行企業文化再造與組織變革**

由於企業文化會影響企業員工對電子化的態度,若能經由企業文化再造,在員工能體認電子化的必要性,則在全員熱情參與的情形下,將加大成功的機率。另由於作業流程在電子化的要求下,必須作相當程度的改變,所以組織未隨之變革,實無法順應實際需要。

(6)**企業流程再造**

電子化之企業流程一定會有所改變,但企業應觀察原有思考邏輯,

而以開放式想法，進行企業流程再造，如此才能夠達到有效率的簡化流程的目的，進而降低作業成本。

(7)導入過程各項目標應明確

從電子化的規劃階段開始，至持續改善階段，均必須制定明確的目標。一方面可作為作業之依循，另外一方面亦可作為評估檢討之用。

第二節　客戶關係管理

過去在策略規劃上，以創造競爭優勢的主要學說包括市場基礎及資源基礎，前者以成本領導和與競爭者區隔的策略為主軸，而後者則以內部觀點，強調內部資源與競爭力的關係。但是需求面的角度卻被忽略，企業採取客戶關係取向的思想與運作，能因了解客戶的需要而有效獲取最大價值。以客戶關係為主導觀點的企業，並非忽略供應商或員工，只是同時重視與客戶的關係。

利用客戶連結（Customer Connection）的技術，常能為企業帶來一些新的重要啟示與機會，例如：

- ·找到客戶創造價值的機會，並與股東分享。
- ·管理客戶關係檔案。
- ·投入發展有價值的客戶關係，以獲致更高的報酬。
- ·至客戶需要時，以客戶想要的作法提供專業技術。
- ·利用了解客戶增加雙方關係的價值

一、客戶關係管理基本概念

客戶關係管理（Customer Relationship Management, CRM）的工作基本上應是將客戶關係的內涵加以充分落實。也就是客戶關係管理係指企業藉由積極的態度與客戶建立良好關係，以隨時掌握客戶資訊，並依此

資訊進行分析，以提供符合個別客戶需要；同時，在此種商業模式及策略下，與客戶建立長久性的互動關係，進而讓企業與客戶之效益達到最大化。以下從客戶關係的面向著手，詳細說明客戶關係管理必須執行之工作，其步驟依序包括評估客戶組合，確認價值定位的範圍，確定企業應扮演的角色，與建立報酬與風險之結構。

1. 評估客戶組合

一般而言，評估客戶組合的主要考量因素包括現有客戶組合之價值、客戶組合與市場及競爭者之客戶組合有何不同？資源運用與客戶關係價值的一致性如何？

⑴了解現有客戶組合的價值

在了解現有客戶組合的價值之前，企業必須評估個別客戶的動態價值、總體客戶組合的價值及客戶基礎的成長。當這些資訊充分了解後，企業便應進一步分析下列問題，以求能真正了解現有客戶組合的價值。

①客戶關係價值的分配是什麼樣情形？是集中在平均數附近，呈現集中狀況；或是變異性很大，而呈現相對較廣的分布狀況？

②總體價值的集中化達到什麼樣程度？例如，總體價值是否集中在10%或50%的客戶？

③價值分配相對集中於特定客戶群時，則這些客戶與其他客戶之間是否存有明顯的差異？例如，客戶購買數量是否較多？購買頻率是否較高？購買產品之利潤是否較佳？關係是否較持久？

④客戶組合中有一定數量的客戶關係不具獲利性時，這些客戶在購買數量、頻率、產品組合、持續性上是否有共同性特徵？

⑤企業是否在不同價值層次上評估交易的利益或客戶比例？它是否具單一性或系統性的特徵？

⑥企業是否能以客戶價值分配規劃獲取客戶的成本，決定與客戶的關係的持續性？

⑦客戶分配中，哪一群客戶是企業真正的成長部分？

⑧企業對過去三到五年內的新開發客戶與現有客戶間，兩者的價值何者為優？其持續情形如何？

⑨何種情形下會發生客戶轉換的情形？

(2)企業與市場或競爭者客戶組合之構成因素的比較

了解三者之間的差異，將有利於評估企業建立更好的客戶組合。以下的問題值得進一步了解：

①企業的客戶組合與整個市場的客戶組合有何不同？是否過分集中於某些層級客戶？

②企業是否能評估主要競爭者的客戶組合狀況？

③企業是否可以評估競爭者的客戶組合集中化的情形？兩者之間的比較如何？

④企業與競爭者在客戶購買率或市場占有率有何不同？

⑤競爭者的成長係來自哪些因素？

⑥企業對競爭者所特別重視之客戶層級或特定客戶關係價值結構，是否具有辨明該策略的能力？

(3)結合資源發展與客戶價值

在評估建立客戶組合的努力與潛在收益之間是否具有一致性？這必須從下列問題進一步探討：

①企業投入建立客戶組合之資源配置，與客戶關係價值及客戶之回應是否相符？

②企業對於具更高價值之客戶是否願意投入更多的資源？

③企業對於具高價值的客戶群，所建構之關係模式是否符合目前之需要？

④在降低非產品成本的情形下為客戶提供服務，企業應評估其間所擁有的低到中等價值的客戶能為公司創造多少利潤？

2.確認價值定位的範圍

企業欲評估現有的價值定位與其潛在的範圍時，可能必須考量現有客戶價值的定位矩陣、客戶在價值鏈或總體經驗中所有的支出、延伸的價值定位所具有之潛在利潤，與競爭者、合作夥伴及內在影響力比較下，企業所需之專業能力。

⑴了解客戶價值定位矩陣

透過客戶價值定位矩陣，企業將可了解本身所提供之產品或服務是否符合目標客戶的需要？以下問題應加以探討：

①客戶所購買的是公司產品線的哪些部分？目標客戶是否占有一定的比例？

②企業的產品是否存在偶爾才會被目標客戶購買的情形？若減少此類產品，對公司有何影響？

③企業是否有能力可影響高價值客戶的購買比例？

④目標客戶之購買行為是否集中於某些產品群？

⑤目標客戶與非目標客戶偏好之交易方式是否存在明顯的差異？

⑥企業在產品發展與後勤支援上的努力，有多少投注在目標客戶的偏好產品上？

⑦在企業的價值定位中，公司擁有多少資訊可供運用？且可提供給客戶？

⑵評估客戶在價值鏈中的所有支出

若企業能了解其客戶在價值鏈中的所有支出，便能找出相關影響指標，相對的也可進一步評估擴展價值定位的範圍所帶來的潛在利益。企業應進一步了解下列問題：

①企業的價值鏈持續時間的長度為何？其複雜程度如何？

②企業能從客戶在價值鏈支出的消費總額獲得多少利潤？

③企業在客戶價值鏈中是否仍有其他部分，可透過專業知識與技術之協助而獲得利益？

④企業是否有機會重新設計產品，以設法從客戶價值鏈的其他部分獲得新的價值？

⑤企業為客戶提供庫存管理或裝配工作，是否能為客戶帶來利益？

⑥企業為追求以更快、更符合經濟效益的方法達成目標時，客戶價值鏈是否可以重新建構？若是可行，企業應扮演何種角色？

⑶評估延伸性價值定位的潛在獲利性

延伸性價值定位的評估必須依據客戶的回應及此項延伸性產品或服務直接的發展與建構成本而定。因此，為了解客戶價值鏈上總體支出的問題，必須先考量下列問題：

①新價值定位具有多少潛在利益？多少目標客戶對此延伸性產品或服務有正面的因應？而其關係價值又會發生何種變化？

②發展與支援此項新的價值定位所需花費的成本有多高？

③在同一客戶價值鏈上提供產品或服務的其他廠商有何反應？企業的延伸性產品或服務是否與其他廠商重複？是否可透過策略聯盟等方法，銷售或支援此項價值定位？

④此項新的價值定位是否會使客戶產生過多依賴公司產品或服務的疑慮？或對客戶造成不確定感？對產品介紹或定價產生何種影響？

⑤新的價值定位是否有必要銷售給不同客戶？

⑷與競爭者、合作夥伴及內在影響力比較下，評估企業所需之專業能力

在評估延伸性產品或服務時的情勢，企業必須將下列三項事項加入客戶價值鏈之中，包括執行此項延伸性產品或服務時所需之專業能力、競爭者在客戶價值鏈中具有之影響力、客戶對企業及其競爭者提供此項

產品或服務之能力的看法。

①在客戶價值鏈上企業需要展現之專業能力，是否適用於其他地方？

②以現有的技術與專業能力，能為整個客戶價值鏈帶來多少的專業能力？這些技術或能力是否可合理取得？或需要不同企業型態？

③客戶對企業的專業能力之評價為何？

④現有產品在市場所具有之品牌認同感是否強勢？

⑤競爭者在此價值鏈上是否較企業的專業能力為強？

⑥在此價值鏈上，是否能與其他業者進行策略聯盟？此種組合能產生多大影響力？

3.確定企業應扮演之角色

要確定企業的角色係決定在企業對市場附加價值鏈的了解、認清專業能力能為企業提供之競爭優勢的能力，及對於重新塑造價值鏈，以獲取更具競爭優勢與更高利潤之機會的評估。在評估現有角色與潛在可能角色方法，企業就做到三件事：為現有的市場及所處地位規劃出附加價值鏈的版圖，認清現有附加價值被創造的所在之處，檢測用以重新塑造附加價值鏈之連結技術的潛在可能性。

(1)為現有市場與所處地位規劃出附加價值鏈之版圖

當企業在了解附加價值鏈及其多樣性的連結時，有些重要因素應列入考慮：

①附加價值鏈的上游（即供應商部分）及下游（即客戶部分）分別是否可以重新塑造、縮短、或是整合上游中的各個構成要素？

②企業是否面臨客戶要求自行管理供應鏈與改變上游運作的壓力？

(2)認清現有附加價值被創造的所在處

①是否有任何特殊的連結情形，代表總體附加價值中很大的比例？

②在附加價值鏈上的特殊連結中，是否有某一業者可較其他業者獲得額外的高額利潤？

③什麼因素可以解釋位處於不同附加價值鏈上的廠商相關的獲利情形？

④在附加價值鏈中不同的位置運作下，企業需要的專業知識與能力包括哪些？

(3)檢測用以重新塑造附加價值鏈之連結技術的潛在可能性

在附加價值鏈上取代另一種活動，不論是具體產品或是與客戶共同運作，均牽涉資訊流程的重建。因此，評估用以重塑附加價值鏈之連結技術的潛在可能性時，必須考量下列問題：

①在附加價值鏈中進行的連續性活動能否同步執行？

②在附加價值鏈上的不同連結關係中所需之資訊，是否在多重面向上發展與處理？

4.建立報酬與風險結構

在評估企業本身與客戶創造及分享價值的方式是否需要改變時，必須考量下列問題：

(1)了解市場結構與議價能力的層次，以及客戶某屬性的強弱

①基礎客戶群具有之購買能力的集中化程度如何？

②基礎客戶群具有之購買能力被開發的程度如何？

③競爭者的生產能力集中化程度如何？買方又具有什麼樣的市場力量？此力量被運用的程度如何？

④企業的利潤是否因不同的客戶或團體而有顯著的差異？

(2)評估客戶總成本、供應商價值與合作動機

①對企業的客戶而言，什麼是供應商價值最主要的決定因素？

②企業對客戶建立合作關係的動機為何？

③與現有客戶的互動基礎，是否會限制企業與客戶建立合作關係的動機？

(3)**評估客戶互補性與對於合作關係之因應程度**

①是否會有特定客戶會對你的生產能力施加壓力？

②是否會有特定客戶會藉由其所處的市場地位，而傾向於設定表現的標準？

③在產品發展的努力上，企業可能邀集哪些客戶參與？

④如果有更開放或即時的資訊分享，企業與客戶會在哪些連結的關鍵點上變得更有效率？

(4)**評估雙方有關風險承擔的能力**

①企業的客戶對於風險或不確定性的抗拒在何種情況下，較能建立良好的合作關係？且藉由關係規則的改變，可協助客戶降低多少疑慮？

②對於客戶的成功，企業投入多少努力？

③企業與客戶共同面對的風險來源為何？

二、電子化客戶關係管理

1. 客戶關係管理計畫之規劃

客戶關係管理工作並沒有一種單一或簡單的方式可立即完成，必須依客戶關係管理之目標複雜程度而定。在進行規劃時，便必須將進行的工作予以切割；更重要的是要了解 CRM 計畫的複雜度。衡量客戶關係管理複雜度的指標為功能數量與使用範圍。功能數量係指金融業者的 CRM 目標只是建立客戶檔案，則只需要單一功能；若欲達活動管理自動化，則需多項功能來管理。使用的範圍則為在 CRM 系統建置完成並開始使用後，會有多少部門會使用此系統？若僅為單一部門使用，則計

畫便相對簡單。

(1)客戶關係管理計畫之準備

金融業者應在內部成立一個由各部門主管組成的委員會,針對CRM計畫進行審核,以決定是否通過該項計畫及預算數多少。其考量因素包括如下:

- CRM 計畫是否具備長久且持續的價值?
- CRM 計畫是否能符合業者現有企業目標或策略?
- CRM 計畫是否有助於增加業者的核心能力?
- 完成計畫的概算成本與效益如何?
- CRM 計畫能否真正有效提供解決客戶的問題?另解決客戶問題的範圍有多大?
- CRM 計畫中所需的人力如何?
- CRM 計畫中所可能面臨的風險為何?
- CRM 計畫對新科技的需求如何?
- CRM 計畫對業者現有管理的衝擊如何?

①確定客戶關係管理之需求

金融業者的客戶關係管理計畫不但必須列出客戶關係管理之需求,同時也應擬出符合特定目標且具可行性的策略,以使客戶關係管理計畫能符合公司整體的策略方向。一般而言,客戶關係管理計畫至少必須包括金融業者下列需求:

(a) 能夠明確劃定作業範圍。

(b) 具有高報酬率。

(c) 能提高工作效率。

(d) 有效改善現有作業流程。

(e) 對現有系統之衝擊最少。

②進行客戶關係管理之成本效益評估

實務上,金融業者在提出 CRM 計畫時,要精確推估該計畫所可能帶來之效益或節省之成本是一件不容易的工作。但是仍不得不設法加以評估。在整體方面的評估,常以提高員工滿意度、改善企業文化與工作環境、提高企業形象、增加對科技的接受度等,在硬體的投資方面,則可評估業務流程是否更為有效?是否能提高銷售額?是否能降低顧客流失率?等三項評估的考量因素是延遲決策所付出之成本,例如,失去行銷機會所付出的成本、員工流動率過高造成經驗與技術流失、資料庫系統支援、成本持續升高、員工流動造成資訊資源及專業人才流失、缺乏加強客戶關係的能力而降低顧客忠誠度等。總之,對客戶關係管理最實際的評估方向,應該是能夠改善金融業者與其客戶的互動經驗、雙方互動關係人性化,進而使顧客更容易且有意願與業者往來。

(2)客戶關係管理導入前之檢核

當金融業者備妥客戶關係管理之計畫後,必須進一步檢核本身是否已具備開始進行 CRM 計畫的條件,以下將最常被檢核的項目提出,供讀者參考。

①金融業者之高階決策者與管理者是否真正了解 CRM 與其所帶來的利益?

②金融業者是否已了解最需要CRM的業務範圍及預定達成之目標?

③執行 CRM 計畫的業務主管是否能將 CRM 與部門目標及預算結合在一起?

④與 CRM 計畫相關之各部門是否支持或協助業務主辦單位完成CRM 計畫?

⑤相關管理階層是否能運用 CRM 提高公司競爭力?而且了解如何利用 CRM 區隔顧客?

⑥相關業務主管是否能清楚指出 CRM 能夠改善哪些業務目標？

⑦ CRM 計畫是否能有效支援金融業者的客戶導向目標？

⑧金融業者內部的資料共享是否已與其他系統整合？

⑨金融業者對整合後的 CRM 顧客資料是否能改善 CRM 工作的推動？

⑩金融業者之顧客檔案與區隔之應用系統是否足以支援 CRM 計畫的進行？

⑪金融業者之資料倉儲是否可應用至任何 CRM 計畫？

⑫金融業者是否已進行顧客區隔化的工作？

⑬金融業者內部是否會強制實施資料共享的要求？

⑭金融業者的CRM計畫主持人與相關人員之權責是否有明確劃分？

⑮相關部門主管是否了解預算之爭取必須包括 CRM 計畫及其他相關的資金？

⑯金融業者是否了解客戶對 CRM 計畫所抱持之態度？（例如，業務流程之改變等問題）

⑰金融業者的管理階層是否了解 CRM 計畫會造成資料、流程及技術的改變？

⑱金融業者是否了解內部業務條件對 CRM 計畫實施優先順序有哪些影響？

⑲管理階層是否了解必須對與 CRM 有關部門（尤其客服部門）之員工施以流程等相關教育訓練？

⑳管理階層是否提出較佳的獎勵措施，以激勵員工參與，並排除 CRM 實施過程中之障礙？

㉑金融業者是否對 CRM 科技解決方案提出評估？

㉒業務負責主管與相關參考人員是否了解 CRM 解決方案必須與其他計畫有所差異？

㉓管理階層是否了解 CRM 應該有專屬的資訊技術人員？

㉔金融業者是否了解 CRM 是一項長期且持續性的計畫？

㉕金融業者是否了解 CRM 計畫必須長期預算支援？

2.客戶關係管理工具之選擇

許多金融業者選擇客戶關係管理產品之理由包括競爭同業都在使用、CRM 解決方案業者說服公司相信他們是最佳的服務來源、CRM 解決方案業者表示整個計畫可在三個月內完成等。因這些理由而導入 CRM 解決方案的金融業者，未來面臨失敗的機會將是很大。因此金融業者僅以 CRM 軟件工具或特定功能需求為基礎來完成整個 CRM 計畫，則會造成資源浪費、內部系統整合困難等不當情形發生。

⑴選擇具需求導向之 CRM 產品。

金融業者選擇具需求導向之 CRM 產品雖是最合適的作法，但在執行上仍需依規劃的 CRM 型態而定。實務上的作法可參考下面步驟：

①界定客戶關係管理功能

確認功能的最佳方法是擬出企業流程藍圖，了解公司的顧客導向流程需要哪些技術支援？

②縮小 CRM 產品選擇範圍

金融業者可透過 CRM 研討會和商展、專精於 CRM 的分析公司與諮詢顧問公司、商業刊物、廠商研討會、內部資訊與 CRM 網站等方式找到一些提供 CRM 解決方案的廠商。在初期讓資訊部門參與評估，將能協助提供該產品是否符合現有系統與資料管理環境之意見。在縮小 CRM 產品選擇範圍，並提出一份初選的名單後，即可請資訊部門正式參與 CRM 計畫之推動。

③擬定科技需求

雖然功能是選擇客戶關係管理工具的最重要考量因素，但在選擇 CRM 產品時，必須同時提出技術上的需求，以確認選擇的產品可以在公司內部的特有環境下運作。因此在公司現有資訊基礎架

構劃定分類範圍，進而擬定對 CRM 的科技需求。以下提出常見的科技需求：

(a)在整合與連接需求方面：即是此項工具應具備和公司獨特的技術基礎架構整合的能力。其需求可能包括支援 Windows98 的客戶作業系統、能夠與現有資料庫系統互動的 CRM 產品、和 XML 等開放標準一致的產品、可和其他應用系統整合、具延展性及客製化的特點等。

(b)流程和執行需求方面：即是 CRM 產品必須具備支援和控制所需作業的能力。包括能夠支援大量資料、能支援所有轉換作業、可支援資料和系統設備等。

(c)安全需求方面：即是 CRM 產品限制使用者存在的能力。包括單一使用者為基礎訂定可用和存取的資料內容與訂定資料取得的限制、分級進行使用者管理、密碼加密、限制非公司使用者（如顧客）取得資料的能力等。

(d)使用需求方面：即是 CRM 產品能讓終端使用者容易使用。包括可擁有顧客首頁、透過 CRM 入口網站，以取得公司其他系統的資料等。

(e)功能特質方面：即是 CRM 產品提供各項需求的功能。包括工作流程管理能力、預測模式功能、支援無線連上 CRM 伺服器等。

(f)執行需求方面：即是對客戶關係管理活動在可接受的時間內執行及產品回應結果。例如，網路使用者在 30 秒內提供回應的能力等。

(g)有效性需求方面：即是 CRM 產品之系統有效性被接受的程度，例如，能夠警告系統管理的自我診斷工具，可適應跨時區作業的功能、網頁 24 小時作業的功能等。

④與客戶關係管理產品的廠商協商

在了解以上的科技需求後，即可與 CRM 產品的廠商進行高自主
權的協商，以了解他們的產品是否能符合和滿足公司特定的需
求，另外也必須確定 CRM 廠商的產品是否能夠支援他們的工具
組，及能否提出最好的實施及部署方式。實務上，評估 CRM 廠
商的核心領域是協商過程最重要的一項工作。詢問 CRM 廠商的
問題包括：

(a) CRM 產品之功能為何？是單一解決方案或整體解決方案？

(b) CRM 廠商最初是以何種產品作為主力產品？這可看出其核心
能力是否在 CRM 產品。

(c) CRM 產品之優缺點為何？與其他廠商分作的可能性？

(d) CRM 產品是否係以網路為運作基礎？如何運作？

(e) CRM 廠商是否曾負責過類似本公司的顧客資料量與轉換量？

(f) CRM 產品是否與本公司相關資料庫或資料倉儲相容？

(g) CRM 產品如何將資料轉換至其他系統工具上，或從其他工具
中轉移？

(h) CRM 產品有哪些功能無法提供？是否可由其他廠商補足不足
之處？

(i) 公司現有資料能否融入 CRM 產品中？

(j) CRM 產品能否提供一個可說明所有資料的公開資料模型？

(k) CRM 產品是否允許終端使用者取得資料，以利於在當地使用？

(l) CRM 產品是否已發展包括技術或功能導向的模型，以加速作
業進行？

(m) CRM 產品是否已提供資料採用或其他高階分析能力？

(n) CRM 產品平均多久必須修改一次，以符合客製化之需要？

(o) CRM 產品之提供廠商是否提供諮詢服務？或由其夥伴廠商負
責此項工作？

(p) CRM 廠商在什麼情況下依賴諮詢夥伴公司？又其合作夥伴公司有哪些？他們員工之核心能力為何？

(q) CRM 廠商在計畫推動後，視本身在專案計畫中角色為何？

(r) CRM 廠商在現有顧客中，哪些客製化產品之比例占多少？

(s) CRM 產品已在相同產業中有多少公司已使用它？

(t) CRM 廠商是否可提供已使用過該產品的業者的同業名單？

⑤**參考名單和內容**

CRM 廠商應提供參考顧客名單，否則應予以考量是否委託該 CRM 業者。參考名單應是已有發展經驗或正對終端使用者展用測試的企業，最佳的狀況是同一產業中或採用和自己需求相類似的公司，參考對象最好的是發展計畫的主管或執行者。當進行拜訪活動時，至少應向對方請教下列幾項核心問題：

(a) 多少人參與執行工作？（包括所有參與人員）

(b) CRM 廠商已估計完成時間為多久？是否依預期進度執行？有沒有更佳的結果出現？

(c) 執行工作時所面臨最大的困難點在哪裡？例如，資料來源過於複雜、使用者之教育訓練，作業流程是否與 CRM 產品不相合等。

(d) CRM 廠商是否全程參與計畫推動？

(e) 企業對 CRM 產品自我滿足的期望是什麼？

(2)**其他 CRM 的發展方式**

實務上，並非所有廠商都是購置 CRM 產品來實施 CRM 計畫，許多公司亦採取自有發展的 CRM 或採用應用服務供應商的方式。

①**自有發展的 CRM**

一般企業發展自有的客戶關係管理系統通常都是基於下列原因：

(a) 需求的核心 CRM 能力在市場上無法找到。

(b) CRM 套裝產品過於昂貴。

(c) 期望建立一個獨特的解決方案，而有利於核心競爭力的提升。

(d) 單一 CRM 產品無法滿足金融業者所需要的主要複合性功能。

② **採用應用服務供應商**

目前已有不少企業基於對 CRM 的需求殷切，來不及進行建置工作，因此選擇應用服務供應商代為處理 CRM 工作。應用服務供應商即是企業的外包方式，將應用軟體之發展、維護交由專業公司負責，此公司即為應用服務供應商。目前應用服務商的主要型態包括以網路代管為主的公司，提供顧客網路運作及一些其他範圍的服務；另外一種是提供顧客特定及套裝產品的供應商。目前企業選擇應用服務商代為執行 CRM 工作的理由：

‧具備豐富的技術架構，包括伺服器、廣域網路、作業系統及資料庫軟體等。

‧執行的速度較快。

‧具備較多的專業人力，業者無須自行培養人才。

‧可依服務等級協議規範應用服務商必須遵守服務範圍和滿足需求程度。

‧CRM 系統具更大的拓展性，對未來業務之拓展更為便利。

‧具備經濟規模，故業者投入在 CRM 的成本相對較低。

‧應用服務商除能維護 CRM 計畫外，更能提供資料維護、系統安全、使用者支援等任務。

金融業者欲選擇一家合適的應用服務商並不容易，因此如何選擇相當重要，以下提出一些問題供參考：

(a) 應用服務商是否能提供 CRM 套裝產品或獨立模組等服務？

(b) 應用服務商能提供多少種 CRM 產品供選擇？

(c) 應用服務商是否在公司所屬產業中具備豐富經驗？

(d) 應用服務商的服務範圍如何？

(e) 應用服務商的財務是否健全？

(f) 應用服務商如何整合新的 CRM 產品及公司舊有系統？

(g) 應用服務商能提供何種報告及搜尋功能？其資料庫之容量是否受限制？資料轉換是否容易？

(h) 應用服務商以何種方式保障資料安全？

(i) 應用服務商對營運時所可能發生之系統危機情形，採取何種保障措施？

(j) 應用服務商是否能提出一些參考名單？

⑶有效選擇客戶關係管理系統的作法

有效選擇客戶關係管理系將使金融業者在導入 CRM 系統時更為順利，以下提出一些作法供參考：

①設立 CRM 產品選擇小組

選擇小組的成員應能顧及企業中各項需求，並且須以功能為優先考量。

②應要求應用服務商能夠達成之需求及提供服務之期望提出保證

業者應先擬出合適的服務等級協議草案，並對應用服務商提出具吸引力的契約（包括費率、流程改善等事項之要求等）。

③應進一步思考是否一定採用應用服務商

業者在思考採用應用服務商時，應考量若自己導入 CRM 系統，或許對公司更為有利。因此前述的相關作法值得業者思考。

④選擇 CRM 產品時應從顧客的角度著手

選擇 CRM 產品若不以顧客角度出發，最後如何能提升顧客的滿意度及忠誠度呢？

⑤在執行 CRM 過程中，應建立本身的能力

若業者在推動CRM過程中，只依賴或一味相信公司顧問或CRM廠商，很容易陷入某些陷阱（例如，顧問不見得真正了解公司的

需求）。

⑥不可以為利用 CRM 系統即可改善服務品質

業者在推動 CRM 計畫時，應注意 CRM 是包括一整套的流程、資料、科技、技術及策略的解決方案；甚至組織文化更可能影響推動的成效。

3.客戶關係管理計畫之推動

客戶關係管理系統之發展過程不會完全順利沒有阻礙，它可能在各個技術環節碰到各種風險，有些為純技術問題，有些可能與組織文化有關，因在此執行過程若不能設法克服相關缺失，CRM 計畫可能會面臨失敗的命運，故 CRM 計畫的執行過程是整個計畫的最重要核心。以下就其推動步驟加以說明：

(1)執行前的評估

針對 CRM 計畫執行前的評估工作，其實是整個執行工作的前置性任務，它是一種事前的預防工作。就其實務上常被考量的因素說明如下：

①金融業者是否已備妥一份 CRM 基礎計畫？

② CRM 計畫主持人是否了解本身的角色、任務及高階管理者的期待？

③企業內部是否已建立一套 CRM 成功的標準？

④ CRM 計畫是否已確認企業本身所擬定的策略與目標？

⑤ CRM 計畫是否已編列預算？

⑥ CRM 計畫是否能清楚列出顧客的期望？而推動的結果是否能達成顧客的預期？

⑦企業內部各單位對顧客的定義是否一致？

⑧ CRM 計畫是否已能有效規劃出資料需求的功能？

⑨ CRM 計畫中是否已將外部資料包括在內？

⑩ CRM產品需要哪些工作站架構？又是否便於進行客製化的工作？

⑪企業內部是否存在政治因素（如組織文化僵硬等）？又是否已解決？

⑫ CRM計畫是否已能明確保障顧客隱私權？

⑵成立 CRM 發展小組

企業內部必須成立 CRM 發展小組，並在小組中設立各種主要工作職位，例如，業務主其事者（職位愈高愈好）指導委員會、專案執行經理、發展領導者、資料庫發展者、電子商務指導者、資料倉儲指導者、資訊者等。

然而在科技領域者是否應由外部專家協助，必須考量下列問題：

· CRM 廠商的發展環境是否夠理想？

· 是否有必須一次完成的重要任務？

· 是否確定公司需求定義完整？

· 是否可由現有員工展開 CRM 的工作？

⑶ CRM 計畫之執行

① 列出客戶關係管理方案的範圍和優先順序

金融業者若沒有訂定 CRM 客戶關係管理計畫的範圍和各項需求的優先順序，則 CRM 計畫執行者將會因缺乏架構方向和執行的優先順序，結果會造成無法判斷 CRM 工具是否需要增減或修改的功能，最後使整個計畫流於形式。在正確界定 CRM 計畫的範圍時，應考量下列因素：

(a) 在執行中發展出的特殊科技。

(b) 進行計畫的必要技術。

(c) 預計投入計畫的人數。

(d) 需要支援內部技術的顧問人數。

(e) 達成目標的可行時程。

(f) 部門的界線及可能的公司政策問題。

②建立 CRM 發展流程及應用架構

即使是最簡單的CRM產品也沒有可以完全適用的模式，CRM計畫發展方式必須視企業體質、專家人員、技術標準等而定。不過仍有一些標準可供依據。例如，漸進式發展，需求導向發展、使用者持續全程參與、實施流程嚴格控管。CRM 發展流程及應用架構可分為三個階段：規劃（含業務規劃、基礎架構及設計）、建構（含選擇技術、發展進行）、佈署（含接收、評估）。

(a) CRM 之業務規劃：CRM 業務規劃階段至少應將 CRM 企業目標文件化，也就是應提出正式的策略文件。另外亦須考量流程是否必須重新修正？投資報酬率預估與成本節省之目標是否達成？

(b) 進行基礎架構及設計：企業找出內部中現有設備、技術和流程如何影響 CRM 的實施？受影響的部分包括哪些？這是架構和設計中最重要的步驟。

(c) 技術選擇：根據 CRM 對現有系統之衝擊及新功能的需求，便可以找出哪些 CRM 產品是適合公司使用。

(d) 發展 CRM：發展 CRM 即是進行程式化和編碼，同時必須將所選擇的產品與現有的企業流程整合。完成整合後，必須進行測試，以確認新企業流程係屬可行及新科技產品的功能確有助於簡化流程。因此發展階段大部分是技術工作，如資料庫設計、資料消除和整合、新舊系統之整合等，尤其整合部分更是關鍵性工作。

(e) 接收 CRM：接收 CRM 係指透過公司資訊架構可以將 CRM 的分析結果傳至需要者的手上。此階段最重要的工作是使用者的訓練，除訓練外，其實接收工作應包括使用者指導手冊、工作協助和其他文書化的內容，以鼓勵使用者儘可能採用新的CRM

功能。

(f)評估：評估工作係為衡量新功能的使用狀況，以了解是否真的能簡化需求與流程。評估標準將可量化的顧客滿意度、投資報酬率外，亦應包括是否解決企業所存在的問題、使用者的意見回饋等。

4. CRM 實驗過程最大的障礙

CRM 推動過程常會發生許多錯誤，本節僅提出最主要的障礙：

(1)未能訂定客戶關係管理策略。

(2)未能管理員工的預期心理。

(3)未能正確定義 CRM 的成功標準。

(4)未能改善企業流程。

(5)未能改變僵硬的組織文化。

(6)缺乏資料整合。

(7)未經有效評估即輕率的決定應用服務供應商。

(8)未能在企業內部持續推動 CRM 工作。

(9)未能有效保障顧客隱私權。

(10)缺乏組織規劃。

5. CRM 在金融業常見之功能

由於各解決方案提供者（即 CRM 廠商）的 CRM 產品所專長的重點不見得相同，故本文僅將常見的功能提出供參考：

(1)多通路客戶互動系統

常見項目包括電腦電話整合、電話交換機、電話語音系統、客戶互動流程管理、傳真及郵件管道支援等。

(2)行銷自動化系統

常見項目包括行銷策略與執行步驟；行銷活動的執行與管理；名單

擷取、管理及追蹤；時程、預算與資源管理；行銷活動分析及追蹤；客戶分析；產品服務分析；競爭對手分析等。

(3)**業務銷售自動化系統**

常見項目包括客戶帳戶管理；銷售活動管理；報價單與建議書準備；契約及產品／方案管理；銷售機會等。

(4)**客戶服務系統**

常見項目包括客戶資料庫；契約內容及服務層級；契約內容及問題單；答客問及問題解決；客戶連繫管理；訂單處理及服務履行；約會及行程安排等。

(5)**電話行銷應用系統**

常見項目包括名單匯入與篩選；名單分群、案件分派／重分派；整合自動外撥作業；註記聯絡狀況外援結果與後續作業；行銷活動績效之分析管理；人員績效與佣金管理等。

(6)**商業智慧與資料倉儲**

常見項目包括行銷自動化績效指標分析；依不同行銷活動、銷售管道之回覆率分析與銷售變化率分析；依行銷活動別實際及預估成本變化率分析；依行銷活動別預估完成剩餘目標業績成本分析；依行銷活動別平均投資報酬與分析；依地區別、產業別、產品別銷售成交率分析等。

(7)**業務銷售自動化重要績效指標分析**

常見項目包括依地區別、銷售管道別、協銷夥伴別之預期營收分析與結案分析；依地區別平均結案時間分析；依產品別、地區別、銷售管道別平均銷售價格分析；依產品別、地區別平均折扣率分析、依地區別實際業績達成率分析等。

個案 5-1　中信銀網路銀行之安全防護

　　目前隨著網際網路的技術進行，使用網路銀行的人口逐漸在增加，中信銀在 2003 年 11 月底表示，該行網路銀行的註冊戶已達五十五萬戶。根據調查，消費者在選擇網路銀行時，最關心的問題集中在安全問題。

　　中信銀在網路銀行的布局方面，早已投入網路功能架構的完整建置，其中又以安全機制最為重要。中信銀的安全機制包括五項特點：第一，比安全，不怕駭客入侵。此安全機制經財政部審核通過，並取得網路銀行經營執照，是嚴密的防火牆。第二，比保密，傳遞資料封包上鎖。中信銀係採用 128 bits SSL encryption 封包傳遞資料，即使資料中途遭人截取，亦無法解開或讀取。第三，是採雙重密碼設計。消費者登入網路銀行與進行「交易」功能時，各有一組密碼，登入時必須輸入身分證字號與四位數以上的密碼；若使用轉帳、基金下單等交易功能，則再輸入另一組六至十二位元密碼，透過二道式的身分確認達到安全控管；交易完成後，系統會自動以 e-mail 通知客戶。第四，保障個人資料的隱密性。當消費者成功進入後，所有網頁都不會顯示身分證字號與姓名，當顯示卡號時，亦只會出現前後各四碼，個人資料不會外洩。第五，作業逾時自動保護。當消費者登入中信銀網路銀行時，若有事暫時離開，則系統在五分鐘內自動退出，以防止他人窺視及盜用資料；另若簽入時密碼資料輸入錯誤超過規定次數，則系統自動進行保護。

問題：

　1. 若您是一位網路使用者，當您了解中信銀網路銀行的安全機制時，是否會有興趣採用中信銀的網路銀行。請敘述理由。

　2. 中信銀網路銀行的開戶數至 1993 年止居臺灣地區最高位，您認為該行的安全機制夠安全嗎？它是否有哪些可改善的空間？

資料來源：張慧雯，〈中信銀網路銀行五大防護〉，工商時報，2003 年 11 月
25 日。

個案 5-2　匯豐銀行之虛擬金融服務

由於非臨櫃銀行服務具有消費者便利性、省時性的好處，因此許多
銀行業者逐漸重視此種趨勢。匯豐銀行也不斷投入此種虛擬銀行通路的
作法，包括自動櫃員機、快捷現金存款機、簡訊服務、網路銀行、電話
理財等服務。

匯豐銀行甚至在行動電話普及的情形下，推出行動電話簡訊服務，
隨時提供客戶基金交易狀態、信用卡刷卡交易、帳款明細等。雖然在目
前已逐漸有金融業者提供此服務，但在一年前則在臺灣是首創先例。

另外該行的電話理財中心所提供的金融服務項目是採客戶「一次購
足服務」的方式，包括存款、貸款、基金投資、保險、信用卡服務等；
也就是提供客戶在跨時空的觀念下，將所有理財、轉帳、繳費、查詢等
相關交易透過此管道能輕鬆完成。為建立虛擬通路的安全性，匯豐銀行
對所有電話、網路的環境提供周全的保密措施，所有密碼均為分開獨
立，客戶資訊傳輸皆層層保密。

由於匯豐銀行充分利用電子化工具，因此其提供的服務，能以全方
位、全天候的方式推動，再加上其理財專業團隊的服務，使其使能成為
世界級的金融業者。

問題：

匯豐銀行所提供的電子化金融服務，目前愈來愈多的金融業者有相
類似的作法，請問若您是一位行銷顧問，您會建議在電子化下的金
融服務，如何可進一步提供競爭優勢？

資料來源：劉玫玲，〈匯豐銀行全天候、全方位服務不打烊〉，經濟日報，
2003 年 12 月 6 日。

個案 5-3　台新金懂得客戶需求

台新金在 2003 年進行組織再造工程，確實使其營運大幅增加，而其成功之道除包括出色的行銷手法及優秀人才外，台新金擁有強大的資料倉儲能力，亦是不可忽略的能力。

該行為加強競爭力，特別建置客戶資料倉儲系統，彈性調整市場區隔與客戶分類，將每一筆客戶資料轉化成有意義的行銷資訊，使得銀行能建立最佳市場策略，針對每一位客戶，提供最即時化的個人服務。

過去台新金或台新銀行並沒有運用資料庫的概念，銀行的資訊一般只作為日常使用，不具任何分析功能，而累積資料亦無法有效運用，以作為市場競爭之工具。目前銀行已利用客戶資料透過資料倉儲技術，徹底分析客戶屬性，找出客戶的真正需求，並提出更合適的客戶服務，以達到滿足客戶的目的。

台新高階主管指出，科技化為台新金帶來更準確的目標行銷，使得該行能降低行銷成本。尤其運用資料倉儲技術，進行交叉分析，有效運用儲存在資料庫的資料；不僅作為業務推動之基礎，更是管理階層作為有效決策之參考。

問題：

1. 運用資料倉儲技術分析顧客的需求，已逐漸被金融業者所採用，但是更重要的是業者本身在運用這些資訊時，應如何有效的進行決策。如果您是台金新的行銷人員，您會如何建議運用哪些區隔變數，作為資料倉儲時的分析依據？請依企業金融與個人金融分別探討之。

2. 若您是別家金融業者的企劃人員，由於貴行尚未導入資料倉儲工具，請問您未來在推動過程中，會如何執行呢？請嘗試提出推動步驟及注意事項。

資料來源：傳沁怡，〈資料倉儲系統，懂得客戶需求〉，經濟日報，2004 年 4 月 21 日。

個案 5-4　金控善用 CRM 資料

　　由於金控公司成立，包括富邦金控、國泰金控、華南金控等公司均開始積極整合各種跨售資料，進行資料採礦。富邦金控在 2003 年 4 月完成與臺北銀行的跨售系統，並展開跨售行銷布局。其實在 1999 年時，富邦金控已將客戶關係管理所有資料倉儲系統進行集中管理。目前富邦產險、富邦人壽等金控成員之員工均可進入 CRM 系統，也就是金控成員均知道公司有哪些產品、有哪些跨售目標，又有哪些資源可供運用。以 2002 年，富邦白金卡的業績來看，除富邦銀本身的行銷及集團的電話行銷外，大部分都是關係企業員工進行跨售推銷，全部都是新業績。尤其富邦銀在 2003 年已開始轉型為另一種作業環境，即客戶一進門，刷富邦的一本萬利，銀行馬上就知道客戶的身分、消費能力與模式，使得行員能運用跨售的資源。2003 年中，臺北銀行加入富邦 CRM 體系後，富邦金已統一後勤作業平台、商品設計，使富邦銀與臺北銀行之客戶享受相同的產品。

　　國泰金控也是一種特別強調客戶關係的金控公司；該公司表示，如何利用客戶關係管理系統進行資料採礦，其依法包括第一，為目標客戶的尋找，從商品特質，針對特定的客戶行銷；第二，從客戶屬性設計客戶所需之商品。國泰金控因其 CRM 系統在各金控中最完整，且客戶資料龐大，因此所進行之分析，相對較為準確。例如，該公司表示，國泰銀行信用卡數至 2002 年底，急速成長至一百八十二萬張，那是國泰金從 CRM 中，針對消費能力高的都會地區民眾加強行銷的結果。

　　老行庫的華南金控，也充分運用 CRM 系統開發新客戶，例如，三 A 優勢帳戶首先鎖定華南房貸戶，其次篩選對象為往來一年及繳款正常客戶為目標客戶群。另外，也利用 CRM 系統了解每一客戶與華南往來

狀況，使用華南多少金融商品？從過去資料中發現客戶忠誠度，以達到業務推展的目標。

問題：

1. 國泰金控 CRM 系統的操作模式為何？該公司認為其分析結果因系統完整與資料龐大，所以分析較為準確。您的看法如何？

2. 華南金控所採用的 CRM 系統其作業方式可否給予簡單評論？

資料來源：金融新聞中心，〈金控業衝刺跨售業績〉，工商時報，2003 年 2 月 10 日。

個案 5-5　金控公司內容管理需求高

金控公司成立的主要目的是將原有旗下各子公司的金融商品及服務，透過跨業商品組合的設計及搭配，並以全方位服務模式，提升商品的附加價值與競爭力。然而如何將瞬息萬變的龐大商品及服務內容，利用電子化方式，提供給第一線的銷售人員，協助其取得客戶訂單。

目前不少金融業者為整合各地營業據點，紛紛設置企業內部行銷人員支援網站，供分行人員、VIP 專員、電話銷售人員、保險經紀人、證券經紀人等取得銷售的相關資訊和追蹤其銷售狀況。另為增加銷售管道，亦提供經銷商體系銷售支援網站，供經銷商取得相關資訊。這兩項網站的目的是希望經由內容自助式服務管道，使得內外部銷售人員快速取得行銷素材、簡報資料、產品資訊、訓練教材、競爭分析報表等，以增加銷售。此種有效率的內容管理機制，對內外部人員（包括高階人員）均能取得最即時、正確的資訊，並在提案書、契約及其他文件上的運作。而交易的前、中、後期等階段，銷售人員也需要和法務、客服、教育訓練、顧問諮詢等公司內的其他部門相互配合，這均有賴內容管理機制之建立。另外因為金融商品不斷推陳出新，加上客戶希望能掌握即時訊息、購買標的物的績效表現等，因此建立完整的內容平台與管理系

統，才能符合客戶與內部員工的需求。

目前匯豐集團、國泰人壽均致力於強化網站變動管理機制，以確保內容管理功能。即是它可自動執行網路應用變動管理工作的機制，以動態方式更新各式網路應用，並同步將程式碼、內容、設定等變動項目，派送至企業整體的資訊環境中。例如，匯豐在八十個國家設有九千五百個據點，原來是分別管理，但在 2000 年利用整合方式，使得網站變動管理之效率大為提高。

問題：

1. 請試述內容管理對金控公司或龐大金融業者有何利益？

2. 匯豐集團已整合內部的內容管理，若您是一位尚未實施內容管理的金融業者，試問您會如何思考此問題？會採取何種因應措施？

資料來源：王皓正，〈金控業內容管理需求火熱〉，經濟日報，2004 年 3 月
12 日。

個案 5-6　建華銀 CPA 洲際管理帳戶解決臺商資金調度

由於臺灣許多中小企業在海外布局事業據點，但卻常遭遇資金調度的問題；也就是因為各子公司所在地的資金調度程序複雜，無法立即了解入帳情形，再加上無法掌握各子公司的現金部位，以致於無法掌握資金調度的時效性。另外一種情形是海外子公司無當地銀行的往來記錄，不易取得融資額度，而母公司在臺灣往來的銀行關係又無法運用到需要資金週轉的海外子公司，這種種情形使得臺灣中小企業在海外市場上面臨資金調度的嚴重問題。

建華銀行因看到此種市場需求，故推出 CPA 洲際管理帳戶的作法，頗能提供客戶跨區域的金融服務。即是銀行必須先整合自身的企業集團資源及聯盟銀行的合作，才能使銀行客戶在各種不同的戶頭中使用不同幣值或是讓單一銀行客戶在不同地點（例如，臺灣、中國大陸、香港、

美國等），跨各個銀行進行管理與轉帳的工作。因此建華銀行與 IBM 中國研究中心的研究人員進行合作，根據新的商業模式，開發新型的管理及資訊科技應用解決方案，即是 CPA 洲際管理帳戶的網路平台。此平台是以模組化商業整合平台為基礎，配合客戶需求開發成適當的平台，成為新一代的商業整合平台。

此平台打破各據點分別經營的傳統模式，而以全方位泛太平洋金融服務，作為中小企業在全球營運據點布局的後盾。此帳戶具有六項特色，包括一個按鈕總覽查詢、線上調度快速入帳、線上轉帳安全無虞、一組密碼暢行無阻、一地資產跨區融資、優惠價格回饋客戶。

問題：

1. 聯繫銀行透過了解客戶之需求，並配合電子化技術，而為其客戶提出問題解決方案。如果您是銀行的企劃或行銷人員，您會如何思考此種作法？（此題目沒有一定答案，主要是期望讀者能在觀察銀行客戶的需求後，推出一些利用電子化技術解決問題的想法）。

2. 從建華銀 CPA 洲際管理帳戶的規劃可引申出一個重要觀念，即是金融行銷不只是目前坊間最常見到有關個人金融理財部分的電子化。可否請您以一位廠商的立場，提出法人金融部分之需求（並結合電子化的觀念思考此問題）。

資料來源：郭勝雄，〈金控異地台商、銀行網開一面〉，經濟日報，2004 年 2 月 8 日。

個案 5-7　富達基金平台打造金雞母

富達投資集團是一家國際性基金老店，在臺灣旗下有三家公司，包括擁有亞洲區第一個基金平台 TM 的富達證券、管理新臺幣計價基金的「富達投信」，及負責海外基金諮詢顧問的「富達投顧」。

　　由於臺灣是富達在全球前五大市場之一，尤其臺灣擁有高儲蓄率、投資人對投資商品需求日益提高、臺灣投資人相對了解複雜的投資商品。因此 2002 年，富達證券公司成立後，在當年三月立即引進基金平台 TM 的基金超市概念，它也是臺灣地區首宗結合代理與交易、一次購足基金商品等多重功能的基金交易平台。

　　富達基金平台 TM 係亞洲首創第一個整合基金商品的上中下游平台，而且也是臺灣地區第一家以海外共同基金交易為主的專業外資證券公司。更具特色的是它是一B2B交易平台，強調中立客觀，以客為尊、專業分工、資源共享與銷售通路合作、創造雙贏的經營理念。至 2003 年 10 月份為止，基金平台TM的合作夥伴已包括八家基金公司、十五家銀行、十四家券商及七家保險公司。加入基金平台 TM 可使一些未在臺灣註冊的基金公司能獲得銷售管道，而在臺灣已核備的基金公司也能藉由基金平台 TM 增加通路的廣度。

　　未來富達基金平台是否會推廣至其他亞洲國家，成為全亞洲市場的通用模式，該公司執行總裁 Patrick J. Shea 表示，必須視市場規模、設立及維護成本與其他環境因素而定。

　　問題：

　　在了解富達基金平台 TM 後，若您是一位證券業者如何看待此基金，是否決定加入該基金呢？還是另創出一個更具特色的基金平台呢？請詳述其理由（可從貴公司的規模大小、全球化經驗等因素進行討論）。

資料來源：王皓正，〈富達基金平台TM、打造金雞母〉，經濟日報，2003 年
　　　　　 10 月 15 日。

個案 5-8　寶來證券之電子交易

　　寶來證券早已推動電子交易的工作，它不僅是臺灣地區證券交易電

子下單的龍頭，也是期貨、選擇權電子交易的第一名。目前其證券方面40%至60%的成交金額來自電子下單，期貨和選擇權更高達70%以上。

在1994年為了產品差異化的工作，已開始運用財務工程的演算模式，提高金融商品的操作績效。1997年10月，法令容許網路下單業務時，當年12月即推出網路交易業務。至1999年，其業務電腦化已完成整合。不過由於資訊平台建造成本高，因此寶來證券除了考量此問題外，更進一步思考採購後的系統維修工作、工程是否充足及工程是否熟悉該套軟體。最後，該公司在2003年採用Microsoft的電子商務交易平台，因為它們認為採Miorosoft企業應用整合（EAI）解決方案以BizTolk Server為核心，能將不同平台、通路整合在一起，讓開發同仁能在最短時間內，以最快速度完成，而且可運用開發過的程式。

其實寶來證券會在2003年採用Microsoft的企業應用整合解決方案的原因，是因為交易平台不斷的修正及推出全新版本，例如，2002年10月14日推出樂透online選擇權交易平台，在2003年4月份又推出針對個人設計的策略版選擇權「孫悟空」，針對企業和機構的法人版選擇權「如來Four」及Super點金靈。尤其在開發平台的過程也經歷相當痛苦的掙扎。例如，該公司為讓交易系統與各類型裝置溝通，採取撰寫應用方程式來滿足各類裝置，但此種逐項支援，逐項開發的結果卻造成寶來資源與人力的極大負荷。而且每項支援程式都是專屬專用開發，由於設計過於專屬，資訊管理者不易了解該程式日後如何維護，當軟體運作時有任何間斷或錯誤後，便很難再啟動接續。再加上逐項支援和撰寫就是程式再利用率低，浪費重複開發的人力。

目前寶來的交易平台，係以個人的投機、套利等主要需求為出發點，延伸到以避險、金控為設計理念的法人需求。例如，寶來在2004年8月推出的法人計量避險平台，就是從風險管理角度出發，結合現貨、期貨和選擇權的避險平台，讓被要求在不同券商下單的機構法人或外資，可以統合在不同券商下單的現貨、期貨和選擇權的部分統合，透過

模擬試算或情境分析，清楚了解手中現貨和期貨部位的損益狀況，進行適當的風險管理。不過，寶來證券資訊處協理吳泳文認為新金融商品不斷產生，未來電子交易平台可進一步努力的空間仍相當多。

問題：

1. 請針對寶來證券在電子化系統之整合問題提出評論。
2. 請您依據寶來證券在尋求軟體開發的過程，提出您對軟體系統的評選應有之作法。

資料來源：1. 姜愛苓、李娟萍，〈寶來證券、理財e路追到底〉，經濟日報，2003 年 5 月 2 日。

2. 姜愛苓，〈寶來電子交易、e 路領先〉，經濟日報，2004 年 9 月 1 日。

個案 5-9　暢通金流，全球運籌

臺灣從 1999 年 6 月開始執行「產業自動化及電子化推動方案」，包括 A、B、C、D、E 計畫而與金融業有關的係為 C 計畫，其主要功能是想達到全球收付款、線上融資、資金管理、帳戶整合及財務調度的目的。目前至少有一銀、中銀、中信銀、國泰世華、富邦、華銀、彰銀、遠銀等八家金融機構參加。此計畫的目的在於以供應鏈體系電子化交易資訊為基礎，建立銀行、中心廠、供應鏈間金流電子化整合機制，除與金融機構之電子支付工具串聯外，亦解決供應商融資不易問題，銀行可運用中心廠商提供之訂單資訊，做為供應商還款能力證明，使供應商可從接單、出貨、驗收、付款（預約付款）等各階段免擔保品的即時線上融資。其連結的體系幾乎都為 B 計畫成員。

C 計畫的重點工作主要在於線上收付款、線上融資，並創立各種金融商品、多行融資機制、多國金流運作的創新模式。其多種金融商品是指提供供應商從訂單、驗貨、發票、應收帳款等不同階段所需融資商

品。多行融資機制是指供應商之每一筆交易，都可自由選擇條件最佳的銀行、多國金流運作是指透過銀行的國際金融業務分行與外商銀行之策略聯盟之運作，以滿足臺灣接單、全球生產、全球收付的需求。

C計畫除了對銀行產生線上融資的效益外，對中心廠方面，能協助供應商取得營運資金、強化供應鏈體系之競爭力，使採購及買賣雙方資訊透明；而在供應商方面，電子收款減少追蹤、兌付等作業時間與成本，多樣化的電子融資等服務，降低資金成本，全球支付功能，讓資金快速移轉。尤其供應商能在不易取得所需融資的資金來源下，透過C計畫之實施，使得供應商迅速取得融資。

中國商銀是其中一種C計畫中的金融業者，因此本個案特以中國商銀的作法，進一步說明金融業者如何運用電子化作為行銷工具。一般網路銀行係以個人金融為主，但是C計畫卻是推動B2B的計畫；中國商銀正積極建置線上授信管理系統，此系統與現有帳務系統不同；帳務系統僅止於帳款收付的技術問題，但授信管理系統則包括線上徵信、擔保品鑑價、聯合徵信中心查詢、授信呈報、逾放與催收管理、OBU與DBU的徵信、擔保品管理等。該行資訊處處長黃永貴表示，此管理系統能提供企業用戶快速、高效率的融資服務。中國商銀未來將建置一套B2B交易平台，此交易平台可達到兩大特色，第一，是跨幣別、跨時區、跨銀行、跨平台、跨產業、利用國內其他銀行與海外分行的連線、帳戶服務，提供客戶全球整合及資金操作的完整解決方案。第二，結合資訊流、金流的融資新管道，中國商銀可將商業資訊轉化成為有價值的商品，作為交易融資的根據，結合追蹤交易行為，並掌握還款來源所規劃的自動滾轉機制，深化商品服務的創新。

目前中國商銀與華碩、大同、華宇、仁寶等電子大廠簽約合作，未來將逐步與這些資訊大廠的供應商之平台進行整合，以線上進行融資，乃至建立全球資金運籌網，成為企業發展全球市場的金流後盾。尤其兩岸三地的營運模式愈來愈普通，經由OBU設立一大堆個別帳戶，造成

企業不易掌握現金流而增加企業財務操作風險，因此該行將發展上述所提之交易平台，以達到服務客戶的目的。

中國商銀蔡友才表示，該行將利用B2B專屬金流網站滿足企業在國際化下的需求；並能充分提供全球收付帳戶控管、跨國轉帳、全球收付款項管理、線上外匯交易、進出口貿易、報表銷帳的全天候服務。使得企業能快速縮短資金調度時間，增加通匯服務的附加價值。而且建置企業授權機制，以符合企業內部控管需求，提高付款之安全性。同時透過全球金融網，亦可線上開發信用狀及修改國內外背對背信用狀，甚至推動電子化信用狀交易流程，達到該行進出口貿易服務層次。另外還提供供應鏈線上融資及線上應收帳款的功能。

問題：

1. 請簡述 C 計畫的目的及功能。

2. 中國商銀加入 C 計畫後，在 B2B 的行銷上充分利用此交易平台擴展其業務。若您是一家尚未投入此類型電子化的金融機構，在了解此種電子化的利益後，您會採取哪種決策？投入或不理會？請說明理由。

3. 金融業者在投入電子化時，應如何思考與其企業策略的關係。請從電子化策略的角色加以評論貴公司（或自行選定一家金融機構）在電子化的投入是否正確。

資料來源：1. 謝奇漳，〈暢通金流、全球運籌〉，工商時報，2004 年 5 月 4 日。

2. 夏淥賢、李娟萍，〈中銀金融網遍全球〉，經濟日報，2003 年 5 月 9 日。

個案 5-10　讓 1500 類顧客驚喜的 CRM 策略

美國第一資本金融公司成立於 1991 年，但於 2001 年成為美國第六

大發卡組織，在 10 年期間能快速成長之因在於他們善加運用顧客關係管理的概念，並將之一一實現。

　　該公司在顧客關係管理上之作法包括第一，創新性的產品設計：將信用卡的功能細分為 7000 種，不同產品組合搭配不同的定價策略。第二，優良的行銷及銷售技巧：善用消費者行為和消費者紀錄進行交叉銷售。第三，優異的信用卡政策和技巧：申請信用卡僅需 20 秒，客服系統使前線客服人員在第一時間取得客戶資料，並針對客戶需要提供最合適的產品及服務。第四、採用微觀行銷（micro-marketing）：將顧客分為 1500 類，平均每一類包括 2800 位顧客。

　　第一資本金融公司在 1998 年開發出超過 1 萬種信用卡產品，並進行測試，這種市場區隔越明確的作法，創造獨一無二的市場機會。該公司給客戶最大的感受是客戶能真正體會他們的需求受到重視，例如信用卡用戶購買去佛羅里達的機票，又預約迪士尼樂園週邊的飯店房間後，當客戶到達旅館辦理入住手續時，該公司已將迪士尼樂園優待券送到客戶手上。

問題：

1. 美國第一資本金融公司在客戶關係管理上有何值得臺灣業者學習之處？請敘述。

2. 美國第一資本金融公司採非常細分的方式區隔消費者需求，您認為臺灣金融業者是否加以採用？並請評論。

資料來源：計葵生，〈讓 1500 類顧客驚喜的 CRM 策略〉，工商時報，2009 年 4 月 3 日。

Chapter *6*

金融從業人員
之行銷技巧

第一節　銷售技巧

一、銷售基本概念

　　銷售工作在過去的觀念上，常被視為一種較低階的工作性質，其實它不僅對個人在職場上之發揮很重要，對於社會與企業而言，均扮演重要的角色。

　　一般而言，銷售就是運用各種方法，將產品或服務提供給顧客，使其接受該項產品或服務，並進一步購買它。若進一步說明，其實它是一種說服、溝通、暗示或要求。在人的生活中此種廣義的銷售行為四處可見，例如，個人在職場上的努力工作，即是設法將自己推銷或銷售給上司。當然本書所提之銷售仍是集中在將金融商品或服務銷售給顧客。

　　銷售人員常對本身銷售工作產生誤解，以致無法有效將產品銷售給顧客，在全球的金融業亦是如此；目前除少數金融業發達的國家外，大多數國家金融從業人員對銷售工作仍然缺乏正確的銷售觀念。一般最常見的錯誤觀念包括，第一，看不起銷售工作，因為本身對銷售的概念一知半解，而金融從業人員在傳統業務性質上，又常是企業或個人求助的對象，因此心態上無法以銷售的觀念去推銷本身的金融產品。第二，認為銷售很簡單，只是把東西賣出去而已；高明的金融從業人員在銷售金融產品時，不僅必須對產品內容有所了解外，亦須熟悉心理、人際溝通等專業技巧，否則無法與顧客產生共鳴。

二、金融從業人員之態度

　　金融從業人員在銷售上應有之態度，常是金融產品行銷能否成功之重要因素。因此只有在正面的態度下，金融從業人員才能以自信、樂觀、積極、進取、快樂的心態下，將金融產品銷售出去。

　　一般而言，金融從業人員對銷售態度可從對自己的態度、對銷售的態度、對挫折的態度、對顧客的態度及對產品的態度等面向思考。

1. 對自己的態度

　　金融從業人員要建立正確的銷售態度，至少應認識自己且喜歡自己，如果做不到這兩項，則無法真正以自信、快樂的心情面對顧客。

2. 對銷售的態度

　　金融從業人員面對銷售之態度應先了解銷售的動機為何？由於過去並不是所有金融從業人員必須從事直接銷售之業務，但由於環境改變，幾乎所有人員多少均負責部分金融產品的銷售業務；因此在銷售上的態度應先予調整，以免無法適應，尤其是公營機構所改制的金融機構。

3. 對挫折的態度

　　對金融從業人員而言，過去無須銷售金融商品，但現在卻因環境要求，不得不改變過去的作法，例如，許多金融機構會要求員工銷售保險或招攬信用卡等，而這些對金融從業人員均會產生無比的挫折。因此金融從業人員必須將銷售時所遭遇之挫折視為正常現象，同時以樂觀的態度對待挫折，使個人在銷售上更具自信。

4. 對顧客的態度

　　過去金融從業人員是等顧客上門的行業，因此在對顧客態度的表現，完全憑個人喜好或個人個性而異。而目前金融從業人員對顧客應將之視為衣食父母，並且設身處地為顧客著想；或許實際上顧客的想法不一定是正確的，但在表示不同看法時，亦應秉持顧客為上的作法，盡量不要得罪顧客；即使討厭此種顧客，也須在態度上有所保留，不可立即情緒反應。

5.對產品的態度

目前金融產品的種類多樣化，而且各具其專業性，因此金融從業人員必須對產品深入了解其特性，它是否適合所有顧客；若有不了解的情況時，則須請教其他具專業的同仁或同業，不可只是一味想賣出產品，而忽略是否會產生對顧客不利的情形。

三、金融從業人員形象之建立

金融從業人員在銷售產品時，其個人形象常具關鍵性角色；也就是金融從業人員是否能得到顧客信任，這與其個人形象有著密切關係。金融從業人員建立形象之技巧包括儀表、傾聽、微笑、讚美、熱忱、關心、取得信賴及牢記人名等，簡述如下：

1.合適的儀表

金融從業人員之合適儀表正如產品的包裝一般，因為那是顧客的第一印象；一般而言，人類的第一印象常是決定對別人的印象。所以金融從業人員的合適儀表至少包括外表乾淨、服裝整齊或穩重大方。金融機構在服飾方面的整體性規劃甚為重要，例如，花旗銀行對行員的服飾有一系列的規劃，且大約三年左右便會重新設計製作，甚至其服飾的搭配美觀、大方，且具變化性，這使得許多顧客對花旗銀行的行員產生不少好感。

2.傾聽

傾聽是人類溝通一項最重要的工具，它不僅在管理上具關鍵性角色，在銷售上亦是一項利器。對於金融產品而言，有不少顧客基於理財的立場，其實頗具專業性，有時甚至比從業人員更清楚；此時金融從業人員若能秉持傾聽的原則，不但可能因顧客感受其意見受到重視外，也常可從顧客談話中獲得不少知識。因此金融從業人員不要遇到顧客便急

於推銷產品，以免造成反效果。

一般而言，金融從業人員傾聽的原則包括，第一，集中注意力，用心的傾聽；第二，適時發問，協助顧客整理出談話主軸；第三，從談話中，了解顧客的意見及其真正的需要。

3.微笑的使用

微笑是人際關係中最佳的潤滑劑，它不僅是代表金融從業人員給顧客的良好印象，其實它也象徵親切、友善、禮貌；不但能使自己內心產生快樂的情緒，也常能將愉快的氣氛帶給顧客，進而縮短與顧客之間的距離。

微笑除了從內心發出以外，亦可透過練習而達到的。兩者會相互影響，最後會合二為一。最吸引人的笑，應是天真無邪的笑容；最令人相信的微笑，則是真誠的笑容。最好的金融從業人員便是隨時將笑容帶在臉上。

4.讚美的運用

人類生來便喜歡受到別人的肯定與讚美，適時、適地的讚美對於金融從業人員而言，常能帶來意外的收穫。不過，這種讚美是出自真心誠意，而非虛偽做作的。例如，金融從業人員面對一位對基金頗有研究的顧客，在與其談話過程中，若能適時發出讚美，則此顧客在受人肯定的情境下，將更容易獲得此一顧客的信任。

讚美是可以學習的，下列四種作法值得嘗試，第一，養成讚美別人的習慣；第二，讚美必須真誠、得體；第三，留意不受讚美的人與事，例如，身材、風度、氣色、專長、成就等；第四，多轉述讚美之詞。

5.熱忱的心

金融從業人員若具備熱忱的心，則應是一個為人著想、熱愛工作的人；因此在服務顧客時，將使人充分感受到其服務態度。

6.隨時關心

金融從業人員若能隨時關心顧客的個人情形、家庭狀況等,當可獲得顧客的共鳴。其實關心的表現沒有多少或大小之分,只要是此項關心是顧客在意的事,則這種隨時的關心便能使顧客真心的接受。尤其是生日、病痛、喜喪事、災難等時機最值得注意。不過千萬要記得,關心必須真誠才能真正讓顧客感受到你的關心。

7.獲得信任

人與人間若能獲得相互的信任,則許多問題便能迎刃而解。金融從業人員在面對顧客時,若能利用專業、真誠等作法,逐步獲得顧客的信任,則不僅可使此顧客成為你永遠的顧客,同時將也會介紹更多的顧客。從理財實務中,許多的優良的理財人員常具此特質。一般而言,獲得顧客的信任,至少需做到下列三點,包括守時的習慣、信守承諾與勇於承認錯誤等。

8.牢記顧客姓名

每個人都喜歡受到別人的重視,而被別人記得姓名,常能感覺到此種喜悅。因此金融從業人員若能在平時顧客中,牢記其姓名,則有可能因此將之成為你具潛力的基金或保險等金融商品的購買者。

牢記顧客姓名的方法包括,用心傾聽、利用筆記,幫助記憶、反覆使用,協助記憶、與運用有趣的聯想等。

四、準顧客之尋找

金融從業人員應對顧客哪裡來有個正確的概念。顧客不會從天而降,他是來自準顧客,因此準顧客的尋找對金融從業人員而言,極為重要。

1. 成為準顧客的基本要件

準顧客即是可能購買金融商品的顧客，一般而言，準顧客常具備五項要件，包括能力、購買權、需求、溝通容易度、符合產品條件等。

(1)能力。是否具備付款能力？

(2)購買權。是否具備購買決策權？

(3)需求。是否有需求的欲望？

(4)溝通容易度。是否容易溝通？

(5)符合產品條件。是否符合購買的條件？（如購買保險產品之限制）

2. 尋找準顧客之原則

金融從業人員尋找準顧客時，有三項原則可供參考：

(1)隨時隨地尋找準顧客。尋找準顧客應不分時間、地點，只要建立隨時隨地觀察、尋找準顧客的習慣，則你找到準顧客的機會將大增。

(2)有效運用本身的所有人脈。每個人都有基本的人際關係，金融從業人員亦不例外，因此你必須妥善加以運用，包括親戚；工作關係的同事或客戶；學校關係的老師、同事、學生；共同興趣的朋友；住宅關係的鄰居、或居家附近商店等；社團關係，如同鄉會、教會等；其他買賣關係，如書局等。另外，配偶的人脈亦是須待運用的關係。

(3)善加使用口碑通路。也就是利用現有人脈關係，讓你優良的服務，產生連鎖的反應，如此才能充分使你準顧客之範圍更有效的擴張。

3.尋找準顧客的技巧

前述尋找準顧客的原則僅能提供金融從業人員一個正確的方向，但是為達到目的，仍必須運用一些有效的技巧。

⑴直接訪問。直接勤快的訪問，利用更多的機會，找到準顧客。

⑵老顧客的介紹。老顧客的介紹常是準顧客最佳的來源。

⑶產品的展示與說明。利用各種展示會，常可找到準顧客，例如，可製作理財手冊供人取用，藉機取得其聯絡資料。

⑷名冊的運用。例如，工商名稱、企業名人錄、工廠名冊、公會社團會員名冊等。不過使用名冊應注意資料是否正確，以免徒勞無功。

⑸與異業的銷售人員交換顧客名單。

五、正確的銷售技巧

金融從業人員為能進行有效的銷售任務，除本章上述所提的層面應予重視外，其技術面的問題亦須加以考量。本部分係強調技術面的作法，即是如何執行有效銷售。針對其實施步驟說明如後：

1.步驟一：前置性之準備工作

任何金融從業人員之銷售工作必須在展開銷售工作之前，進行各種準備工作，至少須做到四項準備工作。

⑴深入了解金融商品

金融從業人員因充分了解金融商品之內涵，才能對顧客確實說明產品之特性、優點及與其他公司產品之比較等，如此才有可能有效回答顧客的問題；若是連金融商品之內容都不是很了解，將使顧客失去信心，並將之阻隔在外。由於現有金融商品之種類非常複雜，且具專業性；若無法有效對顧客說明時，則應予推介其他同仁或協助顧客進一步了解。

(2)熟悉準顧客

金融從業人員若能事前了解準顧客的基本資料，相信在訪問或洽談時，均較能產生共鳴，提高準顧客的接受度。準顧客若為個人，則可了解其經歷、年齡、收入、興趣、專長、家庭狀況等；若為公司，則在事先了解該公司之信用狀況、財務狀況，在產業中的地位，公司的經營狀況，負責人及相關人員（當為財務人員）之詳細調查等。

(3)應有心理準備

金融從業人員在從事銷售之前應先有被拒絕的心理準備，甚至可將洽談的內容事前預作準備。另外，在洽談中亦可能會出現失敗的可能，這均應事後予以檢討，找出可改善之處，但同時不要忽略做好心理建設的工作。

(4)擬訂訪問計畫

金融從業人員也可能常需外出至顧客處拜訪，所以事前先擬訂訪問計畫，將使訪問活動更為順暢。例如，確定訪問的目的、確定訪問的對象、篩選訪問的時間、選擇有利的訪問地點、安排訪問行程與備妥適當工作。

2.步驟二：接近準顧客

欲接近準顧客必須事前約定，當然如果是在櫃台遇見的準顧客，則不必事前約定會面時間。事前約定見面時間，有下列好處，包括對準顧客表示禮貌與尊重、容易見到有決定權的人、節省雙方時間、增加洽談的時間，更重要的是可給準顧客一個好印象。一般而言，接近準顧客的常見方法如下：

(1)利用有力人士的介紹。

(2)利用贈品試用。

(3)利用本身與對方之間可能存在的關係，如共同興趣。

(4)利用準顧客目前面臨之難題或急迫之需要，提出解決構想，以求接近，例如，低利率情況下之投資理財需求。

(5)利用問卷調查的方式。

(6)利用產品目錄或資料之寄送（包含網路方式）。

(7)不斷嘗試的方式，即是不在乎對方的拒絕，仍設法接近顧客。這類型作法除具非常龐大潛力的顧客外，無此必要。

3.步驟三：洽談說明

洽談說明是說服準顧客的良好時機。在洽談說明時，金融從業人員應掌握主題、說話音量及速度外，亦應注意說明時之目標、開場白及話題等。說明目標時，應能引起準顧客的注意，減少其防衛心，獲得對方信任、引發其需求與慾望，甚至有興趣聽取你的建議。引起注意的開場白是金融從業人員在進行說服工作時，必須運用的工具，常見的作法包括：

(1)金錢。如賺多少錢或節省多少經費。

(2)贈品。此為利用人類貪小便宜心態的作法。

(3)幽默。利用幽默消除與對方的隔閡。

(4)好奇。利用人類好奇的心理引起準顧客的注意及興趣。

(5)讚美。真誠的讚美常能引起別人的感動。

(6)新知識。提供金融方面新知識常會引起準顧客對理財的興趣。

(7)新想法。例如，提供理財的新想法，以引起準顧客的注意。

(8)問話。利用問話方式以暗示準顧客可能獲得之利益。

(9)推薦。告訴準顧客，是他的親友推薦你來做此產品介紹。

4.步驟四：利用事實證明

利用事實證明對於金融從業人員在銷售金融商品時，具有關鍵性影響，例如，你介紹某一基金其上年度報酬率有多大，比其他基金高出多少等事實。這種事實的提出最能證明你所說明的產品具有利可圖的條件，如此才會吸引準顧客的重視。在進行事實證明時應注意幾項原則，包括，第一，金融商品的特點與對準顧客的好處；第二，舉出實例，讓準顧客很容易了解。常見的事實證明技巧說明如下：

(1)列舉已購買的公司或個人所獲得好處的經驗。

(2)多提出具體且具公信力的資料。

(3)提出各種相關好處，使準顧客可直接感受到購買此金融商品之利益。

(4)與其他金融商品比較。由於金融商品關係每個人或每家公司之必備需求，故準顧客常多謹慎行事，若能將實際情形加以展現，並與其他金融商品比較，將有助於準顧客的接受度。

5.步驟五：面對拒絕之處理

金融從業人員在推銷金融商品時，常會面對準顧客的拒絕，因此在心態上必須有所調整，將之視為正常現象；不過，也須進一步了解被準顧客拒絕的原因，例如，不愉快的被推銷經驗、出自習慣、抗拒改變（原使用定存，現改部分為基金或其他金融商品）、不了解金融商品的好處、沒有發現其潛在需求、選購說明的對象等。金融從業人員應依實際原因作為進一步說服準顧客的根據。

6.步驟六：促成訂約

當金融商品的準顧客有興趣時，則金融從業人員應設法促成訂約，達成交易。通常準顧客在想購買金融商品時，將會出現購買信號；口頭上的購買信號可能是討價還價、詢問是否提供其他贈品、自言自語、詢

問售後服務、一再關心金融商品的潛在利益等；而行為上的購買信號則可能是不斷閱讀相關資料、瞳孔放大且眼睛發亮時、突然變得有點想展現其氣勢、一副擔心受騙的樣子等。這些口頭信號與行為信號均可作為從業人員之參考，以作為促成訂約之參考依據。

促成訂約的技巧有時不得不加以運用，因為準顧客在面對金錢之支付難免會有所遲疑，因此必須依現場實際狀況予以使用。例如，準顧客想購買但又猶豫不決時，則直接與其約定訂約時間或現場使其訂約；若準顧客不願意直接下決定時（例如，基金種類多），此時從業人員無須要求立即訂約，而是直接協助其進一步選擇。另外，提供正反兩面的意思供其參考，先買較少金額的金融商品，並再進一步觀察是否值得繼續投入等方式均可參考。

7.步驟七：顧客申訴之處理

目前大多數的金融從業人員在訂約後，常會視為銷售工作業已完成。但實務上，有關顧客申訴與售後服務等亦是重要工作。金融從業人員為避免顧客申訴的作法是簽約時不要露出興奮的表情（因為這容易使顧客產生上當的感覺）、契約內容應訂得清楚、與顧客建立良好關係。但萬一發生顧客申訴時，金融從業人員亦應妥善處理，以免從此會損失此位顧客，甚至因其口頭傳播將會影響更多潛在顧客的想法。實務上處理顧客申訴的作法大約有下列數種：

(1)感謝顧客的申訴。
(2)表示同情，絕不與顧客爭辯。
(3)蒐集相關資訊，找出事實。
(4)仔細傾聽顧客意見，找出其真正不滿之處。
(5)徵求顧客的意見。
(6)和緩提供一個下台階（當顧客無理取鬧時）。
(7)迅速採取補償行動。

8.步驟八：售後服務

一般的金融從業人員認為金融商品不會有售後服務，或售後服務不歸個人負責，這些均是錯誤的想法。售後服務的目的係為履行銷售的承諾、維護良好商譽、獲得更多的買單；所以它是非常重要的一項工作。售後服務常見的方式包括親自拜訪、信函或電子郵件問候、電話致意等方式，這些均有助於建立與顧客的感情，以使雙方之交往能更為長久。

六、銷售人力之績效

銷售人力績效之好壞將明確影響公司業績，在金融業中尤其以理財專員最為明顯。然而如何真正達到提升業績之目的，最大關鍵因素則在於透過適當的績效評估系統找出銷售不佳的原因，進而加以改善，並找到人員真正的生產價值。

1.銷售人力表現不佳的原因

一般而言，銷售人力之績效不佳的原因除個人因素外，一般大致可包括下列九項因素：

(1)銷售人力缺乏生產力。

(2)銷售人力從事在銷售活動的時間不足，而花在行政流程等時間上多。

(3)顧客區隔不夠精確。

(4)過度重視創造大量收益之顧客，反而因此建立缺乏利潤的顧客關係。

(5)缺乏差異化的產品與服務。

(6)缺乏合適的銷售文化。

(7)不恰當的績效獎金制度。

(8)交叉銷售未能達到最大化的效益。

(9)缺乏理想的支援服務系統。

2.銷售人力績效提升之評估

在實務上,對銷售人力之評估可包括四大類:

(1)深度訪談企業內部員工:包括新進及資深員工、主管。

(2)績效觀察:包括實地訪視銷售單位、調查客戶服務中心、關注銷售人員與客戶互動關係。

(3)訪問顧客:透過一對一或焦點團體方式了解。

(4)以事實為根據的分析:包括銷售人員時間分配、顧客流動率、前線員工的績效差異等。

3.銷售人力績效之提升

銷售人力的最佳改變計畫係在於改善管理階層,也就是為主管設計出能創造持久有效的績效改善計畫。接著再設法改變第一線銷售人力。

(1)主管績效改善的作法

首先透過主管的自發性探索的改變,也就是經由變革經驗分享等方法,使主管意識到必須改變的原因及改變的重要性,例如將第一線服務人員或顧客發現的事實展現出來,讓主管從觀察中學習思考,進而找到需要改變的理由。接著協助主管找到自己需要改變的動力,或缺乏的能力,以提高其改變的意願;同時利用即時輔導方式,達到進行轉型規劃或執行的目的。最後,持續對主管的支持與輔導,達到激勵主管行為的改變。

(2)第一線銷售人力績效改善的作法

其作法與主管相類似,例如初期可利用顧客讚許的方式,讓員工了解被期待的行為,澳洲銀行曾製作簡單醒目的標語,時時提醒第一線人員從顧客觀點看待事情。接著透過關鍵訓練增進員工的技巧與意願。最後,更可透過標準化的作業流程,加強第一線銷售人力的改善作為,配合監督與獎勵制度,將可達到改善提高第一線銷售人力績效之目的。

第二節　與顧客溝通之技巧

一、顧客購買心態之了解

金融從業人員若欲找到好顧客，並與其維持良好互動關係，則不能不從顧客購買心態著手；尤其必須從顧客的觀點來檢視金融商品是否具有價值。因此顧客的價值期望是影響顧客滿意的重要因素，也就是各項金融商品能否為顧客帶來的預期利益或保障，金融從業人員不能不予以重視。

1. 顧客期望之形成

若欲成為一位優秀的金融從業人員，便必須成為顧客期望的提供者，也就是應做到下列四件事：

第一，傾聽顧客的真正心態，即是找出顧客的最主要需求。

第二，了解顧客需要何種金融商品才能真正滿足。

第三，能使顧客在滿足其期望下，留下好印象。

第四，透過體驗行銷，創造有價值的服務。

顧客的期望係根據顧客對服務品質的需求、顧客從別地方所獲得之服務認知、顧客本身的自我認知（顧客認為本身應得到金融從業人員多少的服務）、情境因素（服務現場所發現的狀況，例如，從業人員正在忙碌）、預期的服務水準（顧客本身認為金融從業人員至少應提供之服務）。由上述五項影響顧客服務期望的因素，即會產生所認知的服務品質是否在其接受的範圍內。因此金融從業人員對顧客提供服務時，不應急於銷售金融商品，而是依顧客服務的狀況（尤其顧客在現場所表現出之態度，這態度當已反應出其服務期望），決定如何服務顧客。

從上述的簡單說明，可知金融從業人員應了解顧客的想法，即是須

認知四項問題：

第一，包括金融商品的適合性及品質等基本服務是顧客在選擇服務
時的最重要考量因素。

第二，除了基本服務外，顧客尚須金融人員提供哪些他的重視價
值，例如，獲利是否穩定？

第三，將一些造成困擾的問題（如必須前往服務據點等）轉化為具
創造性的機會，例如，全部商品的簽約提供到家服務。

第四，金融從業人員必須考量本身欲提供之服務是否是顧客所在乎
的事物。例如，提供贈品等。

2. 了解顧客的購買行為心理

Michael LeBoeuf認為顧客係根據二個理由購買產品或服務，第一，
是能解決問題（對金融業而言，即是所購買的金融商品能具獲利性或保
障）；第二，能滿足其需求且讓他有愉快的感覺。根據此觀點，金融從
業人員想要獲得顧客的心，但必須考量下列的作法：

⑴金融從業人員應本身保持愉快的心情，讓顧客能感受到您的真
誠。

⑵顧客不喜歡受別人控制，他常常喜歡自己做決定，所以金融從業
人員必須使其感覺到此項金融商品之成交是由顧客本身自己做成
的決策，而非您指導他購買的。

⑶金融從業人員是金融業形象建立之平台，金融業企業形象之建立
必須依業績的創造及維持。

⑷善用同理心的概念，即是金融從業人員應認同並讚美顧客所認同
及讚美的事物。

⑸金融從業人員應抱持為顧客解決問題為其服務。例如，顧客是一
位具風險特性的投資者，您便必須多提供高報酬但高風險的基金
供其選擇；在說明過程中，應將此金融商品之特色詳細說明清

楚，以免使顧客的期望在事後產生落差。

(6)發自內心對顧客予以關心及欣賞，若無法做到此點您也不要期待他會向您購買金融商品，因為目前市場上，有太多機會可以購買各種金融商品。

(7)金融從業人員應為顧客負起責任。例如，顧客欲購買具保障性且具投資性的金融商品，則此時您應為其分析，找到合適的金融商品，例如，投資型保險商品或公司債基金等。金融從業人員不可一味只是想將金融商品賣出，也應為顧客負起責任。

(8)金融從業人員應設法使雙方處於輕鬆且融洽的氣氛中。一般常見的作法如：

　‧真誠的笑容。

　‧輕鬆的態度。

　‧自信且體諒的心情。

　‧以不具威脅的態度與顧客接觸。

　‧記住顧客姓名，並不斷在談話中提及。

(9)適當運用幽默。但此種作法必須有把握始得為之，以免反獲得負面效果。

(10)金融從業人員應設法使顧客感受到您對他的關心。例如，顧客的生日寄張賀卡，若能從閒聊中知道其嗜好（例如，收藏某些小紀念品），也可在適當時機贈送給他。這項貼心的作法有很大的想像空間，只要您願意的話，相信可維持許多良好的顧客。

二、建立顧客忠誠度

1. 建立顧客忠誠度之利益

金融從業人員與顧客建立更長久的關係，相對更有利於企業與個人，所以如何建立顧客忠誠度成為現代企業與行銷人員的重要課題。以

下簡單說明其利益：

　　(1)顧客忠誠度愈高，顧客購買的金額或次數會愈多。

　　(2)顧客忠誠度高，舊顧客會介紹更多的新顧客。透過此種口頭通路
　　　的宣傳效果最有用。

　　(3)服務舊顧客所須投入的成本較低。因為舊顧客已了解企業的產
　　　品，所以不必像吸引新顧客必須投入較多的經費。

　　(4)舊顧客由於已熟悉現有產品或作業模式，故較少進一步了解現行
　　　價格問題。

　　(5)舊顧客因為了解企業或從業人員，較能以寬容的態度對待之。

　　(6)舊顧客其實背後隱藏更大的潛在利益。

2. 顧客忠誠度下降的原因

　　維持顧客忠誠度是一件非常重要的事，但卻也常因企業、從業人員
或顧客本身因素而造成顧客忠誠度下降，茲說明如後：

　　(1)企業無法真正了解顧客需求。

　　(2)經濟環境改變，使得顧客本身的所得能力改變。

　　(3)顧客本身的生活或工作環境改變。

　　(4)顧客不滿現有的服務品質。

　　(5)第一線金融從業人員的服務態度不佳。

　　(6)企業的服務流程對顧客而言並不方便或浪費時間。

　　(7)顧客找到更佳服務的解決方案（可能是別家金融業者提供更佳的
　　　解決方案）。

　　(8)企業或從業人員所提供的服務與顧客之預期有所落差。

3. 維護顧客忠誠度的作法

　　企業與從業人員在維護顧客忠誠度的作法現因為各行各業之特性而
有所不同，但至少有下列一般性作法可供依循：

⑴有效執行企業核心服務

金融機構的核心服務因其組織與經營項目而有所不同,但是若能在了解顧客的真正需求下,強化本身的核心服務,使得顧客因企業的核心服務而有所獲利,相信顧客也不會隨意移轉其往來的金融機構。進一步說明其內涵,第一,了解顧客需求並建立服務標準,並透過廣告等方式使顧客能清楚了解企業的服務項目。第二,必須有效規劃顧客服務的傳送系統,使得顧客能真正體會企業從業人員的有效服務。

⑵充分運用口頭通路

對於金融機構或其從業人員而言,運用口頭通路所產生之效果,常遠超過一般的宣傳、促銷等方法。例如,一位理財人員口碑甚佳時,他(她)常可藉由其老顧客的宣傳快速的拓展其服務對象。

⑶重視企業形象與企業信譽

當金融機構的企業形象與企業信譽不佳時(例如,中興銀行),原有顧客必定快速流失,因為金融機構所提供之服務與一般大眾在生活上的關係極為密切,他們不得不加以重視,以免遭受損失。2004年中信銀的廣告即在不斷釋放出公司的親切形象,藉以吸引更多消費者成為其服務客戶。

⑷關心與喜歡顧客

金融機構與其從業人員欲達到關心與喜歡其顧客,首先必須改變企業文化,因為金融機構所提供之服務,其專業性隨著金融商品的多樣化而提高,對於一般顧客而言,常不知所措;所以金融從業人員在提供服務時,必須要改變其原有作法,不要顯出不耐煩、不高興的態度。第二,加強改善顧客互動的層面,透過櫃台設計的改變,即能減化服務流程的步驟,且增加與顧客服務機會。目前交通銀行與日本新生銀行合作,其作法之一即在於改變其服務櫃台,以增加對顧客更多之服務。

(5)重視顧客

重視顧客除了顧客的意見應予以多加考量外，更應將每個顧客視為單獨的個體，給予獨特的服務，至少在顧客心理的感受上是如此。另外，對舊顧客應提供更多的優惠，這一點在許多金融機構與從業人員均未加以重視；例如，房貸基本利率之調降，常必須由顧客提出要求後，始會予以調整；一旦這種情況被老顧客了解後，除非無法轉貸或轉貸所產生之成本過高，否則該顧客一旦發現一定立即轉貸；即使顧客無法轉貸時，他（她）亦會將其他的金融商品購買移往他處，這相對於增加金融機構更多的不利。

(6)對顧客心存感激

對顧客心存感激的作法有許多，其表現方式或許都是一些小細節的工作，但卻常具有難以想像的功效；這些作法對於金融機構或從業人員而言，均是一項行銷利器。包括，第一，在相關節日寄賀卡給顧客，如生日、過年等；第二，企業辦理相關活動時，提供入場券給顧客；第三，提供禮物給顧客，若能親自送達，常有獨特效果，尤其對於大金額往來的顧客更應如此。

(7)對顧客提供舒適的服務空間

雖然網路化的金融服務日多，但是現場服務至今仍是金融機構最重要、最常見的方式。因此服務場所如何展現其舒適感，這是金融機構必須努力的方向。包括提供停車空間（甚至代客停車）、提供茶水、乾淨的廁所、提供書報雜誌（應是近期者，若放置過去太久的書報雜誌反會引起顧客不悅）。

三、顧客抱怨的處理

顧客抱怨之處理對金融機構或從業人員來說，都是一件相當重要的

工作。在面對顧客抱怨時，應有哪些正確的態度呢？至少應主動思考為何顧客會抱怨？其抱怨原因為何？又如何加以有效的處理？同時顧客不抱怨又應採取何種作法鼓勵其抱怨，使其成為金融機構成長的推動力。

1. 顧客抱怨對企業的好處

(1)了解金融機構服務不佳之處，作為服務流程或服務態度改善之依據。

(2)了解顧客真正的需求。

2. 顧客最常抱怨的問題

(1)服務態度不佳的從業人員。

(2)服務等候時間太長。

(3)無人回應的電話。

(4)金融從業人員對顧客之要求過於冷漠或反應慢。

(5)從業人員對金融商品的了解程度不足，無法有效提供顧客之參考。

(6)顧客的無知或常識不足。

(7)金融從業人員的說明技巧不足。

3. 面對顧客抱怨的一般處理方法與態度

金融機構及其從業人員在面對顧客抱怨時，基本上至少應遵循下列原則：

(1)必須積極、主動的面對顧客的抱怨，並找出顧客抱怨的原因。

(2)必須重視顧客的抱怨，並設法立即予以解決。

(3)相關主管應主動參與了解顧客抱怨並提供解決之道。

(4)金融機構內部應建立一套有效處理顧客抱怨的作法。

(5)對於顧客抱怨的事項應作為未來服務之改善之依據。

(6)對於從業人員應予以適度的授權，以加快抱怨之處理。

(7)金融機構應充分掌握顧客抱怨處理之狀況，以作為未來教育訓練之參考。

(8)從業人員應以體諒的心情對待顧客之抱怨。

(9)設法與顧客溝通，了解解決抱怨問題的方式；若仍不能符合顧客之期望，可進一步徵詢其意見。

(10)抱怨處理後，可以電話或其他方式，了解顧客是否滿意處理的結果。

(11)在處理抱怨過程中，務必保持顧客的尊嚴。

3.了解顧客不提出抱怨的原因

一般而言，當金融機構很少接收到顧客抱怨時；可能不是顧客沒有抱怨，而是顧客不願意提出，因此金融從業人員有必要進一步了解其不抱怨的原因，以針對問題作為改進之參考。常見的顧客不抱怨的原因如下：

(1)認為金融機構不會重視其想法。

(2)顧客害怕給予他人咄咄逼人的感覺。

(3)顧客依過去經驗對金融機構改善不抱任何希望。

(4)顧客害怕被拒絕、被羞辱、被報復。

(5)顧客因對金融專業不足，不知如何提出抱怨。

(6)面對的抱怨處理過程太過繁雜。

(7)顧客覺得無關緊要，不想多事。

4.顧客抱怨的處理流程

金融機構與其從業人員在面對顧客抱怨時，若能建立一套處理流程，不僅能充分掌握其處理過程，也使從業人員有所依循，不致影響處理時效。以下將最常見的流程提出說明：

(1)步驟一：運用各種方式鼓勵顧客提出抱怨

由於顧客對於抱怨常放在心裡，並以離開作為對金融機構抱怨的反應；因此誘發顧客提出抱怨成為金融機構及其從業人員的重要工作之一。一般而言，鼓勵顧客提出抱怨的方法大致可包括下列作法：

①對提出抱怨的顧客予以某些獎勵，例如，獎品或贈品。

②相關主管定期或非定期與提出抱怨的顧客茶敘或用餐，表達金融機構對顧客抱怨之重視。

③由相關主管親自寫信給提出抱怨之顧客，以表達謝意。

④對顧客在提出抱怨時，應以主動、積極的態度，引導顧客提出抱怨的真正原因。

(2)步驟二：以熱忱、真誠的態度詢問顧客的問題

通常顧客提出抱怨時，不見得能確實的說明問題點在哪裡，因此從業人員必須以真心誠意的態度，逐步的詢問顧客的問題何在，以避免顧客在感受不到從業人員的誠意時，而未能提出顧客抱怨的真正問題。

(3)步驟三：認真的向顧客確認其抱怨的原因

金融從業人員應以傾聽的方式了解其所面對的問題，此時最佳的溝通方式是傾聽，以確認其真正的問題。最後，並應再次仔細與顧客確認抱怨的原因。

(4)步驟四：對顧客提出解決問題的方法

在確認抱怨原因後，向顧客提出解決問題的方法，並且誠意徵詢顧客是否能真正接受此解決方案。若顧客仍不能滿意，則須進一步提出其他方案，盡可能符合顧客的需要。

(5)步驟五：了解問題解決後的顧客想法

以主動、積極的態度向顧客詢問解決方案是否能真正符合其需要？是否能令其滿意？如果顧客仍不能滿意，則應設法同意顧客的要求。

5.因應顧客抱怨之應有態度與技巧

金融從業人員在面對顧客抱怨時之態度及應有之技巧，成為目前金融行銷上第一線的重要工作之一，在此提供重要技巧供參考：

(1)金融從業人員必須有效的克制自己不悅的情緒與態度，以避免事態更為擴大。

(2)認真傾聽顧客的申訴，尤其不必急於說明可能的錯誤，以免造成顧客進一步的誤解。

(3)以真誠的態度面對顧客，讓他（她）感受到你是真心想解決問題，而不是只在應付。

(4)絕對不要以顧客為敵，即便是顧客的錯誤，也必須在其抱怨結束後，仔細說明問題始末，以避免加深誤解。

(5)要有同理心，即是站在顧客的立場看問題。

(6)在處理顧客抱怨時之態度應真誠、愉快。

①態度不可傲慢、無禮。

②表情愉快、客氣。

③嘴巴甜、腰要軟。

④言行一致。

⑤服裝與外表應端莊。

⑥聲音清晰、語氣和緩。

四、服務之補救與保證

金融機構及其從業人員之服務補救，主要係在於確認本身服務疏失與解決顧客抱怨問題必須採取之措施。

1. 服務補救之作業流程

一般而言，金融機構之服務補救的作業流程分為四個階段，包括前置作業的第一階段：金融機構及從業人員應確認其服務產生哪些疏失？

第二階段：設法解決已產生之顧客抱怨的問題。服務補救之後半段工作包括第三階段：金融機構應針對服務疏失加以整理與分析，並進一步與從業人員溝通；第四階段：金融機構應進一步針對服務疏失的資料分析加以整合，並作為整體服務改善之參考。

(1)階段一：確認各項服務存在哪些疏失

顧客通常不會主動提出抱怨，根據過去的研究，大約只有 5%左右的顧客會提出抱怨，若金融機構未能針對此重要的資訊來源，尋找公司內部在服務上存在哪些疏失，可能包括這 5%的顧客也會流失。實務上，確認服務疏失可包括下列作法。

①金融機構內部訂定服務績效標準

金融機構設立服務標準當能消除顧客抱有不明確期望的一條途徑，最常見的作法是提出一份服務證書。例如，銷售基金時常會給予顧客一個星期的審閱期。從業人員亦在此規範下可與顧客進行更有效的溝通與互動。

②金融機構不斷與從業人員溝通服務補救措施

從業人員在充分了解服務補救措施的重要性後，才能真正強化與顧客之間的關係；也就是從業人員因位處服務第一線，最容易感受到顧客的不滿與抱怨。金融從業人員若能真正了解服務補救的重要性，才能有效了解服務疏失如何蒐集。

③金融機構與從業人員應設法引導顧客提出抱怨

金融機構與從業人員應明確告訴顧客遇到服務不滿意時，應如何提出申訴與企業可能會採取哪些補救措施。其相關作法可包括給予贈品或獎品、回饋紅利積點（可兌換現金等）。

④金融機構應善加運用資訊科技

近年來許多金融機構均設立現代化的客服中心，它結合目前的資訊科技，有利於進行疏失補救處理，並且可提供顧客問題之分析。

(2)**階段二：解決顧客抱怨問題**

顧客在面對金融機構及從業人員所採取之服務補救措施，常會以結果公平、程序公平、互動公平等三個角度來評估本身是否真正獲得公平的對待。

①結果公平：係指顧客關心本身提出之抱怨所能獲得之回饋結果是否存在公平性。

②程序公平：係指顧客在面對金融機構的訴願程序與政策是否具合理性？顧客所等候處理的時間是否具適當性？

③互動公平：係指顧客在乎本身與金融從業人員之間的互動是否受到公平的對待？

上述三點所謂的公平對待，即是本章前述顧客抱怨處理部分（已有充分介紹，不再贅述）。

(3)**階段三：服務疏失之整理分析與溝通**

一般而言金融機構常對服務疏失進行積極、主動的蒐集，其因包括第一，部分員工對抱怨內容不感興趣；第二，金融從業人員自認與本身無關，故常逃避問題；第三，過去也常不處理此類問題，故問題從未被解決；第四，金融機構未建立有系統的資料以蒐集、整理分析的方法。

金融機構在蒐集、整理與分析服務疏失的問題後，如何有效將解決方法教導從業人員呢？除了不斷進行教育訓練外，服務補救流程之建立、從業人員填報服務疏失報告、設計抱怨表格等均屬之。

(4)**階段四：針對服務疏失之整理、分析後，將資料加以整合**

這最後的服務補救措施的階段其實對未來最具影響性。其目的可確保蒐集到各種相關、有效、即時的資訊，並將整合分析後的結果告訴第一線的從業人員，使得他們能做出更有效的服務。

2.服務保證

服務保證係屬服務補救的工具之一，它主要是對提供銷售的產品品質或使用期限提供一種補償承諾；其目的在於強迫金融業者關心顧客及其真正的需求，故其本質是設定必須達成的服務標準。

(1)基本原則

一項優良的服務保證可包括五項基本原則：

①服務保證並沒有任何但書或例外。

②服務保證的保證內容對顧客而言必須具有實質意義，也就是它應是顧客想要的東西。

③服務保證必須是容易履行或實踐。例如，不必另外填寫申請書等。

④服務保證之內容必須簡單且容易了解。

⑤服務保證必須是顧客能容易感受。

(2)防範服務保證失敗的作法

①服務保證必須不惜支付相當價值的賠償，否則不具意義。

②企業必須訂定相當程度的服務標準，以使從業人員在執行時能有依循。

③服務保證必須要簡單、清楚，且作業程序不複雜。

④服務保證必須做到特別狀況應予特別的處理方式。

⑤必須整理分析顧客抱怨的資訊。

個案 6-1　保險業務員，轉型全方位理財專員

自從金控公司成立後，臺灣三十餘萬保險業務員在業務推動上面臨巨大的挑戰。尤其是來自金控公司多元化理財商品與通路優勢，使得保險公司在財富管理市場上受到明顯的威脅。因此各保險公司已積極協助保險業務員轉型為理財顧問。

　　ING安泰人壽認為銀行所代銷的壽險商品幾乎以簡單、短年期的儲蓄險為主，與保險業務人員以需求導向方式提供之保險銷售模式不盡相同。由於現在的保險業務人員經過保險需求訓練，從基本的壽險規劃、退休規劃、到高資產的節稅規劃，均較銀行的理財專員更為專業。

　　保德信人壽要求業務員均為大專以上之學歷，而且沒有在其他壽險公司的經驗，其目的在於對人員質量的考量。目前大多數外商壽險公司與國內老牌公司均採取此種人才召募策略。例如，國泰人壽從2002年5月起，推動「優勢V.S.行動專案」，截至2004年1月，人數已達到三千五百人，占其業務人員約十分之一強。該公司副總經理張發得表示，隨著金控的成立，跨業行銷日趨熱絡，壽險業務員勢必要轉型為全方位的理財規劃師，跟以往只賣壽險的情況完全不同。2003年，新光人壽與南山人壽險也引進相類似的制度。

　　除召募對象有所改變外，各保險公司的教育訓練方式也與過去有所不同，尤其加強財富管理課程。因此壽險業務人員所銷售的商品也由壽險擴及產險、房貸、信用卡、小額信貸、基金、信託等。

問題：

1. 目前各金融機構的理財專員雖擁有相關證照，但在金融商品多元化的環境，消費者常受制於專業，而接受理財專員的建議，但許多理財專員只以業績掛帥，以致產生許多的抱怨與糾紛。當然金融商品與經濟情勢之變化有密切關係，有時也非理財專員所能掌控。在此種情境之下，若是您為一位理財專員或理財顧問，在面對顧客抱怨時，您會採取哪些作法？

2. 理財專員除推銷自家公司的金融商品或某家公司的商品外，也是在協助顧客篩選、比較、分析與汰換金融商品。請您想像自己是一位理財顧問（或專員），您應如何達到銷售金融商品的目的，又可獲得顧客的信賴與友誼。請敘述您個人的看法。

金融 行銷

資料來源：陳欣文、李淑慧，〈保險業務員，轉型全方位理財專員〉，經濟
　　　　　日報，2004 年 1 月 27 日。

個案 6-2　面對公教客戶，提供保值又增值空間

匯豐銀行臺中分行副理黃聰貴憑著在玉山銀行七年與匯豐銀行五年的經歷，並努力考上理財專員、信託等多張證照，因此具有豐富理財的知識；再加上他對於顧客的服務，係以依據顧客的基本需求，提出理財建議，故頗受顧客的好評。

由於他了解公教人員的理財本質傾向於保密、節儉的特性，因此他對公教人員的顧客係以一年期外幣定存為主（比重約占三分之二），而貨幣、債券及股票型基金僅占三分之一，使得公教人員的顧客感受到其理財規劃既保值又具增值空間。

他的二百名貴賓理財客戶中，其中公教人員約占三分之二，這是因為他具有開發新客戶的經驗，再加上熟悉公教人員的理財概念，故能有效掌握公教人員的理財市場。

黃聰貴曾說過，他並沒特殊的理財技巧，最重要的是能為顧客賺到錢，否則說得再好，也無法獲得顧客的支持。可見他在理財上，並不會一味的鼓動顧客購買金融商品，仍是會依顧客的理財本質提供相關理財意見。

問題：

1. 請您以一位優秀金融行銷人員的立場，評論黃聰貴在金融行銷技巧有哪些值得學習之處？
2. 市場區隔化常被運用於金融機構對顧客的區隔上，然而若運用在理財專員或顧問上時，您認為其成功機會有多大？是否正確？請予以評論。

資料來源：劉朱松，〈面對公教客戶，提供保值又增值的空間〉，工商時報，

2004 年 4 月 29 日。

個案 6-3　一視同仁，看待各行各業投資客戶

國泰世華銀行篤行分行貴賓理財中心業務襄理李慧君參與理財市場在短短的二年內，已創下百萬年薪的記錄。她最大的特色是對待各行各業投資客戶均一視同仁，沒有例外。

李慧君表示，曾有一位中小企業只要求近千萬現金存入活期存款，但是基於為客戶賺錢的立場，主動建議將部分資金先購買國內債券孳息，之後再分別投入海外平衡型基金與連動式債券等理財投資組合。結果在客戶的獲利頗佳的情況之下，又介紹了其他三位親友成為她的往來客戶。

她提到其貴賓理財客戶中約有三十到四十位曾在其他三家以上銀行進出的記錄，主要原因是那些客戶抱怨有些銀行的理財專員，對投資損益只報喜不報憂。但是她卻會在客戶基金淨值下降時，主動告訴客戶原因何在，讓客戶提前了解此訊息，等收到對帳單時，心情較能調適，也就是相對增加對她的信心。

由於李慧君在開發客戶上，仍保有過去運動選手的態度，即是不輕言放棄，再加上在花旗銀行的電話行銷工作，使得她更容易與其他客戶相處。另外每次拜訪客戶時，通常會選擇先與客戶閒聊運動等輕鬆話題，並進一步關心客戶的重要紀念日，且提供哪裡具有特色的美食，因此使得客戶與她的距離更為接近。

為了增加與客戶的互動，李慧君每個月會主動告之客戶理財組合與獲利達成率的現況，讓客戶自行判斷是否要調整投資組合，作為下一次投資的準備。

問題：

1. 李慧君小姐在面對顧客時，會主動告知理財組合與獲利達成率的

狀況，提供客戶自行判斷是否調整投資組合。請您以一位專家的身分，對此種作法提出評論。如果她的作法是正確的，其理由何在？若不是，則又應如何做會更為恰當。

2. 在開拓或拜訪客戶時，理財專員若以閒聊話題的方式開始，您認為其作法正確與否？如果是正確的話，您又需如何做才不致於陷入純聊天，而無法進入理財建議的情境中？

資料來源：劉朱松，〈一視同仁、看待各行各業投資客戶〉，工商時報，2004年5月20日。

個案 6-4 因地制宜，深耕非都會區客戶

一般而言，各金融機構的理財專員均是以都會區之貴賓理財客戶為主，少有理財專員開拓非都會區客戶。然而臺中商銀秀水分行襄理吳中正，欲利用鄉鎮地區的中小企業客戶的基金與產險理財，獲得該銀行業績的第一名。

吳中正因了解非都會區客戶的特質，因此說服客戶投資理財之前，先建議客戶購買穩健型的債券型基金，等較熟悉市場後，再投入風險較高的股票型基金。他為了有效顧及客戶的權益，將其理財客戶數降至二十家。

由於投資基金不見得一定有收益，且過去有好績效的基金不見得未來也有同樣的績效。所以為替客戶分散風險，他常會問客戶，目前的景氣如何；以試圖引導客戶評估當前動態，讓客戶有承擔風險的能力。他認為鄉下的中小企業主的個人理財相當保守，不會主動上門談理財；因此他採主動方式，親赴公司解說基金與理財概念，並以三十五至五十五歲的中小企業主作為主力的客層。尤其他會要求客戶的夫妻均來了解理財分析與規劃，以免事後產生許多糾紛。

另外，吳中正在獲得理財績效獎金時，會向往來客戶訂購產品（如皮包、蘭花等）等小禮品，以回饋理財客戶。此種互利互惠的作法頗受

客戶的欣賞。

問題：

1. 吳中正先生與客戶互動的作法，您覺得如何？是否仍有改善的空間？
2. 建立客戶具有風險概念的作法似乎均可見於許多業績良好的理財專員或顧問的身上，請問您覺得採取何種態度作法更能達到此目的？

資料來源：劉朱松，〈因地制宜，深耕非都會區客戶〉，工商時報，2004 年 5 月 12 日。

 個案 6-5　虛擬個案：顧客抱怨如何面對

A 先生氣呼呼的打電話給 B 小姐（B 小姐係一位保險業務員），向她抱怨前些日子所介紹的壽險商品條件太差。這是因為 A 先生剛剛與朋友聊天時，談到最近投保的壽險，結果相較之下，他認為 B 小姐所介紹的壽險商品不好，自己有受騙的感覺，因此便很生氣的打電話向 B 小姐抱怨。

問題：

1. 若您是 B 小姐，在面對此類型的顧客時，您會採取怎樣的作法予以回應？語氣態度、壽險商品的內涵及其他狀況予以說明。
2. 若是此位顧客是一位大額保險的客戶，您在平日會如何與其互動，以減少此類情形發生。

 個案 6-6　虛擬個案：排隊繳費浪費太多的時間

甲小姐因為上班忙碌，因此利用中午至乙銀行繳費；由於此時是用餐時間，部分行員因為用餐的關係，因此櫃台上無法提供服務，所以十個服務窗口只開放二個窗口。今天恰好是繳稅截止日前夕，因此二個窗口皆大排長龍，同時部分行員用餐結束後未能立即開放其他部分窗口提供服務。甲小姐本來就是一位性急的人，再加上因急著繳完稅款，趕回

上班，因此便主動趨前，向在場未執行業務的行員反應，希望他們加開
一個窗口，但欲無人理會。甲小姐終於受不了，而大聲責罵其他行員。

問題：

1. 若您是其他的一位行員，您會採取何種措施，以因應此種情境？
   請說明您的態度、說明方式，並提出您的理由。

2. 若您是當時在場的主管，您會採取甚麼作法？並請說明您的想
   法。

3. 若您是一位主管，對於此類現象會如何處理？請從組織文化、標
   準作業流程、業務流程改造等方向思考。

參考文獻

一、中文部分

1. 一銀產經資訊，《歐美金融機構行銷策略概述》，一銀產經資訊，2003 年 3 月。
2. 方世榮譯，《關係行銷》，五南圖書公司，2002 年 12 月。
3. 王志誠，《金融商品共同行銷與公平競爭（上）（下）》，臺灣本土法學雜誌，2004 年 6 月。
4. 王國輝，《金融控股集團不只是金融百貨服務》，會計研究月刊，2002 年 6 月。
5. 何心諭譯，《銷售聖經》，商周出版公司，2003 年 11 月。
6. 吳崇權，《金控子公司的共同行銷》，實用月刊，2002 年 6 月。
7. 呂宜霖，《整合式行銷是金融業對網路媒體的期待——策略聯盟是未來趨勢》，廣告雜誌，2001 年 4 月。
8. 李文正，《影響我國銀行衍生性金融商品創新之因素》，中央大學碩士論文，1999 年 6 月。
9. 周依蓉，《銀行顧客消費行為與市場區隔之研究》，成功大學碩士論文，2002 年 6 月。
10. 周樹勞譯，《企業 e 化的第一本書》，商周出版公司，2001 年 7 月。
11. 林金榜譯，《策略巡禮——管理大學明茲柏格的策略管理全書》，商周出版公司，2003 年 7 月。
12. 林陽助，《金融行銷與公關》，中國勞工，1999 年 12 月。
13. 林陽助、鄧燕銘，《金融業顧客關係行銷之研究——以信用卡為例》，企銀季刊，2003 年 1 月。
14. 施景心，《從金融控股公司看整合行銷傳播》，華南金控，2003 年

11 月。

15. 胡忠燕,《金融革新與電子銀行的整合風險》,臺灣金融財務書刊,2002 年 3 月。

16. 張文武、陳淑萍,《金融整合──金融控股公司》,保險實務與制度,2003 年 3 月。

17. 張志村,《現代金融系統:網路金融市場的現況探討──以虛擬(銀行與保險)共組經營模式》,大明學報,2001 年 6 月。

18. 張金育,《銀行業的經營環境分析與行銷策略研擬》,銘傳大傳碩士論文,2003 年 1 月。

19. 張展國,《導入資料庫行銷之關鍵成功因素研究》,中山大學碩士論文,2002 年 7 月。

20. 梁國樹等,《金融業行銷策略之研究》,存款保險資訊季刊,1994 年 9 月。

21. 現代保險,《壽險業務員遍地是黃金──金融百貨整合行銷大法,現代保險》,2002 年 8 月。

22. 郭木興,《電子商務:觀念、策略與案例實作》,學貫行銷公司,2003 年 6 月。

23. 陳柏蒼,《淺談金融機構如何運用市場區隔之行銷策略強化競爭力》,建華金融季刊,2002 年 9 月。

24. 陳國嘉,《服務業行銷管理》,五南圖書公司,2003 年 8 月。

25. 陳惠聰,《銀行消費金融經營策略研究》,高雄第一科技大學碩士論文,2004 年 1 月。

26. 楊琇惠,《銀行業財富管理業務趨勢之研究》,中興大學碩士論文,2004 年 6 月。

27. 蕭羨一譯,《顧客關係輕鬆做》,中國生產力中心,2002 年 11 月。

28. 賴惠瑛,《論我國銀行經營保險業務之策略分析──以金融控股公司之經營模式為例》,淡江大學碩士論文,2001 年 6 月。

29. 薛棻一,《國內銀行業者建置行銷機能及相關資訊系統之探討》,淡江大學碩士論文,2002 年 6 月。

30.鍾道成，《有效行銷於商業銀行經營管理之研究》，元智大學碩士論文，2001 年 6 月。

31.蘇哲仁、林家五譯，《策略管理》，美商麥格羅•希爾國際公司（臺灣），1999 年 1 月。

32.顧淑馨，《顧客經驗管理》，中國生產力，2004 年 1 月。

二、英文部分

1. Bank Marketing Association Staff, Building a Financial Services Marketing Plan, Financial Sourcebooks, 1989. 6.

2. Christine T. Ennew, Marketing Financial Services, Butterworth-Heinemann, 1996. 1.

3. Doris Barrell, Mark Nash, Reaching out: The Financial Power of Niche Marketing, Dearborn Trade, 2003. 6.

4. Evelyn Ehrlich. Duke Fanelli, Financial Services Marketing Handbook, Bloomberg Pr, 2004. 6.

5. Floyd C. Watkim, Marketing Financial Services, Butterworth-Heinemann, 1991. 1.

6. Frederic S. Mishkim, Money Banking & Financial Marketing, Scott. Foresman, 1989. 1.

7. James H. Donnelly, Marketing Financial Services, Dow Jones-Irwin, 1988. 3.

8. James R. Rosen field, Financial Services Direct Marketing, Financial Sourcebooks, 1991. 6.

9. Jeffey L. Seglin, Marketing Financial Advisory Services, Prentice Hall, 1988. 4.

10. Robere C Perez, Marketing financial services, Praeger, 1983. 10.

11. Robert J. McMahon, Bank Marketing Handbook, Bankers Pub.

Co, 1989. 9.

12. Stephen Kenns, Marketing Financial Products & Services, Probus Pub, 1988. 1.

13. Tony Martin, Financial services direct marketing, Mc-Graw-Hill, 1991. 10.

14. William J. Winston, Marketing for Financial Services, Haworth Pr Inc., 1986. 5.

國家圖書館出版品預行編目資料

金融行銷／張福榮著. -- 四版. -- 臺北市：
五南圖書出版股份有限公司, 2009.10
　　面；　　公分
ISBN 978-957-11-5650-7(平裝)

1.CST: 金融行銷

561.7　　　　　　　　　　98008319

1M20

金融行銷

作　　者— 張福榮

發 行 人— 楊榮川

總 經 理— 楊士清

總 編 輯— 楊秀麗

主　　編— 侯家嵐

責任編輯— 侯家嵐

出 版 者— 五南圖書出版股份有限公司

地　　址：106台北市大安區和平東路二段339號4樓

電　　話：(02)2705-5066　　傳　　真：(02)2706-6100

網　　址：https://www.wunan.com.tw

電子郵件：wunan@wunan.com.tw

劃撥帳號：01068953

戶　　名：五南圖書出版股份有限公司

法律顧問　林勝安律師

出版日期　1996年 3 月初版一刷
　　　　　2000年 3 月二版一刷
　　　　　2005年 4 月三版一刷
　　　　　2009年10月四版一刷
　　　　　2023年 3 月四版六刷

定　　價　新臺幣450元

經典永恆·名著常在

五十週年的獻禮──經典名著文庫

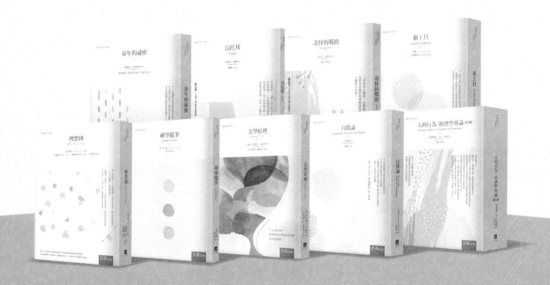

五南,五十年了,半個世紀,人生旅程的一大半,走過來了。

思索著,邁向百年的未來歷程,能為知識界、文化學術界作些什麼?

在速食文化的生態下,有什麼值得讓人雋永品味的?

歷代經典·當今名著,經過時間的洗禮,千錘百鍊,流傳至今,光芒耀人;

不僅使我們能領悟前人的智慧,同時也增深加廣我們思考的深度與視野。

我們決心投入巨資,有計畫的系統梳選,成立「經典名著文庫」,

希望收入古今中外思想性的、充滿睿智與獨見的經典、名著。

這是一項理想性的、永續性的巨大出版工程。

不在意讀者的眾寡,只考慮它的學術價值,力求完整展現先哲思想的軌跡;

為知識界開啟一片智慧之窗,營造一座百花綻放的世界文明公園,

任君遨遊、取菁吸蜜、嘉惠學子!